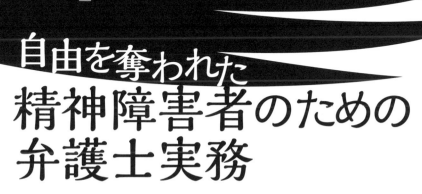

自由を奪われた精神障害者のための弁護士実務

刑事・医療観察法から精神保健福祉法まで

姜　文江・辻川圭乃 編 【第2版】

現代人文社

はしがき

　本書は、精神障害者の身体拘束に関わる法手続（刑訴法、医療観察法、精神保健福祉法）を集約したものである。これらの手続は連続することも多く、3つの法律の関係を簡単に図式化すると本書12頁のようになる。ここで扱う法律は、当該手続で関わることになった弁護士として必要なものだけでなく、その前後に本人に関わっていた／関わる可能性のある手続として、弁護士として理解していることが望ましいものでもある。身体拘束を受けている精神障害者は、自分がなぜ「ここ」（警察、病院等）にいるのか、「どうして」（どの法律に基づいて）このような状態にあるのか、わかっていない場合も多々あり、そのような場面で、弁護士としては、手続相互の関係を説明し、今後予想される手続について適切な助言をすることが求められるからである。

　本書を手にとられた方の中には、初めて精神障害者に関わり、弁護士に何ができるのかと戸惑っている方もいるかもしれない。

　まず意識してほしいのは、精神障害者に犯罪者が多いわけではないということだ。そして、精神疾患があるからといって、入院するのが当たり前ではないということ。すべての思い込みや偏見を排して、目の前にいる彼／彼女らが、これまでどのような人生を送ってきて、今どうしてそこにいる（逮捕・勾留・入院等）ことになったのか、これからどうしたいと考えているのか、本人に寄り添ってじっくりと話を聞いてほしい。

　「妄想があるなら入院するしかない」「病識がないから強制入院しかない」というのは間違いだ。妄想をもちながらも社会の中で日常生活を送っている精神障害者は大勢いる。強制入院の要件は病識の有無だけではない。日本では積極的に入院を進めてきた歴史があるため、「精神疾患があれば入院は当然」という感覚が今も残っているが、本来、人の自由を制限するにはその必要性と相当な理由がなければならない。法律家としては、単に精神疾患があるからと入院を是認するのではなく、本当に入院しなければならない病状なのか厳密に考える必要がある。精神障害者を含む誰もが人身の自由や医療に関する自己決定権をもち、病棟内／病院の敷地内ではなく地域で暮らす権利を有していることを忘れてはならない。

　弁護士は、いずれの手続においても、最終的には落ち着いて地域で暮らしたいという希望・権利を実現するために精神障害者に寄り添う立場にある。精神障害者が地域で暮らすためには、多くの場合、医療は必要となる。刑事・医療観察法手続のきっかけとなった事件が病状と関連があるなら、今後社会生活を送るために

は、本人が自分の疾患や医療とどうつきあっていくかは重要なテーマとなる。

　他方で、一度入院すると、退院＝在宅生活をするのに求められる病状の改善として、医師が望む水準と本人が満足する水準とで差があるのが現状である。本人が「退院したくても退院させてもらえない」という相談の多くは、このギャップに由来する。このようなとき、医療の専門家でない弁護士は、医師の判断に反対できるのかと悩む。しかし、その治療のために費やされる時間（入院期間＝自由が奪われる時間）の大きさ・意義は、本来、本人が自分の人生をどう生きるかという観点から自分で選択すべきものである。人が豊かに生きるために医療は重要であるが、医療はその人の人生を豊かにしてこそ意味がある。医療のために人生を犠牲にする必要はない。

　身体拘束を受けている精神障害者は、自由に外部に助けを求めることができない。弁護士は、拘禁されている者には弁護人に依頼する権利がある（憲法34条）という原則に立って、まずは会いに行ってほしい。そして、人身の自由に対する制約として許されるものか、医療についての自己決定権は尊重されているかなど、法律家として考えてほしい。刑事・医療観察法事件は時間との勝負もあり（その後の本人の身体拘束期間にも関わる）、初動と方針決定がとくに大事である。退院請求事件では、膠着していた事態の改善や本人に希望が残る活動が求められる。本書がその一助となれば幸いである。

　2017年に本書が刊行されて以降、精神保健福祉法や刑事法分野で法改正がなされ、刑事弁護人の活動を支援する制度も増えたため、今回改訂を行うこととなった。しかし、この7年の間で、精神障害者を取り巻く環境は良くなっただろうか、安心して医療を受けられるようになっただろうか。事件を通じて、精神障害者や精神障害者の暮らす社会に関心をもつ弁護士が増えることを願う。そして、頼りになる弁護士が増えることで、精神障害者にとって安心できる社会になっていくことを願う。

　初版刊行後、本書協力者の伊藤哲寛氏がこの世を去られた。世界の中の日本の状況や法律の問題点等を私に教えてくれた天国にいる師に、改訂版を刊行できたことを報告し、改訂の機会を与えていただいた出版社に感謝したい。また、本書は精神障害者のために社会を変えたいという熱意で成り立っており、その熱意を惜しみなく提供していただいた初版からの執筆者や協力者に加え、今回新たに加わっていただいた執筆者のみなさまに、この場を借りてお礼を申し上げる。

　2024年5月

姜　文江

目　　次

はしがき　2

第1章　精神障害者をめぐる状況 ……………………………………………… 14
　1　精神障害者に関する法の変遷　14
　⑴　精神衛生法までの時代　14
　⑵　精神保健法から精神保健福祉法へ　15
　⑶　医療観察法制定　17
　2　入院医療中心主義　17
　⑴　入院患者の多さ　18
　⑵　長期入院　19
　⑶　地域差　20
　⑷　隔離・身体的拘束の多用　20
　3　国際的批判　20
　⑴　市民的及び政治的権利に関する国際規約（自由権規約）　21
　⑵　拷問及び他の残虐な、非人道的な又は品位を傷つける取扱い又は刑罰に関する
　　条約（拷問等禁止条約）　22
　⑶　障害者の権利に関する条約（障害者権利条約）　22

第2章　精神疾患を知る ………………………………………………………… 25
　1　はじめに　25
　2　外から見える症状　26
　3　診断基準　26
　4　精神疾患の治療法　29
　5　統合失調症　30
　⑴　疾患の概要　30
　⑵　治療　31
　⑶　統計　34
　6　〈精神疾患がある〉ことの位置づけ　34
　7　病識　35
　8　精神障害のあるクライアントとのつき合い方　36
　⑴　病識があり、治療に抵抗がない場合　36
　⑵　治療は受け入れるが、その必要性を本心から理解していない場合　36
　⑶　病識がないか、病気と認めたくなかったり、認めても治療を拒否する場合　36
　⑷　未治療で、本人も精神疾患があると認識していない場合　37

刑事手続

第3章　捜査段階の弁護活動･･････････････････････････････････････40

　1　精神障害への気づき　40

　2　接見における注意点　42

　　⑴　接見・コミュニケーションについての配慮　42

　　⑵　接見時の病状の保全　45

　3　弁護人選任を拒否する場合の対応　48

　4　情報の収集　48

　5　取調べへの対応　49

　　⑴　捜査機関に対する申入れ　49

　　⑵　弁面調書等の作成　54

　6　処遇への対応　54

　7　起訴前の鑑定への対応　55

　　⑴　簡易鑑定　55

　　⑵　起訴前本鑑定　55

　8　終局処分に向けた活動　57

　　⑴　獲得目標の設定　57

　　⑵　具体的な場面における留意点　57

第4章　公判段階の弁護活動･･････････････････････････････････････62

　1　訴訟能力の検討　62

　　⑴　訴訟能力の定義　62

　　⑵　訴訟能力を争う場合の手続　63

　　⑶　公判停止が認められた後の手続　63

　2　責任能力の検討　64

　　⑴　責任能力とは　64

　　⑵　責任能力判断の基準　65

　　⑶　精神鑑定との関係　66

　　⑷　責任能力についての主張の検討　67

　3　責任能力を争う場合の弁護活動　68

　　⑴　簡易鑑定・起訴前本鑑定の内容の精査　69

　　⑵　本鑑定・再鑑定を請求するか否か　69

　　⑶　裁判員裁判の場合　70

　　⑷　専門家証人の尋問について　70

　4　訴訟能力や責任能力を争わない場合　71

　　⑴　ケースセオリーの構築　71

　　⑵　主張および立証　72
　5　福祉専門職との連携　74
　　⑴　連携の意義　74
　　⑵　連携の方法　74
　　⑶　連携における留意点　75
　6　保釈の活用　76
　7　公判手続における配慮　77
　　⑴　国選弁護人の複数選任　77
　　⑵　公判廷における配慮　77
　　⑶　被告人質問における配慮と工夫　78
　　⑷　特別弁護人の活用　79

第5章　判決直後の弁護活動………………………………………82
　1　無罪もしくは執行猶予判決の場合　82
　　⑴　医療観察法申立てが予想される場合　82
　　⑵　上記以外の場合──入口支援　83
　2　実刑判決の場合　84
　　⑴　短期実刑で満つるまで未決勾留日数算入の場合　84
　　⑵　障害に配慮した処遇を受けるために　84
　　⑶　出所後に適切な福祉的支援につながるために　85
　3　更生支援計画書の活用　86
　4　寄り添い弁護士　87

心神喪失者等医療観察法

第6章　心神喪失者等医療観察法とは……………………………90
　1　制定の経緯　90
　2　制度の概要　91
　3　医療観察法の運用状況　93
　4　医療観察法の手続の流れ　93
　　⑴　当初審判段階　93
　　⑵　処遇段階　95

第7章　当初審判の付添人活動……………………………………99
　1　付添人の役割と視点　99
　2　初動段階における付添人活動　101
　　⑴　記録の閲覧・謄写申請　101

　　⑵　対象者との面会　102

　　⑶　鑑定人との面談　103

　　⑷　家族等関係者との面談　104

　　⑸　社会復帰調整官との面談　105

　　⑹　方針選択とその後の活動　106

　3　付添人として検討すべきこと　106

　　⑴　早期に検討すべきこと　107

　　⑵　鑑定入院について争う場合　107

　　⑶　対象行為該当性を争う場合　108

　　⑷　責任能力を争う場合　110

　　⑸　処遇の要否および内容を争う場合　111

　　⑹　精神保健福祉法の入院を併用しようとする場合　114

　4　カンファレンスへの対応　115

　　⑴　カンファレンスの法的位置づけと概要　115

　　⑵　手続の早期段階に行われるカンファレンス　115

　　⑶　鑑定や生活環境調査が終わった段階に行われるカンファレンス　116

　　⑷　審判直前に行われるカンファレンス　116

　　⑸　留意点　116

　5　審判期日と決定　117

　　⑴　審判廷　117

　　⑵　審判期日　117

　　⑶　決定　118

第8章　抗告 ……………………………………………………………………… 119

　1　抗告制度とは　119

　2　当初審判の付添人としてすべきこと　119

　　⑴　抗告に向けた準備　119

　　⑵　抗告申立書・申立補充書の提出　120

　3　抗告審から付添人に就任した場合　120

　4　抗告審で付添人がすべきこと　121

　5　再抗告の申立て　122

第9章　入院中・通院中の付添人活動 ……………………………………… 123

　1　入院処遇の流れと審判手続　123

　2　入院継続・退院・処遇終了手続　123

　　⑴　入院継続確認の申立て　123

　　⑵　退院許可・処遇終了の申立て　125

　　⑶　審判手続　125

  3 入院対象者と弁護士との関わり 126
  　⑴ 付添人への就任 126
  　⑵ 退院許可・入院継続確認申立手続における付添人活動 127
  　⑶ 処遇終了申立手続における留意点 128
  　⑷ 医観法以外の法律問題への対処 128
  　⑸ 入院対象者への支援 129
  4 処遇改善請求 129
  5 通院中の付添人活動 131
  　⑴ 通院処遇の流れ 131
  　⑵ 再入院申立手続 132

精神保健福祉法

第10章　精神保健福祉法とは……………………………………………………… 134
  1 精神保健福祉法の位置づけ 134
  2 入院形態 134
  　⑴ 任意入院 135
  　⑵ 措置入院 136
  　⑶ 医療保護入院 138
  　⑷ その他 141
  3 処遇 141
  　⑴ 処遇の内容 141
  　⑵ 弁護士等との連絡 141
  　⑶ 隔離・身体的拘束 142
  4 人権保障のための制度 142
  　⑴ 精神医療審査会 143
  　⑵ 精神保健指定医と指定病院 146
  　⑶ 報告徴収、改善命令等 146
  　⑷ 権利擁護機関との通信制限の禁止 146
  　⑸ 虐待の防止に関する規定 147
  5 弁護士が関わるために 147
  6 退院支援 148

第11章　退院請求・処遇改善請求手続における代理人活動………………… 152
  1 初回相談への対応 152
  2 患者との面会 152
  3 主治医との面談 155

4　精神科ソーシャルワーカー等との面談　156

5　家族等関係者との面談　156

6　受任判断とその後の活動　157

7　環境調整　158

8　請求書・意見書の作成提出等の代理人活動　159

9　意見聴取への立会い　161

10　精神医療審査会における意見陳述　161

11　審査の結果通知　162

第12章　シミュレーション退院請求手続 ……………………………………… 164

1　精神病院からの電話　164

2　病院での面会　167

⑴　X氏との面会　167

⑵　主治医との面会　170

3　退院請求の準備　172

4　医療記録の閲覧と再度の面会　174

5　退院請求手続　176

⑴　精神医療審査会委員による現地意見聴取　177

⑵　精神医療審査会　182

6　審査結果　182

当事者の特性と支援者・支援制度

第13章　未成年者の場合 ……………………………………………………… 186

1　乳幼児・児童と精神障害　186

2　思春期と精神障害　187

3　少年事件　188

⑴　捜査段階　189

⑵　少年法と責任能力　190

⑶　鑑定請求　190

⑷　処遇の選択肢　190

⑸　方針選択と付添人活動　191

4　検察官送致の対象事件　192

⑴　法の構造　192

⑵　付添人活動　193

5　逆送された場合　194

⑴　少年法55条に基づく送致（いわゆる55条移送）　194

　　⑵　社会記録の取扱い　195

　　⑶　裁判員裁判対象事件についての留意点　195

　6　児童福祉法による措置　196

　7　精神保健福祉法上の注意点　196

　8　未成年者の今後の生活のために──障害年金への配慮　197

第14章　家族との関係 ·· 198

　1　家族の役割　198

　　⑴　本人と家族との一般的な関係　198

　　⑵　精神保健福祉法上の家族　199

　　⑶　医療観察法上の家族　200

　2　本人と家族との関係に問題がある場合　201

　　⑴　家族と連絡をとる際の留意点　201

　　⑵　家族から依頼を受ける際の留意点　202

　3　家族会など家族への支援について　202

第15章　福祉制度の使い方 ··· 203

　1　福祉の分野に関する弁護活動　203

　2　関係機関との連携　203

　　⑴　精神保健福祉士／PSW　203

　　⑵　医療機関のPSW・ワーカー　204

　　⑶　行政（市町村担当課、市町村福祉事務所）　204

　　⑷　過去につながりのある福祉事業所　205

　　⑸　相談支援事業所　205

　　⑹　保健所、精神保健福祉センター　205

　3　キーパーソンの確保──後見制度の利用　206

　4　生活費の調達方法　207

　　⑴　障害年金　207

　　⑵　生活保護　207

　　⑶　家族に対する請求　208

　5　医療・福祉サービス　209

　　⑴　医療費　209

　　⑵　福祉サービス　210

　　⑶　精神障害者保健福祉手帳　211

　　⑷　地域活動支援センター　212

　　⑸　日常生活自立支援事業　212

コラム：言葉の違い──業界の常識を疑い続ける　16
コラム：障害者権利条約　24
コラム：抗精神病薬の歴史と現状　32
コラム：医療や福祉との連携費用援助制度　46
コラム：依存症に対する理解と支援　80
コラム：強制医療　98
コラム：精神医療審査会の委員として　150
コラム：精神科病院出張相談　163

刑事書式1：接見時の説明カード　213
刑事書式2：国選弁護人選任のための上申書　216
刑事書式3：カルテ開示請求書　217
刑事書式4：医療情報に関する同意書　218
刑事書式5：取調べ等における配慮の申入書　219
刑事書式6：拘置所に対する申入書　223
刑事書式7：不起訴と医療法申立てをしないことを求める意見書　224
刑事書式8：情状鑑定請求書　228
刑事書式9：公判手続における配慮の申入書　231
刑事書式10：特別弁護人選任許可申立書　233
医観法書式1：傍聴許可を求める上申書　236
医観法書式2：国選弁護人選任のための上申書　237
医観法書式3：退院許可申立書　238
医観法書式4：入院継続確認申立てに対する意見書　240
医観法書式5：処遇改善請求書　242
精福法書式1：委任状　244
精福法書式2：退院請求書　245
精福法書式3：意見書　246
精福法書式4：追加意見書　249

参考文献　250
インターネット情報　251

精神障害者にトラブルが発生した際の手続関係図

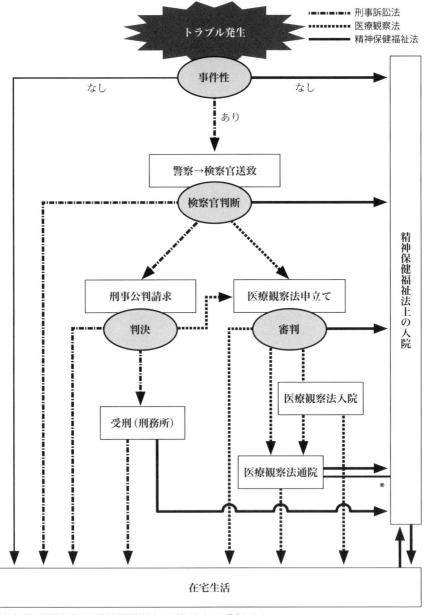

- ━・━・━ 刑事訴訟法
- ━━━━ 医療観察法
- ───── 精神保健福祉法

トラブル発生

事件性

なし　　　　　　　なし

あり

警察→検察官送致

検察官判断

精神保健福祉法上の入院

刑事公判請求　　　医療観察法申立て

判決　　　　　　　審判

医療観察法入院

受刑（刑務所）

医療観察法通院

＊

在宅生活

＊ 医療観察法通院処遇中に精神保健福祉法上の入院がなされる場合もある。

12

精神障害者に関わる条約・法律（法律略語表）

障害者の権利に関する条約＝障害者権利条約

精神疾患を有する者の保護及びメンタルヘルスケアの改善のための諸原則（1991年国連決議）＝91
　　年国連原則

精神保健ケアに関する法：基本10原則（WHO）

刑事訴訟法＝刑訴法

刑事訴訟規則＝刑訴規則

心神喪失等の状態で重大な他害行為を行った者の医療及び観察等に関する法律＝医療観察法また
　　は医観法

心神喪失等の状態で重大な他害行為を行った者の医療及び観察等に関する法律施行規則＝医観法
　　施行規則

心神喪失等の状態で重大な他害行為を行った者の医療及び観察等に関する法律による審判の手続
　　等に関する規則＝医観法審判規則

精神保健及び精神障害者福祉に関する法律＝精神保健福祉法または精福法

精神保健及び精神障害者福祉に関する法律施行規則＝精福法施行規則

障害者の日常生活及び社会生活を総合的に支援するための法律＝障害者総合支援法

障害者基本法

障害者虐待の防止、障害者の養護者に対する支援等に関する法律＝障害者虐待防止法

障害を理由とする差別の解消の推進に関する法律＝障害者差別解消法

精神障害者をめぐる状況

1　精神障害者に関する法の変遷

⑴　精神衛生法までの時代

　過去の日本の精神障害者に関わる法律としては、1900（明治33）年に「精神病者監護法」が制定され、ここでは家族や親族が精神病者を監護する義務を負うものとされ、私宅監置が認められていた。1919（大正 8 ）年には「精神病院法」も制定されたが、精神障害者の隔離と監視を柱とする点は変わらず、また、公立精神病院の建設は予算不足により遅々として進まないため、精神病者が自宅の座敷牢に閉じ込められるような状態も変わらなかった。

　第二次世界大戦後の1950（昭和25）年、精神病者監護法と精神病院法を抜本的に改め、「精神衛生法」が制定され、それまで行われていた私宅監置制度は廃止され、精神病院の設置が都道府県に義務づけられ、措置入院と同意入院（現在の医療保護入院の原型）という強制入院制度が設けられた。他方、優生保護法も改正され、精神病に関わる中絶や不妊手術（断種）が強化されるなど、当時の国策において、精神病者は社会から排除されるべき不良因子という扱いであった（優生条項が削除されたのは1996〔平成 8 〕年のことである）。

　また、国庫からの補助金や、医師や看護師の数が他の診療科よりも少なくてよいという精神科特例*1が作られるなどして、私立の精神病院が多く建てられるようになり、私宅監禁から入院へという流れができた。さらに、1964（昭和39）年の

---

*1　精神障害者を特別扱いする法制度は今なお存在する。一部の病院は対象外とされたものの、医療法施行規則19条により精神病床については一般病床より医療従事者が少なくてよいとされているため、医師は 3 分の 1 、看護師は 4 分の 3 （通知によりさらに緩和）、薬剤師は150分の70という安上がりの医療体制の下で精神障害者は入院を強いられていると批判されている。また、医療法施行規則10条 3 号は、精神病患者を精神病室でない病室に入院させないことを原則としており、他の診療科が精神障害者の入院を断る理由として用いられることがある。精神科病院独特の閉鎖病棟も、医療法施行規則16条 1 項6 号が根拠である。

いわゆるライシャワー大使刺傷事件*2を契機に、精神障害者を入院させる方針が強く打ち出され、精神病院は増え、措置入院者も増えた。

他方、1960年代から精神病院内の虐待事件が多数報道されるようになり、1984（昭和59）年には宇都宮病院事件*3が起こった。これらの不祥事件を契機に国内外からの批判が高まり、患者の権利擁護が求められるようになり、1987（昭和62）年に精神医療審査会や精神保健指定医制度を含む法改正が行われ、法の名称も「精神保健法」となった。

⑵ 精神保健法から精神保健福祉法へ

精神保健法は、1995（平成7）年、法律の目的の中に、それまでの「医療及び保護、社会復帰の促進、国民の精神的健康の保持増進」に加え「自立と社会参加の促進のための援助」が位置づけられ、名称も現在の「精神保健及び精神障害者福祉に関する法律」（精神保健福祉法）とされた。

1999（平成11）年には医療保護入院の要件として「任意入院が行なわれる状態にないと判定されたもの」が加わったが、医療保護入院者数は増加していった。2005（平成17）年改正は、障害種別ごとに各福祉法に散らばっていた障害者福祉の条項を「障害者自立支援法」に統合し、統一的なサービス提供を実施することになったことによるものである（障害者自立支援法は2012〔平成24〕年に「障害者の日常生活及び社会生活を総合的に支援するための法律」へと改正された）が、「精神分裂病」から「統合失調症」への呼称変更など精神保健福祉法固有の改正事項もある。従来「精神病院」とされていた呼称については、2006（平成18）年、精神病院の用語の整理等のための関係法律の一部を改正する法律により「精神科病院」と改められた。2013（平成25）年の改正によって保護者制度は廃止されたが、医療保護入院の同意権者の範囲は広がった。2017（平成29）年には、前年の相模原障害者施設殺傷事件*4を受けて改正案が国会に提出され、非自発的入院者に係る弁護士の選任の機会の確保について検討する旨参議院において附則が修正されたものの、衆議院解散により廃案となった*5。

---

*2 統合失調症の少年が米大使を短刀で刺した事件。
*3 4人の看護職員により患者が殺害された事件。無資格者による診察やレントゲン撮影等病院内部の悲惨な実態も明らかになった。
*4 知的障害者福祉施設の元職員が、同施設に刃物を持って侵入し入所者19人を刺殺、入所者・職員計27人に重軽傷を負わせた事件。事件前に「大麻精神病」等と診断され措置入院となっていた。
*5 法律案自体の問題点については日本弁護士連合会「精神保健福祉法改正案に対する意見書」（2017年11月15日）参照。

2022（令和4）年、「障害者の日常生活及び社会生活を総合的に支援するための法律等の一部を改正する法律」の成立により、精神保健福祉法も改正された。詳細は第10章に譲るが、主な改正点は、①強制入院患者に対し「入院措置を採る理由」も告知されることとなった、②措置入院時に精神医療審査会において審査が

言葉の違い──業界の常識を疑い続ける

　刑事弁護の分野では、人身の自由に対する制約である逮捕・勾留を「身体拘束」と呼ぶ。他方、精神医療の分野では、拘束帯などでベッドに固定することを「身体的拘束」、意思に反する入院（強制入院）を「非自発的入院」と呼び、保護室に入れることを「隔離」と呼んで身体拘束とは区別している（例：「措置入院中ですが、身体拘束はしていません」などと言う）。

　しかし、弁護士としては、非自発的入院患者も閉鎖処遇（鍵のかかった病棟に入院させられ自由に外出できない状態）の任意入院患者も、「人身の自由を制限されている精神障害者」に変わりなく、それ自体が人権侵害となりうるという発想から、本書では、原則として本人の意思にかかわりなく収容され自由に外に出られない状態を「身体拘束」と呼ぶ。また、精神医療の分野で用いられている狭義のベッドへの固定の意味の「身体拘束」は、本書においては「身体的拘束」と表記することとする。

　また、厳密な定義の定めはないが、入院医療の必要性がないにもかかわらず、環境が整わずに退院できないために入院している状態を、「社会的入院」などと呼ぶことがある。患者調査における「受入条件が整えば退院可能」な者の人数がひとつの指標となる（第1章2⑴参照）。昔から何万人もいるために「入院」の一種として受け入れられているが、このような状態に追い込まれた患者にとっては、病院内が生活の場となってしまっており、極めて深刻な人権侵害であるし、医療保護入院の形態をとっていれば法律上の要件に反する入院である。「社会的入院」という言葉に慣れてしまうと、事態の深刻さを忘れさせ、精神障害者の権利侵害に対する意識を薄れさせる。

　精神科病院では、面会制限も当然のように行われており、原則と例外が逆転して、家族でなければ面会できないことが当たり前になっているが、これでは患者はどんどん社会から隔絶され、友人知人を失っていく。

　業界用語によって関係者の人権感覚を麻痺させることになってはならない。弁護士も、精神医療の分野に詳しくなるほど業界の常識に染まりがちになるが、常に法律家の視点でその実態（人権侵害の有無および程度）を意識したいものである。

（姜 文江）

行われることとなった、③医療保護入院の同意権者である「家族等」からDVや虐待の加害者が除かれた、④家族等の全員が意思表示を行わない場合にも市町村長の同意により医療保護入院ができるようになった、⑤医療保護入院の入院期間の上限が3ヶ月（更新により6ヶ月を経過した後は6ヶ月）とされ、入院期間は更新できることとされた、⑥入院者訪問支援事業が設けられた、⑦病院内虐待についての規定が設けられた、などである。

⑶ 医療観察法制定

　2001（平成13）年6月に発生した池田小学校事件*6がきっかけになり「心神喪失等の状態で重大な他害行為を行った者の医療及び観察等に関する法律」（医療観察法）が制定された。

　当初の政府案は、精神障害者が触法行為を起こしたとき、「再び対象行為を行うおそれ」を要件として入院による医療を強制する制度であったが、精神障害者の当事者団体から人権侵害のおそれが強い保安処分制度が導入されようとしていると強い反対があり、また、日本弁護士連合会（以下、日弁連）も強く反対し、処遇要件を「この法律による医療を受けさせる必要」と修正して成立した（第6章参照）。

　医療観察法の制定にあたっては、「政府は、この法律による医療の対象とならない精神障害者に関しても、この法律による専門的な医療の水準を勘案し、個々の精神障害者の特性に応じ必要かつ適切な医療が行われるよう、精神病床の人員配置基準を見直し病床の機能分化等を図るとともに、急性期や重度の障害に対応した病床を整備することにより、精神医療全般の水準の向上を図るものとする」（附則3条2項）、「政府は、この法律による医療の必要性の有無にかかわらず、精神障害者の地域生活の支援のため、精神障害者社会復帰施設の充実等精神保健福祉全般の水準の向上を図るものとする」（同条3項）と、精神医療及び精神保健福祉全般の水準の向上を図ることとされたが、制定後20年以上が経過した現在においてもそれらの水準が向上したとはいいがたい。

2　入院医療中心主義

　前述のように、日本では1950年代から病院に精神病者を入院させるという入院医療中心主義がとられており、地域社会へのインクルージョンが謳われている

---

*6　小学校に出刃包丁を持った男が侵入し、児童8人を刺殺、児童・教職員15人を負傷させた事件。

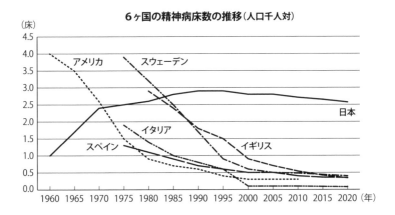

6ヶ国の精神病床数の推移（人口千人対）

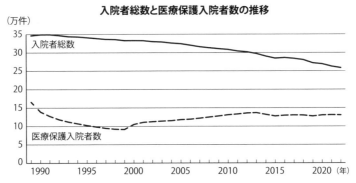

入院者総数と医療保護入院者数の推移

障害者権利条約を批准した現在もなお、その状況は改善されていない。

(1) 入院患者の多さ

　日本は、世界的にも脱施設化が遅れていると評価されており、人口10万人当たりの精神病床数はOECD平均の4倍近いという突出した多さである[*7]。2004（平成16）年9月、「入院医療中心から地域生活中心へ」というスローガンとともに厚生労働省精神保健福祉対策本部は、「精神保健医療福祉の改革ビジョン」をとりまとめ、「受入条件が整えば退院可能な者（約7万人）」について「10年後の解消を図る」としたが、今なお約4.3万人が「受入条件が整えば退院可能」といわれながら入院させられている[*8]。

[*7] 2020年のOECDの統計によると、人口10万人当たりの精神病床数は日本は257床であり、2位（ベルギーの141床）以下を大きく引き離している。
[*8] 厚生労働省「令和2年患者調査」。

精神病床の平均在院日数（2021年）

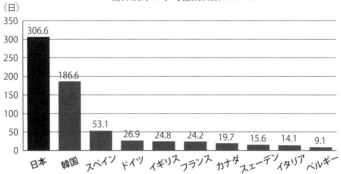

とくに医療保護入院者については、任意入院ができてから減少していたが、1999年改正を境に増加し、近年は高止まりしており、2022年の入院者総数258,920人の過半数を占めている[*9]。

日本国内の他の疾患を有する患者と比較しても、精神疾患を有する外来患者は総外来患者数の4.39％にすぎないのに対し、入院患者数は、総入院患者数の22.58％（約27.35万人）を占めている[*10]。

⑵　長期入院

日本の精神病床の平均在院日数は約10ヶ月であって、他の診療科の10倍以上あり[*11]、20年以上入院している精神障害者も約1.9万人いる[*12]。2021年OECD調査によると、2位以下の国を引き離して日本はダントツとなっている[*13]。

精神病床の在院期間別の分布は、1年未満入院患者が98,610人（38％）、1年以上5年未満入院患者が81,251人（31％）、5年以上10年未満入院患者が34,646人（13％）、10年以上20年未満入院患者が25,479人（10％）、20年以上入院患者（不明を含む）18,934人（7％）であって、5年以上の長期間にわたる入院患者の割合は全体の30％以上を占めている[*14]。

[*9]　令和4年度精神保健福祉資料によると、措置入院1,546人、医療保護入院130,490人、任意入院125,459人、その他900人、不明525人。

[*10] 厚生労働省「令和2年患者調査」。

[*11]「令和4年病院報告」によると、全病床の平均在院日数は27.3日であるが、精神科病院の平均は306.2日であった。なお、統合失調症患者の平均は570.6日である（令和2年患者調査）。

[*12] 令和4年度精神保健福祉資料。

[*13] OECD Health Data（日本は病院報告）。なお、精神病床の定義は国により異なる。

[*14] 令和4年度精神保健福祉資料。

⑶　地域差

　日本の場合、見過ごせないのは全国における地域差である。

　精神科病院の入院者総数は、全国平均が207人、最多が鹿児島県509.6人、最少が東京都119.9人となっており、措置入院者数は、全国平均が1.2人、最多が佐賀県3.6人、最少が和歌山県0.1人となっている（人口10万対）[*15]。

　また、精神科病院における平均在院日数は、全国平均が306.2日、最多が富山県638.4日、最少が大阪府219.6日である[*16]。5年以上精神科病院に入院している患者の割合は、全国平均が63.3人、最多が徳島県176.1人、最少が東京都25.8人である（人口10万対）[*17]。

　地域によって発症・重症化しやすい精神疾患など統計上は認められず、公的な統制の及びにくい民間病院が多い日本ならではの問題であると考えられる。

⑷　隔離・身体的拘束の多用

　隔離・身体的拘束については、2004年まで7,000件台だった隔離患者数が10年後には10,000件を超え、身体的拘束患者数は5,242件（2004年）から10,298件（2015年）と倍近くに増え、現在は高止まりしている。また、入院患者のうちの隔離される割合は2004年までは2.5％を下回っていたのが、2017年には4.5％を上回り、同様に身体的拘束の割合は2006年までは2％を下回っていたのが、2017年には4％を上回るに至っている[*18]。さらに任意入院者の約1％に当たる患者が隔離や身体的拘束をされていることも見逃せない[*19]。近年粗暴性の高い精神疾患が増えたという統計は認められず、精神科病院のマンパワー不足を物理的に補っているなど、隔離・身体的拘束の件数増加の背景は注視すべきである。

3　国際的批判

　以上のような日本の現状に対しては繰り返し批判されている。以下、関連条約と条約に基づく国連の勧告を概観する。

[*15] 令和4年度精神保健福祉資料、同年人口推計に基づく。
[*16] 厚生労働省「令和4年病院報告」。
[*17] 令和4年度精神保健福祉資料、同年人口推計に基づく。
[*18] 令和4年度精神保健福祉資料によれば、精神科病院在院患者総数（258,920人）に対する隔離指示（12,160人）の割合は4.7％、身体的拘束指示（10,903人）の割合は4.2％である。
[*19] 令和4年度精神保健福祉資料によれば、任意入院者数125,459人に対して隔離数は1,120、拘束数は1,216である。

⑴　市民的及び政治的権利に関する国際規約（自由権規約）

⒜　条項

　同規約は、「すべての者は、身体の自由及び安全についての権利を有する。何人も、恣意的に逮捕され又は抑留されない。何人も、法律で定める理由及び手続によらない限り、その自由を奪われない」（9条1項）、「逮捕又は抑留によって自由を奪われた者は、裁判所がその抑留が合法的であるかどうかを遅滞なく決定すること及びその抑留が合法的でない場合にはその釈放を命ずることができるように、裁判所において手続をとる権利を有する」（同条4項）等と定めている。この9条は、あらゆる自由の剥奪に適用されるものとされ、精神科病院に強制入院させられる場合をも含んでいる（同規約の一般的意見8⒃）。国は精神医療審査会がこの裁判所（courts）に該当すると扱っているが、同審査会に独立性はなく、後述のとおり審査機関として機能しているとはいいがたい。

⒝　自由権規約委員会の勧告

　第6回日本定期報告書審査[20]において、「多数の精神障害者が極めて緩やかな要件の下で強制入院を余儀なくされ、かつ、自らの権利侵害に対して異議申立てをする効果的な救済手段を利用できないこと、また、代替サービスの欠如により入院が不要に長期化していると報告されていること」に懸念を表明するとともに、「⒜　精神障害者に対して、地域に基盤のあるサービス又は代替のサービスを増やすこと。⒝　強制入院は、最後の手段としてのみ課せられ、必要最小限の期間に限って、かつ、本人を危害から守り又は他者を害することを防止する目的のために必要かつ相当な時にのみ行われることを確保すること。⒞　精神障害者の施設に対して、虐待を効果的に捜査し、制裁を科し、かつ、被害者及びその家族に対して賠償を提供することを目的として、効果的かつ独立した監視及び報告体制を確保すること」を勧告した。

　第7回日本定期報告書審査[21]においては、入院件数の増加に懸念を表明し、上記第6回と同内容の勧告を繰り返すとともに、「全ての障がい者が必要な医療情報の提供を受け、十分に理解した上で、自らの自由意思を尊重されて選択を行う権利を保護するために、法的支援及びその他全ての必要な支援を含むセーフガードを確保すること」という勧告を加えた。

---

[20] CCPR/C/JPN/CO/6, 2014/8/20.
[21] CCPR/C/JPN/CO/7, 2022/11/30.

⑵　拷問及び他の残虐な、非人道的な又は品位を傷つける取扱い又は刑罰に関する条約（拷問等禁止条約）

⒜　条項

　拷問等禁止条約は、1条において「拷問」の定義規定を置いたうえで、16条で「拷問」に当たらない行為であっても「残虐な、非人道的な又は品位を傷つける取扱い」を防止するよう締約国に求めている。

　精神科病院における強制入院は、1条における「身体的なものであるか精神的なものであるかを問わず人に重い苦痛を故意に与える行為であって、……差別に基づく理由によって、かつ、公務員その他の公的資格で行動する者により又はその扇動により若しくはその同意若しくは黙認の下に行われるもの」、16条の「残虐な、非人道的な又は品位を傷つける取扱い」との関係で問題になる。

⒝　拷問禁止委員会の勧告

　第1回日本定期報告書審査[22]において「私立病院における民間の精神保健指定医が、精神障害者に対する拘束[23]指示を出すに当たっての役割を担っていること、並びに、拘束指示、民間精神医療施設の運営、及び拷問又は不当な取扱いに当たる行為に関する患者からの不服申立てについて司法による監督が不十分であること」に懸念を表明し、「公立及び私立の精神医療施設における拘束手続に対する司法による効果的かつ徹底した監督を確保するためのすべての必要な措置をとるべきこと」を勧告した。

　第2回日本定期報告書審査[24]においては、懸念事項として、①非自発的、長期の収容、②独居拘禁、身体拘束および投薬の頻繁な使用、③入院に対する代替措置に焦点が当てられていないこと、④拘束手段の過剰な使用についての効果的で公平な調査がしばしば欠けていること、および、これに関連する統計データが欠けていることを挙げ、この懸念に対応して多岐にわたって勧告している。

⑶　障害者の権利に関する条約（障害者権利条約）

⒜　条項

　障害者権利条約は、障害（disabilities）には、長期的な身体的、精神的、知的また

---

[22] CAT/C/JPN/CO/1, 2007/8/7.
[23] これまで「拘束」と翻訳されていたが、勧告の本文では「detention」が用いられていることから、これはいわゆる身体的拘束だけでなく、病院にとどめておく強制入院をも意味すると解されるから、拷問禁止委員会は医療保護入院制度自体を問題にしているといえる。
[24] CAT/C/JPN/CO/2, 2013/6/28.

は感覚的な機能障害（impairments）であって、さまざまな障壁との相互作用により社会に完全かつ効果的に参加することを妨げる可能性があるものを含むとしており（1条参照）、いわゆる社会的モデルをとっている。

そして、障害に基づくあらゆる差別を禁止し、いかなる理由による差別に対しても平等かつ効果的な法的保護を障害者に保障している（5条2項）。この差別には合理的配慮（障害者が他の者との平等を基礎として全ての人権及び基本的自由を享有し、または行使することを確保するための必要かつ適当な変更及び調整であって、特定の場合において必要とされるものであり、かつ、均衡を失した又は過度の負担を課さないもの）の否定も含むとしている（2条）。

このような障害者権利条約において、現状の精神障害者を取り巻く状況との関係で問題となる事項ないし条項は多岐に及ぶが、自由の剥奪との関係で直接問題となるのは、身体の自由および安全を定める14条である。

⒝　障害者権利委員会の勧告

14条は障害を理由とした強制入院を認めていないと解されている（同条約14条ガイドラインは、障害を理由とする自由の剥奪は、たとえ自傷他害といった他の要件を加えたとしても認められない旨述べている）。そのため、現在の日本の強制入院は障害者権利条約に適合しないことになり、同委員会も第1回日本定期審査において、すべての非自発的入院を撤廃すること、および、いかなる形態の非自発的入院・治療も防止し、地域社会に根ざしたサービスにおいて障害者に対する必要な支援を確保することを勧告している[25]。また、地域生活での生活には施設入所を含むものではなく、障害者の施設入所を終わらせるために迅速な措置をとることも求めている[26]。そのほかにも、①精神科病院における障害者の隔離、身体的・化学的拘束、強制投薬、強制認知療法および電気けいれん療法を含む強制的な治療の合法化と、虐待につながるすべての法規定の廃止、②障害者団体と協力のうえ、あらゆる形態の強制治療または虐待の防止および報告のための効果的な独立した監視の仕組みの設置、③精神科病院における残虐で非人道的または品位を傷つける取扱いを報告するために利用しやすい仕組みおよび被害者への効果的な救済策を設け、加害者の起訴および処罰を確保すること、④すべての障害者が事情を知らされたうえでの自由な同意の権利を保護されるために、権利擁護、法的およびその他の必要な支援を含む保障を確保すること[27]等を求めている。

---

[25] CRPD/C/JPN/CO/1, 2022/10/7 Para.24, 32.
[26] Para.42.
[27] ①〜③はPara.33, 34、④はPara.31, 32。

障害者権利条約

　日本は2014年に障害者の権利に関する条約（略称：障害者権利条約）を批准した。この条約は、"Nothing About Us Without Us（私たちのことを私たち抜きに決めないで）" という考え方を背景とし（4条3項、12条2項・3項等）、障害は機能障害と社会の側の障壁の相互作用によって生じているとする社会モデルをとることを宣言しており（1条）、国内法において障害者基本法や障害者差別解消法にその趣旨を反映させている。ただし、従来の法制度が基本的には医療モデル（障害は病気、傷害等によって生じているもので、個人的な努力とリハビリ等医療を必要とするもの）という従来の考え方に依っているため、同条約との関係でさまざまな抵触ないし不整合が生ずる。

　本書に関わるものとしては、以下のような問題が生ずることになる（強制入院に関しては第1章3(3)参照）。

　後見制度は、法的能力の制限と意思決定の代行を認める制度であるが、法の前に等しく認められる権利を定める12条に抵触している（障害者権利委員会の第1回政府報告書審査Para.27-28）。

　責任能力および訴訟能力の宣告及びこれに基づく拘禁制度は、刑事被告人に適用される適正手続を受ける権利と防御権を奪うことから、身体の自由と安全を定める14条に反するとされている（14条ガイドラインPara.16）。これらの制度は障害者の能力を否定ないし制限して取り扱い、別途の手続（典型的には医療観察法）に付すこと自体が問題となる。また、その医療観察法の対象行為の認定手続は、刑事訴訟法の伝聞法則等の厳格な規制を採用していないことも問題となろう。医療観察法はこれに併せて無期限の自由の剥奪を伴う点でも問題となる（14条ガイドラインPara.20）。

　刑事手続による自由の剥奪は、ダイバージョンプログラムが将来の犯罪を防止するのに不十分な場合にのみ適用されるべきとされている。注意すべきは、ダイバージョンプログラムはあくまでも自由なインフォームドコンセントに基づき提供されなければならず、精神科病院への入通院を強制するようなものであってはならないということである（14条ガイドラインPara.21）。

　これらが日本の制度として存在する以上、実務的にはこれに依らなければならないであろうが、できるだけ条約の趣旨を尊重する運用とすべきである。例えば、後見制度は医療保護入院の同意権者の確保等医療側の必要性で安易に利用される傾向があるが、その必要性を厳密に検討し、必要性があったとしても能力の制限と本人の意思決定の自由の剥奪を認める制度であり、一度制度に付されると容易に取り消すことができなくなることといったリスクを、その理解力に応じて十分説明し、真摯な同意を得るように努めたい。

（鐘ヶ江聖一）

第2章 精神疾患を知る

1 はじめに

　2013年から、都道府県が医療計画を作成しなければならない4大疾病（がん、脳卒中、急性心筋梗塞、糖尿病）に精神疾患が加わり、5大疾病と呼ばれるようになった。しかし、他の疾患と比べて、精神疾患の内容は多種多様であり、原因・症状・治療法も同じではない。弁護士としては、第3章1で挙げる「気づき」や次に挙げる精神症状を参考にするなどして、相談者／クライアントに精神疾患があるか、法的問題に精神疾患がどのように影響しているのかを考えることになる。

　なお、本書でも「精神障害者」と表記することがあるが、その法的な定義は幅広く、知的障害のある人も発達障害のある人も認知症の人も含まれる[1]。また、精神疾患の中でも、いわゆる統合失調症とアルコール依存症など、その病状・対応が大きく異なる疾患も種々混在している。そこで、本書では、基本的には典型的な統合失調症の人を念頭に置き、第13章「未成年者の場合」においては発達障害のある人を念頭に置いて記載することとした。

　ここでは精神疾患一般についての概説と代表的な精神疾患である統合失調症について触れるが、個別の各精神疾患についてはその都度、医学事典、医学書等を各自調査されたい。なお、インターネット上で公開されている主な精神疾患についての説明として、国立精神・神経医療研究センターの「こころの情報サイト」[2]、日本精神神経学会のウェブサイト[3]などがある。また、精神疾患があったとしても、クライアントとどのようにつき合うかは別の話であるから、この点については本章8を参照されたい。

---

[1]　精福法5条では、「精神障害者」とは、「統合失調症、精神作用物質による急性中毒又はその依存症、知的障害その他の精神疾患を有する者」とされている。

[2]　<https://kokoro.ncnp.go.jp/>

[3]　<https://www.jspn.or.jp/modules/forpublic/index.php?content_id=32>

2 外から見える症状

　精神疾患の症状としては、入院届などでは以下の点についての異常・特徴が挙げられているので、素人判断であっても、会話をする中でこれらの要素について引っかかりを感じた場合には、精神疾患の有無について参考になるといえる。

Ⅰ　意識──話しかけてもぼーっとしている、会話の途中で突然意識が飛んだりなくなったりする等。
Ⅱ　知能──理解力に問題があるような場合。
Ⅲ　記憶──普通なら覚えていそうな近い過去のことを覚えていなかったり、物忘れが目立つ場合など。なお、「現在の時・場所などがわかっていない」は見当識といわれ、意識（Ⅰ）、知能（Ⅱ）の異常として問題になりやすい。
Ⅳ　知覚──いわゆる幻聴や幻視などの幻覚等。
Ⅴ　思考──いわゆる妄想がある場合、話にまとまりがない場合、突然話が途切れる場合など。動機や行動の理由などについて了解できないような場合もある。
Ⅵ　感情・情動──感情が閉ざされているような場合やうつ的な場合、逆に高揚している場合や怒りっぽい場合など、感情が安定していない場合。
Ⅶ　意欲──衝動的な場合や興奮している場合、逆に無反応・無関心な場合など、意欲がありすぎる／なさすぎる場合。
Ⅷ　自我意識──自分が何かしてもやっているという実感がない場合や、自分の行動が誰かにあやつられているように感じる場合など、自我の意識に異常がある場合。
Ⅸ　食行動──拒食、過食、異食など食行動に異常がある場合。

　その他の重要な症状としては、てんかん発作、自殺念慮、物質依存（薬物、アルコール等。数年前の経験であっても現在後遺障害が生じている場合もあるので過去の経験も聴き取る必要がある）などの有無や、不衛生な身なりなどにも注意すべきである。
　また、本人以外の者から聴取する場合には、上記の要素のほか、暴言、徘徊、不潔行為の有無や期間なども参考になるので、これらの具体的な内容（エピソード）や程度についても聴取するとよい。

3 診断基準

　現在の実務では、刑事事件や医療観察法事件の鑑定書も精神保健福祉法上の強制入院の届出書にも診断名とともにICD-10のカテゴリーないしコード番号を記載するのが通例となっているため、まずこの点について説明する。ICDとは、世界保健機関（WHO）の作成した国際疾病分類である。
　なお、精神障害の診断基準としては、ほかに米国精神医学会の作成したDSM-

Ⅴもある。

　以下の例示のとおり、それぞれについて、診断の基準となる症状や診断ガイドラインが記載されているが、犯罪構成要件のような厳格な考え方はとられておらず、記載に当てはまるかどうかが曖昧であったり、複数の医師の診断が一致しないことも多い。そもそもこのような診断基準の設定自体が操作的であるとの批判もある。とはいえ、弁護士としては、当該医師がどのような点に着目して診断名をつけたのかを知るための一つの指標となりうるといえる。

　ICD-10によると、精神および行動の障害は、Ｆコードの中で以下のように分類される（以下、融道男ほか監訳『ICD-10 精神および行動の障害——臨床記述と診断ガイドライン〔改訂版〕』〔医学書院、2005年〕に基づく）。

コード	表題	備考（例示）
Ｆ0	症状性を含む器質性精神障害	認知症など
Ｆ1	精神作用物質使用による精神および行動の障害	急性中毒、依存症候群など
Ｆ2	統合失調症、統合失調型障害および妄想性障害	
Ｆ3	気分（感情）障害	うつ病、双極性障害など
Ｆ4	神経症性障害、ストレス関連障害および身体表現性障害	不安障害、強迫性障害、PTSDなど
Ｆ5	生理的障害および身体的要因に関連した行動症候群	摂食障害など
Ｆ6	成人の人格および行動の障害	人格障害、性同一性障害など
Ｆ7	精神遅滞	
Ｆ8	心理的発達の障害	発達障害など
Ｆ98	小児期および青年期に通常発症する行動および情緒の障害	多動性障害、チック障害など
Ｆ99	特定不能の精神障害	

　このうち、たとえばＦ2の統合失調症については、さらに以下のとおりに分類されている。

F20	統合失調症
F21	統合失調型障害
F22	持続性妄想性障害

F23	急性一過性精神病性障害
F24	感応性妄想性障害
F25	統合失調感情障害
F28	他の非器質性精神病性障害
F29	特定不能の非器質性精神病

さらに、F20の統合失調症は、以下のように分類されている。

F20.0	妄想型統合失調症
F20.1	破瓜型統合失調症
F20.2	緊張型統合失調症
F20.3	鑑別不能型（型分類困難な）統合失調症
F20.4	統合失調症後抑うつ
F20.5	残遺型統合失調症
F20.6	単純型統合失調症
F20.8	他の統合失調症
F20.9	統合失調症、特定不能のもの

　このうち、F20.0の妄想型統合失調症の最も一般的な症状の例として、以下のものが挙げられている。

　「(a)　被害妄想、関係妄想、高貴な生まれであるという誇大妄想、特別な使命をおびている、身体が変化したという妄想、あるいは嫉妬妄想

　(b)　患者を脅したり患者に命令したりする幻声、または口笛の音、ハミングや笑い声という言語的でない幻聴

　(c)　幻嗅や幻味、あるいは性的か他の身体的感覚的な幻覚。統合失調症では幻視が出現することはあるが、優勢となることはまれである」。

　そして、統合失調症（F20）の一般的な診断ガイドラインとして、当該症状が1ヶ月以上の期間、ほとんどいつも明らかに存在していなければならないとされている。

　2022年1月にICD-11が発効したが、本稿執筆時（2024年2月）現在、厚生労働省から正式な日本語訳は発表されていない。

　ICD-10からの変更点は多岐にわたるものの、代表的なものを挙げると以下のようなものがある。

　①　睡眠–覚醒の障害群として、睡眠関連の病態が精神疾患から独立して1つ

の章にまとめられた。

② 　ICD-10では、性同一性障害として扱われていたものが、「性の健康に関連する状態」として、精神疾患の章から独立した項目になり、また、「性別不合」という呼称に改められた。

③ 　物質使用症群または嗜癖行動症群として、「ゲーム障害」が加えられた。

④ 　ICD-10では、精神遅滞（F 7）、心理的発達の障害（F 8、広汎性発達障害などがこれに含まれる）、多動性障害（F 9）と区分され、さらに細かく診断が分けられていたものが、神経発達の問題と考えられるものとそれ以外とに分類するという考え方が採用され、神経発達に関連する問題を神経発達症群としてまとめた。また、広汎性発達障害という呼称から、DSM-Ⅴ同様、自閉スペクトラム症に改められた。

ICD-11の詳細な解説については、日本精神神経学会の「連載　ICD-11『精神、行動、神経発達の疾患』分類と病名の解説シリーズ」[*4]に詳しいので、興味のある方は参考にされたい。

4　精神疾患の治療法

精神疾患に対する治療法としては、大きくは、身体に働きかける身体的治療と言語的交流や関係性を通じて働きかける精神療法・心理療法がある。このほか、日常生活上の障害（活動制限）の回復をめざすものとして、リハビリテーションがあり、その中に、社会復帰を促進するための集団治療としてのデイケア[*5]やナイトケア[*6]、集団または個別に行う精神科作業療法（OT[*7]）などがある。

身体的治療としては薬物療法が主に行われ、抗精神病薬、抗うつ薬、抗不安薬等が用いられる。

そのほか、電気けいれん療法（ECT）なども行われることがある。電気けいれん療法とは、脳に短時間の電気刺激を与え、けいれん発作と同じ変化を引き起こすことによって、精神症状その他の病気の症状の改善を図る治療法である。古典的な電気けいれん療法は1938年に開発されたが、無麻酔で行う際の身体への影響、

[*4] <https://www.jspn.or.jp/modules/advocacy/index.php?content_id=90>
[*5] 通院医療の一つで、日中行われる。
[*6] 午後4時以降に開始されるもの。
[*7] Occupational Therapy（作業療法）の略。Occupational Therapist（作業療法士）の略として用いられる場合もある。

濫用*8に対する批判やスティグマの形成などにより、次第に薬物用法にとって代わられるようになった。その後、静脈麻酔薬と筋弛緩薬を併用する修正型電気けいれん療法（m-ECT）が開発され、再評価されて現在では、薬物治療抵抗性気分障害やクロザピン抵抗性統合失調症に対する有効性が見直され、切り札的な存在として使用されており、医学的にはその有効性・安全性が確立しているとされている。しかし、副作用がまったくないわけではない*9。これに加えて、上記の歴史的経過から、依然として、その負の側面については慎重に検討し、評価する必要があるように思われる。とくに、本人へのインフォームドコンセントの重要性は、他の治療法と比較しても相対的に高いものといえる。これは、医療観察法に基づく入院処遇や、措置入院などの強制入院の場面では、とくに問題となりうる。

心理療法には、認知療法、行動療法、家族療法等がある。

上記の各治療法は1つだけで行われることは少なく、複数の治療法を組み合わせて行われることが多い。弁護士としては、クライアントが治療を拒否している場合には、何が嫌なのか（例：薬物の副作用が嫌だ、デイケアのメンバーが合わない等）クライアントから聞いたうえで、当該治療法にどのような効果があり、ほかに代替する治療法はあるのか等、医療関係者に率直に尋ね意見交換するのもよいであろう。

5　統合失調症

ここでは、弁護士として出会うことの多い疾患として統合失調症について説明する。

(1)　疾患の概要

代表的な精神疾患である統合失調症についても、前記のとおりICD-10では細かく分類されているが、一般的には、例えば、「統合失調症とは、思春期、青年期、成人早期に徐々に発症することが多くある、幻覚、妄想、興奮、拒絶、無為、自

---

*8　言うことをきかない患者に対する懲罰目的に使用されることがしばしばみられた。

*9　修正型電気けいれん療法に用いられる医療機器である、サイマトロン（光電メディカル株式会社）の添付文書を見ると、有害事象として、漏電や電極の不具合のほかに、①発作後錯乱、発作間せん妄、記憶障害といった認知障害、②心血管性合併症、③その他頭痛、筋肉痛、嘔気などが挙げられている。とくに②との関係で、心筋梗塞や脳出血、脳梗塞などを最近発症した患者や、呼吸器系疾患を有する患者などについては、「特に危険性が高いため、リスクがベネフィットを上回ると判断した場合は、治療を控えてください」との警告が赤字で付されている。

閉、人嫌い、感情の鈍さなど、独特の思考障害、自我障害、意欲障害、情動障害を
おもな症状とする病気」などと説明されている[*10]。典型的な症状として幻覚や妄
想が挙げられることが多いが、これらがはっきりと認められない場合もあり、ま
た、他の疾患でもこれらの精神症状が見られることもあるため、決定打になるも
のではない。

　また、病気の経過・過程は、一般に前駆期―急性期―慢性期(消耗期)などと分
けられ、その時期によって出現する状態が異なる。前駆期とは、統合失調症に特
徴的な症状が揃う前に、多くの患者において気分が不安定になったり、人間関係
がギクシャクするなど、はっきりした症状はないがなんとなくおかしいと思わ
れる時期である。急性期とは、幻覚・妄想など統合失調症に特徴的な症状が強く
出現する時期であり、慢性期とは、急性期の激しい症状が治まった後の時期をい
う。急性期については、適切に治療が行われれば数週間で収束することが多いと
もいわれており、前駆期や急性期初期における早期発見、早期治療が効果的であ
る。また、再発予防のための治療の継続も大切である。

　統合失調症の原因は不明であるが、脳の神経伝達物質に異常が見られることが
指摘されている。また、人生の進路における変化が発症の契機となる場合がある。

⑵　治療
　治療としては、薬物療法と精神療法やリハビリが並行して行われることが多
い。薬物については、一定期間特定の薬を試して効果がない場合に違う薬に変え
たり、飲み忘れが多い場合には、本人と相談して経口薬よりも効果が持続する注
射薬(デポ剤)を用いるなど、これまでの服薬歴を踏まえて現在の処方がなされて
いることが多い。

　薬によっては、そわそわしてじっと座っていられない(アカシジア)、体がこわ
ばって動きが悪い、震える、よだれが出る(パーキンソン症状)、口などが勝手に動
いてしまう(ジスキネジア)、筋肉の一部が引きつる(ジストニア)などの副作用が生
じる場合がある。また、眠気、だるさ、立ちくらみ、口渇、便秘などが生じること
もある。このような副作用を患者自身が気にしたり、これを嫌がって服薬を中断
してしまうこともあるので、状況によっては服薬について本人と話し合い、主治
医に伝えて対応を検討してもらうことも有益である。

[*10] 松下正明『みんなの精神医学用語辞典』(弘文堂、2009年)。

抗精神病薬の歴史と現状

　従前、精神疾患、とくに統合失調症については、有効な薬剤が存在しない状況が続いていた。1952年、統合失調症患者に対するクロルプロマジンの有効性が認められ、薬物療法の道筋が作られた。1958年にはハロペリドールが治療に導入され、薬物療法の時代が幕を開けた。クロルプロマジン（商品名：コントミン）、ハロペリドール（商品名：セレネース）等は、第一世代抗精神病薬と呼ばれ、現在でも実臨床で使用されている。第一世代抗精神病薬の作用機序はドパミン受容体遮断作用であり、このため、副作用として錐体外路症状が見られることが欠点として挙げられる。錐体外路症状は、ドパミンの遮断によって筋肉の緊張をコントロールする大脳の錐体外路という神経の通り道が障害されることによって発生する症状であり、具体的には、筋力低下、筋緊張異常、異常運動、運動の協調性障害などが挙げられる。

　その後1990年代にかけて、錐体外路症状の発生を抑えることを目的としてさまざまな薬剤が開発された。これらは第二世代抗精神病薬と呼ばれ、オランザピン（商品名：ジプレキサ）、クエチアピン（商品名：セロクエル）、リスペリドン（商品名：リスパダール）などがある。第一世代抗精神病薬はドパミン受容体のみを遮断する作用を有する[*1]一方で、第二世代抗精神病薬はセロトニン受容体もあわせて遮断する作用があり、このため、陰性症状の改善にも効果が期待できるとされている。他方で、第二世代抗精神病薬には耐糖能異常の副作用があるため、糖尿病患者に対して使用しにくく[*2]、また治療の途中で血糖値の上昇を来すことがあるため、定期的な血液検査が必要となるというデメリットも存在する。

　2006年には、より副作用が少なく、統合失調症の陰性症状にも効果を発揮する薬剤として、アリピプラゾール（商品名：エビリファイ）が発売された。これを第三世代抗精神病薬と呼ぶこともある。

　臨床の現場では、患者の症状、副作用[*3][*4]、保険適用[*5]などさまざまな要素を総合的に判断して、患者に対する適切な処方を主治医の専門的な知識・経験から個別に判断している。このため、例えば第二世代抗精神病薬の中でどれを第一選択とするか、といった点について明

[*1] 統合失調症では脳内の神経伝達物質のドパミンなどの働きに異常が生じ、幻覚症状、妄想、思考の混乱などの陽性症状では脳内のドパミンの働きが過剰になっているという考え方が一般的であり（ドパミン仮説という）、抗精神病薬はこのような考え方に立脚して開発されている。

[*2] ジプレキサ、セロクエルなどは糖尿病患者には禁忌であり、処方できない。

[*3] 患者から抗精神病薬を飲みたくない理由としてしばしば語られる副作用の代表的なものを挙げると、過鎮静、体重増加、性機能障害などがある。副作用に関して主治医と十分にコミュニケーションが図られていないことも実務上しばしば見られるため、患者からの相談を受ける際は、現状、処方されている薬剤についての患者の意向や率直な心情を丁寧に聴き取ることも重要である。

[*4] さまざまな抗精神病薬の効果や副作用について分析したものとして、Leucht, S et al. "Comparative efficacy and tolerability of 15 antipsychotic drugs in schizophrenia: a multiple-treatments meta-analysis." Lancet vol.82 p951-962 (2013) がある。

[*5] 例えば先発医薬品と後発医薬品（ジェネリック）とで保険適用の対象となる疾患が異なることもあり、純粋に医学的な考慮要素のみをもって処方が決定されないこともある。

確な客観的基準はなく、処方については、一般的な傾向はあるものの、医師個人や施設の考え方に左右されるところも大きい。実務上は、この患者になぜこの薬剤が処方されているのか、といった点について疑問に思った場合には、端的に主治医に質問してみるとよい。

　また、剤形についても工夫が加えられ、従来の内服薬から、持続型注射剤（デポ剤・LAI）というタイプの薬剤が注目を集めている。これは、注射によって体内に投与した後、一定期間、薬剤の血中濃度を一定範囲に保つように調整されている。このため、一定間隔（多くの薬剤では、4週間に1度の投与とされている）の投与で足りることから飲み忘れのリスクを低減させることができ、また副作用が発生しにくく症状が安定しやすいといわれている。現在、日本国内では、エビリファイ持続性水懸筋注、ゼプリオン水懸筋注、ハロマンス筋注、フルデカシン筋注などが用いられている。

　抗精神病薬のうちで特異な歴史をたどったものに、クロザピン（商品名：クロザリル）が存在する。錐体外路症状が少なく、陰性症状にも効果を示す薬剤として1969年頃から各国で承認されるようになり、1971年に欧州で使用が始まり注目された。しかし、無顆粒球症[*6]という重篤な副作用が問題となり、販売・開発が中止となったが、治療抵抗性統合失調症への効果を発揮することが明らかとなったことから、1989年に米国、英国において承認され、日本でも2009年に治療抵抗性統合失調症に対する治療薬として承認された。

　もっとも、日本国内でクロザピンを使用するためには、他の薬剤とは異なる特別な手続が必要であり、具体的には、CPMS[*7]（クロザリル適正使用委員会）に医師および施設が登録のうえ、同委員会が定める運用手順に則って処方やその後のモニタリングを行う必要がある。すなわち、CPMSに登録している医療機関[*8]でないと、クロザピンを用いた治療は原則として実施できないということであり、クロザピンを処方されている患者については、入通院を行う医療機関の選択肢がその分限定されることになる。

　このことは、患者の社会復帰に際して、阻害要因となることがある。例えば、ある患者が事件を起こして医療観察法に基づく入院処遇となり、指定入院医療期間においてクロザピンの投与を開始されたとする。患者の病状が安定したため、通院処遇に切り替えようとしたときに、患者が以前から通院していた医療機関や帰住先近くにある指定通院医療機関がCMPSに登録しているとは限らない。このような場合に、受入先を調整することには相当な困難を伴う。クロザピンは、医療観察法に基づく入院以外でも、精神保健福祉法に基づく入院治療の中で使用されることも、もちろんある。その場合には、退院後の通院先医療機関の選定において、同様の問題が生じうる。

（水野 遼）

---

*6　白血球の一種である好中球などを「顆粒球」という。好中球は細菌や真菌感染から人体を守る働きをしているため、これが減少すると感染を起こしやすくなり、ときに致死的な経過をたどる。クロザピンに関しては、1975年にフィンランドにおいて発売されてから6ヶ月の間に、死亡8例を含む16例の無顆粒球症が報告されたことから、販売停止のきっかけとなった。

*7　<https://www.clozaril-tekisei.jp/>

*8　CPMS登録医療機関の一覧は、同委員会のウェブサイトで公開されており、変動があれば適宜更新されている。<https://www.clozaril-tekisei.jp/registered-medical-institutions>を参照。

⑶　統計

　統合失調症患者*11に関するデータとしては、日本の推計患者数は約80万人といわれている。生涯のうちで統合失調症にかかるのは人口の0.7%ともいわれており、珍しい病気ではない。発症は15歳〜35歳が大半を占める。発症率に明らかな性差は認められない*12。

　2022（令和4）年度630調査によれば、2022年6月30日時点において、統合失調症（厳密には、F2：統合失調症、統合失調症型障害および妄想性障害であり、妄想性障害や急性一過性精神病性障害なども含まれている）患者は130,257人が入院しており、このうち、措置入院は1,071人、医療保護入院は62,948人、任意入院は65,930人であった（ただし、そもそも日本は世界の中で最も入院患者の割合が高いことに留意されたい）。2020（令和2）年患者調査によれば、統合失調症、統合失調症型障害および妄想性障害の退院患者の平均在院日数は570.6日（約1年7ヶ月）であった。

6　〈精神疾患がある〉ことの位置づけ

　一般に、クライアントにさまざまな属性・個性があるように、精神障害者といってもそれぞれ固有の性格や歩んできた人生があるのであるから、当然ながら、精神科通院歴が判明したり、精神障害者であると感じても、まずは目の前のクライアントを受け止め、知ることが第一歩である。

　それまで継続して医療を受けてきた精神障害者は、自分に精神疾患があることを認め、医療に対しても抵抗がないことが多いが、弁護士が関わる精神障害者は、犯人性を争うケースでない限りは、何らかのトラブルを起こしているものの本人は精神疾患と当該トラブルとの関連を認めていなかったり、そもそも精神疾患があることを認めていないこともある。したがって、単に精神疾患があると思われても、弁護士が直ちに治療を勧めると、クライアントとの間に信頼関係を築けないこともある。

　診察する医師によって診断が異なるのは珍しいことではないため、弁護士としては、まず、精神科医が精神疾患であると診断していても、鵜呑みにせず、その理

---

*11 本項のデータにおける統合失調症患者とは、「統合失調症、統合失調症型障害および妄想性障害」の疾患名を有する患者を意味する。
*12 尾崎紀夫ほか編『標準精神医学〔第8版〕』（医学書院、2021年）277頁。

由を確認しておいたほうがよい[13]。とくに、弁護士から見たクライアントの状態に対して、医師の診断や治療が重く感じる場合には、率直に自分の受けた印象も含めて病状を尋ねるとよい。そのうえで、精神疾患があるとの前提に立った場合は、当該手続との関係で、その障害や疾患がどのように影響したのかを分析すべきである。そして、クライアントの今後の生活を考えたとき、社会生活上の障害があると感じた場合にはその解消策を考え、その過程で治療を要する疾患が原因にあるとわかれば治療を勧める、というのは一つの選択肢である。

ただ、明らかに病的と感じられても、その病状の重さゆえに病識がない場合もあるし、弁護士としては精神疾患が疑われてもなんとか社会生活を送ることができていて、本人も認めたくない、という場合もあろう。弁護士は、クライアントの置かれている当該手続の中で、できる限り本人の希望に寄り添いながら本人の権利を擁護するのが重要な任務であるから、疾患にこだわりすぎず、むしろ本人の抱えている社会生活上の障害について、必要な範囲で本人と一緒に考える、という姿勢が大事である。

7　病識

病識とは、自分の病状に対する患者自身の判断や態度をいい、自分の病状をよく理解し、自分の身に起きていることのどこまでが病気の症状によるものかがわかっていることを「病識がある」という。完全な病識はないものの、なんとなくおかしい、調子が悪いという感覚のことは「病感」といわれている[14]。

病識は、治療の要否についての考え方にも関わり、退院の可否にも影響するため、弁護士としては、次に述べるとおり、クライアントの認識の程度を把握しながら、基本的にはクライアントが病識を獲得できるよう関わることになる。

---

[13] 初版では精神科医の助言に基づき本文のみ記載したが、刑事精神鑑定や措置入院における2人の医師の診断名が異なることは弁護士業務においてもよく見られることである。客観的資料としては、平成26年度厚労科研「医療観察法から精神保健福祉法による医療への円滑な移行に関する研究」(研究分担者村田昌彦)において、指定入院医療機関に入院後、ICD-10におけるFコードの1ケタが変更されるような診断の変更事例は30%であったことが報告されている。

[14] 日本司法精神医学会裁判員制度プロジェクト委員会編『だれでもわかる精神医学用語集―裁判員制度のために』(民事法研究会、2010年)。

8　精神障害のあるクライアントとのつき合い方

　ここでは、筆者らの経験に基づいて典型的な場合について例示するが、あくまでも一人ひとりのクライアントのそれまでの人生経験や個性によって対応は異なるものであるから、クライアントに関わる医療関係者や支援者や家族の意見等も参考にして、各自対応されたい。なお、精神疾患や精神障害を理解するための参考文献としては、朝田隆監訳『みる　よむ　わかる　精神医学入門』(医学書院、2015年)、石山勲『精神保健・医療・福祉の正しい理解のために──統合失調症の当事者からのメッセージ』(萌文社、2005年) などがある。

⑴　病識があり、治療に抵抗がない場合

　クライアントに病識があり、治療にも応じるようであれば、基本的に通院治療で足りると考えられるので、それでもなお入院が必要であると言われる場合には、入院しなければできない治療とは何かを医師に確認すべきである。

　もっとも、病棟内では服薬して落ち着いていても、退院して社会に出ると刺激が多かったり生活のペースが乱れるなどの事情によって病状が崩れやすい人もいるので、入院前の生活をクライアントと一緒に振り返り、今後どのような兆候が出たらどのように対処して悪化させないようにするかを考える必要がある。

⑵　治療は受け入れるが、その必要性を本心から理解していない場合

　入院中は、退院したい一心で素直に治療を受け入れるものの、その必要性を本当に認めていないために、退院すると通院を中断したり断薬するなどして生活が崩れてしまう場合もある。とくに過去に自己中断(自分の考えで勝手に通院や服薬をやめてしまう)があって病状が悪化して入院に至っているような場合には、医療者側に患者に対して不信感が生じていることもあるので、クライアントとよく話し合い、過去の振り返りもするなどして、今後の治療の必要性を理解しているか確認し、そのうえで医療者とも話し合うべきである。

⑶　病識がないか、病気と認めたくなかったり、認めても治療を拒否する場合

　弁護士自身も医師の診断に疑問をもつ場合には、セカンドオピニオンを求めるなどして確認する必要があるが、弁護士自身は医師の診断に納得できても、クライアントがこれを認めない場合もある。このような場合は、まず、クライアントに病識がまったくないのか、それとも、本人もなんとなくわかっているものの認

めたくないのかを見極める必要がある。

　前者の病識がまったくない場合は、病状としても重症な場合が多いので、治療効果が出るのを待つしかないことも多い。弁護士としては、当該手続との関係で医師の診断に納得できるのであれば、クライアントが「自分は病気ではないから治療は必要ない」と主張しても、客観的にはこの点がおかしいとか、社会ではこの点は通らないなど、弁護士の視点からの違和感を伝え、クライアントに再考を促すのがよい。単純に医師の意見を伝えるだけでは信頼関係は築けない。

　なお、クライアントが医師や家族が結託して入院させていると思っている場合には、弁護士もその仲間だと思われないように、少なくともクライアントの前では医師や家族とは一線を画し、クライアントとの信頼関係の形成を意識すべきである。

　過去に治療について苦い経験があったり、精神障害に対する差別意識をクライアント自身がもっていることなどにより、本人が精神疾患があると認めたくない場合もある。このような場合には、そのように思うに至ったクライアントの背景を理解しつつ、医療・福祉関係者等の支援者とも連携して、誤解を解くなどして、治療の必要性や有効性を理解してもらうよう努めるのがよい。

⑷　未治療で、本人も精神疾患があると認識していない場合

　これまで治療につながらず、自分でも精神疾患があると認識していなかったクライアントについては、まず、本人が疾病を理解し受け止められるよう、弁護士としても配慮して接することが望ましい。そのためには、医師からも病状等について説明を受け、家族とも話し合うなど、関係者が同じスタンスで本人に接することができるよう連携することも場合によっては必要である。

刑事手続

第 3 章

捜査段階の弁護活動

　精神障害者の刑事弁護を行うにあたって、必ず検討しなくてはならないポイントは、訴訟能力と責任能力である。被疑者・被告人に精神障害がある（または疑われる）場合には、この点の検討を怠ってはならない。

　もっとも、訴訟能力・責任能力については、具体的に争点となるのは公判になってからが多いため、第4章「公判段階の弁護活動」において詳述し、捜査段階においては、精神障害が疑われる場合の対応を中心に述べることとする。責任能力がないことを理由に不起訴を主張するなどの場合には、第4章もあわせて読みながら活動されたい。

　なお、刑事事件における一般的な弁護活動については他の書籍に譲り[*1]、ここでは精神障害がある場合の特有の弁護活動の注意点について述べる。

1　精神障害への気づき

　精神障害者の刑事弁護というとき、なによりも重要になることは、まず被疑者や被告人が精神障害を抱えていることに気づくことである。

　初回接見前の段階においても、報道されている内容や被疑事実などから気づきを得ることができる場合がある。また、実際に接見した結果、被疑者の言動が支離滅裂であったり、精神状態が不安定であったりすることなどから、障害に気づくこともある。例えば、殺人事件において、接見時に事件について聴取したら、「家の中に悪魔が入って自分を殺しにきたと思い、手元に置いてあったナイフでその悪魔を刺したのです」との説明が出てくることがある。このような場合には、本人が妄想を抱えていることが明らかとなる。また、自らが逮捕・勾留されてい

[*1]　一般的な弁護活動については、『刑事弁護ビギナーズver. 2.1』（現代人文社、2019年）などを参考にしていただきたい。

る状態であることの認識ができず、「いつからこのホテルに来たのかわからないけど、ここは変わったホテルですね」などの発言があることもある。前者は統合失調症、後者は認知症の例であるが、いずれにしてもこのようなケースであれば、被疑者に精神障害があることにすぐに気がつくことが可能であろう。

　しかし、このような「わかりやすい」事案は少数である。むしろ、弁護人としては、障害のないように思える人についても、接見時に丁寧に被疑者から聴き取りをしたり、その言動を見たりすることによって、違和感を覚えた場合にこれを掘り下げ、障害に気づくことが重要である。例えば、一見普通に事件のことなどについて会話ができている人であっても、何度か接見をしているうちに、取調べの様子などをあまり記憶できていないことや、前回の接見時に話したことをほとんど覚えていないというようなことに気づき、医師の意見を求めたところ、統合失調症を発症しており、陽性症状[*2]自体はある程度落ち着いているものの、認知機能障害があることがわかったというケースがある。このように、「わかりやすい」特徴がなくても、常に被疑者等の言動等に対して検討を行うことで、精神障害に気がつくことができるのである。

　また、罪名によっても、一定の気づきを得ることができる。令和４年度犯罪白書によれば、検挙人数に占める精神障害のある（または疑われる）人[*3]の比率については、刑法犯全体における比率に比べ、放火・殺人における比率が高くなっている[*4]。放火事件や殺人事件（精神障害のある人の場合には家庭内殺人が多いとされている[*5]）を受任した際には、被疑者に精神障害がある可能性に留意する。また、窃盗事件の中でも、動機や態様が特異と感じられる場合、例えば、金銭的に困窮していないのに繰り返し窃盗をしてしまっているような事案（クレプトマニア等が疑われる）、酒を飲みたくてアルコール類を盗んでしまっているような事案（アルコール依存症が疑われる）などでは、障害への気づきを得ることができるだろう。このように、罪名から予想される行為に対して動機や態様が通常とは異なる事案の場合には、よりいっそう被疑者等に精神障害がないかについて注意深くなるべきである。

[*2] 幻覚、妄想、思考障害など本来あるはずのないものが現れるような症状。
[*3] 犯罪白書においては、知的障害のある人（疑われる人）も「精神障害者等」として含まれている。
[*4] ただし、「精神障害のある人が犯罪を犯しやすい」というような統計は存在していないことについては注意が必要である。精神障害および知的障害がある人が人口に占める割合が約６％（令和５年度障害者白書）なのに対し、刑法犯における精神障害のある人（疑われる人）の割合は0.7％（令和４年度犯罪白書）にすぎない。
[*5] 山上皓『精神分裂病と犯罪』（金剛出版、1992年）。

以上のとおり、接見時に障害に気がつくためには、さまざまな事情を聴き取りつつ、そのポイントを捉える必要がある。参考として、次頁にチェックリスト形式でポイントを挙げる。第2章2も参照されたい。

　チェックリストの項目を見ていただければわかるように、接見時において、事件自体のことだけを聴くのではなく、生活歴、成育歴までしっかりと聴取することが、障害に気づくために必要となってくる。本人の話に耳を傾け、掘り下げて、今までの生活等を聴いていくことが必要である。

　ただし、突然「精神科へ通院したことはありませんか」「精神障害者保健福祉手帳を持っていますか」などと直接的に質問することは、信頼関係の構築の観点から望ましいとはいえない。本人の現在の健康状態を聴いたり、今までの生活歴全体を聴き取る中で、上記のような項目について、自然に聴き取っていくことが重要である。

　また、障害者の中には、自分に障害があることを他の人には隠しておきたいと考えている人もいる。そのような人については、本当は精神障害者保健福祉手帳を所持しているものの、そのことを弁護人には告げなかったり、通院歴を話さなかったりする場合もある。このようなときに、通院歴等が後日になって判明した場合であっても、嘘をつかれたと受け止めたり、本人を責めるのは避けるべきである。なぜすぐに伝えられなかったのか、本人の気持ちに寄り添って考えることが望ましい。

　加えて本人から得られない情報に関しては、家族や支援者等の周囲の人から情報収集していくことも考えられる。ただし、この場合には、あくまでも話を聴く相手の主観が入るものであり、場合によっては、実態や本人の認識とは異なることがあるということを念頭に置かなければならない。弁護人としては、まずは本人の話を中心に聴き取り、周囲からの情報は補完的なものとして扱うことを基本とすべきだろう。

2　接見における注意点

⑴　接見・コミュニケーションについての配慮

⒜　**コミュニケーションの方法**

　精神障害者は、何らかの形で、コミュニケーションに困難を抱えている。弁護人としても、この点に配慮しなければ、本人から正確に事実を聴き取り、本人の意思を確認することができない。弁護人が一方的に権利を告げ、矢継ぎ早に質問

聴き取りにおけるチェックポイント

【事件の経緯、内容等から】

☐ 動機と犯行内容に乖離がある。

☐ 犯行が「一方的、マイペース」な対人関係に起因している（相手の気持ちを一切考慮しないまま犯行に及んでいる、など）。

☐ 生じた結果について予測し、あるいは意識した形跡がない（このような結果になるとはまったく思っていなかった、など）。

☐ 事件前後の経緯あるいは事件自体に、強いこだわりが認められる。

☐ 妄想と考えられる部分がある。

☐ 健忘（記憶障害）がある。

【接見時の言動から】

☐ 視線が合わない。

☐ 言葉遣いやイントネーションに違和感がある。

☐ 言葉を字義どおりに捉えてしまう。

☐ 質問と答えがかみ合わない。

☐ 自宅の住所や電話番号が答えられない。

☐ 家族構成を説明できない。

☐ 簡単な言葉（事件、犯行、動機、経歴、検察官、弁護士等）が理解できない。

☐ 会話が一方的でマイペースである（唐突に話し出したり、質問をしたりする、など）。

☐ 被害者等の気持ちを考えることが極めて難しい（手紙や反省文がまったく書けない、など）。

☐ 独特な表現や言い回しが多い。

☐ １つのことに固執する傾向が強い。

☐ 場違いな発言や表情がみられる。

☐ 自発的な発言がみられない。

☐ 質問に対して「はい」としか答えず、矛盾した問いに対しても「はい」と答える。

☐ こちらの望むような答えが多い。

【成育歴、生活歴から】

☐ 精神障害者保健福祉手帳、療育手帳を持っている。

☐ 自立支援医療受給者証（精神通院医療）を持っている。

☐ 障害年金を受給している。

☐ 職場を頻繁に変わっている。

☐ もらっている給料が極端に低い（障害者就労継続支援Ｂ型事業所などで就労している場合には、工賃などの名目で賃金が支払われるが、その金額は最低賃金を下回るものであることがほとんどである）。

☐ 眠れない日が続くなどの傾向がみられる。

☐ 精神科や心療内科等の入通院歴がある。

☐ 向精神薬や睡眠導入剤等を服薬している。または過去にこれらの服薬歴がある。

を繰り返すだけでは、適切なコミュニケーションをとることはできない（公判段階については第4章7参照）。

そこで、弁護人としては、本人の障害特性をある程度把握したうえでコミュニケーションをとることが求められる。この点についても、まずは本人と接見する中でその話の内容や様子を把握することを中心としつつ、加えて、本人の主治医や鑑定医、支援していた福祉関係者、家族などの周囲の人からの聴取も重要になる。

一般的には、接見時においては、本人が理解しやすい方法で情報を提供し、次のような点に注意して接見すべきである

・専門用語を使わず、平易な言葉で話す。
・ゆっくりと話し、本人の回答もゆっくりと待つ。
・本人の集中力が切れていないかに留意しながら聴く。
・抽象的な聞き方は避け、具体的な事実を聴く。
・ワンセンテンス・ワンミーニング（1つの文章には、1つの意味しか盛り込まない）、ワンセンテンス・ワンファクト（1つの質問では、1つの事実だけを聞く）を心がけ、質問は短くする。
・否定の言葉を極力使わない。
　　→障害者には、自己肯定感の低い人が多い。「○○がダメ」というような言い方は、その人の自尊心をさらに低下させてしまう可能性がある。そこで、「○○するといい」などと肯定的な表現を用いるべきである。
・笑顔、うなずきといった親和的態度をとる。
・基本はオープンクエスチョンで聴く。
　　→オープンクエスチョンで答えが難しい場合には、選択式質問（「Aですか？Bですか？Cですか？それ以外ですか？」などの質問）などを使うことも有用である。
・必要に応じて、図や写真を利用する。
　　→視覚情報のほうがわかりやすく、イメージをもちやすい人もいる。
　　〔刑事書式1：被疑者等の障害の内容・程度、事案の方針等に応じて使い分ける〕
・信頼関係を構築する必要があるため、明らかに妄想と思われる話があっても、否定しない。一方で、安易に肯定するのも病状を悪化させる可能性があるため注意が必要である。

(b)　福祉専門職の立会い

また、社会福祉士・精神保健福祉士等の福祉専門職に、接見に立ち会ってもら

うことも効果的である。

　弁護人としては、まずは福祉専門職が、外国人事件における通訳と同様の立場にあるとして、弁護士接見への同席を拘置所や留置施設に対して求めていくことが考えられる。しかし、現状としては、なかなかこのような解釈は認めらないため、一般接見としての取扱いになり、面会時間の制限や立会いなどの問題が出てくることになる。また、後記（コラム「医療や福祉との連携費用援助制度」）のとおり、福祉専門職等への費用支払いを援助する制度があるものの、援助金には一定の上限がある。

　また、接見におけるコミュニケーションを福祉専門職に丸投げしてしまっては弁護人自身が本人と信頼関係を築くことができないし、弁護人はその専門性に基づいて接見で本人に確認したり、伝えなければならない事項があるのであるから、コミュニケーション自体を他の専門職に委ねてしまうのは適切ではない。

　したがって、福祉専門職に常に弁護人面会に立ち会ってもらうことは現実的ではないし、適切ともいえない。実際には、初動時に福祉専門職に本人の面会に同行してもらって、その障害特性等についてアドバイスをもらい、その後の弁護人接見に活かしていくという方法がよいだろう。

⒞　国選弁護人の複数選任

　さらに、弁護人も複数で活動することで、より本人と密にコミュニケーションをとることができる可能性がある。

　ただし、捜査段階における国選弁護人の複数選任は、「死刑又は無期の懲役若しくは禁錮に当たる事件」（刑訴法37条の5）に限られている点には注意が必要である。捜査段階においては、この類型に該当すれば積極的に複数選任を要望すべきである。また、公判段階においてはこのような制限がないため、被告人に精神障害があり、密なコミュニケーションが求められる場合などには、複数選任の要望を検討するのがよいであろう。

⑵　接見時の病状の保全

　被疑者等に精神障害がある場合、接見時の本人の様子について、保全しておく必要がある場合も多い。例えば、妄想の内容について話をしていたり、うまくコミュニケーションをとれない状態にあったり（質問と回答がかみ合わないなど）、独語・空笑いが多く発生している場合には、そのような状態を保全することによって、後に精神鑑定を行う際の基礎資料になったり、供述調書の任意性や信用性を弾劾するための証拠となる可能性がある。

医療や福祉との連携費用援助制度

　日本弁護士連合会では、「罪に問われた障がい者等の刑事弁護等の費用に関する制度」を創設し、2023年4月1日から運用を開始した。

　刑事事件や少年保護事件において、被疑者・被告人や少年に何らかの障害があったり、もしくは障害のある可能性があり、あるいは高齢などの事情により福祉的支援が必要である場合、刑事弁護にあたっては、医療や福祉専門職等と連携して環境調整を行うことが必要不可欠である。また、協力して更生支援計画を策定するなどの取組みも広がってきている。

　しかし、かかる連携に要する費用については、国選弁護費用としては支払われない。そのため、同費用を援助する制度を設けている弁護士会もあるが、一部にとどまっている。

　そこで、全国どこでも、障害のある人に対する充実した弁護活動等がなされるよう、日弁連が、各弁護士会に補助金を支出して、すべての弁護士会で、医療や福祉との連携費用を援助する制度を設けることを支援するものである。

　対象となる支援活動の範囲は、以下のとおりである。

1　福祉専門職等に対して支払われる費用
⑴　更生支援計画の策定
⑵　更生支援計画の策定または実行を目的として実施された以下の活動
　ア　弁護人等の接見または面会への同行
　イ　被支援者との面会
　ウ　被支援者の家族・関係機関等との面会、ケース会議への出席
　エ　証人としての出廷
　オ　通訳または手話通訳
2　医師に対して支払われる費用
⑴　意見書・診断書等の作成
⑵　出張
⑶　相談
3　弁護人等に対して支払われる加算報酬相当費用
⑴　更生支援計画が策定されたとき
⑵　更生支援計画の策定または実行を目的とした福祉専門職等または医師の活動が行われたとき
⑶　事件終了後も活動を継続したとき（弁護人等の地位を失った後1年以内に行われた活動に限る）

　制度の詳細については、<https://member.nichibenren.or.jp/keiji/jyoho_manual/syogaisya_keijibengo/tsumitoi.html>参照。

　　　　　　　　　　　　　　　　　　　　　　　　　　　　　　　（辻川圭乃）

保全の方法としては、接見時の本人の様子を録画するのが最も効果的であろう。実際、このようにして録画した映像が公判廷で取り調べられた事例も存在する[*6]。仮に録画できる機器が手元になければ、せめて録音はしておくべきである。もし録音機器すらない場合には、接見メモの内容について、日付を明らかにする（確定日付を取得したり、ファックスで送受信をしたりすることが考えられる）などの方法をとる。また、外部の専門家（精神科医、公認心理師・臨床心理士、福祉専門職など）に接見に同行してもらい、後の裁判の際などに証言してもらうこともありうる。被疑者等の訴訟能力や責任能力に関する証拠保全として、検証を請求することも考えられよう。

　この点について、拘置所や留置施設は、面会室内での録画機器・録音機器の使用を禁止し、使用が発覚した場合には、途中で接見を中止させたり、後から懲戒請求をしてくるなどといった事例も出てきている。いわゆる竹内国家賠償請求訴訟[*7]の控訴審においては、写真撮影等について接見交通権の保障が及ばないとされた。しかし、日弁連は、2011年1月20日「面会室内における写真撮影（録画を含む）及び録音についての意見書」において、「弁護士が弁護人、弁護人となろうとする者もしくは付添人として、被疑者、被告人もしくは観護措置を受けた少年と接見もしくは面会を行う際に、面会室内において写真撮影（録画を含む）及び録音を行うことは憲法・刑事訴訟法上保障された弁護活動の一環であって、接見・秘密交通権で保障されており、制限なく認められるものであり、刑事施設、留置施設もしくは鑑別所が、制限することや検査することは認められない」としている。また、前記竹内国家賠償請求訴訟に関する2016年6月17日「面会室内での写真撮影に関する国家賠償請求訴訟の最高裁決定についての会長談話」においては、「撮影や録音は被疑者等の言い分の確保をはじめとする確実な証拠保全のための弁護人等のメモやスケッチの作成等に準じるものであり、正に接見交通に不可欠な手段であって、当然に接見交通権の保障が及ぶものである」と述べられている。

　なお、接見交通権とは別に、録音・録画は被疑者等の防御上（責任無能力の主張）の証拠収集という側面も有する。証拠保全手続を待っていたのでは病状が変化し

[*6]　高野隆「接見ビデオを法廷で上映し、弁護側専門家が証言した事例」季刊刑事弁護69号（2012年）を参照。

[*7]　東京拘置所の面会室内において、接見中に被告人の健康状態の異常に気がついた弁護人が、弁護活動の一環として証拠保全目的で被告人を写真撮影したところ、拘置所職員から写真撮影行為を制止され、接見を中止させられた。これに対して弁護人が国家賠償請求をし、第一審判決では10万円の損害賠償請求が認められたものの、高裁判決では原告の請求が棄却され、最高裁でも原告による上告および上告受理申立てが退けられた。

てしまう可能性がある等、緊急性・必要性がある場合には、病状の保全という趣旨で録音・録画をすることも考えられよう。

　また、このほかに、起訴前鑑定段階や公判段階で留置施設における被疑者等の状態を立証する必要が生じた際に参考にすべきものとして、「留置簿冊」*8というものがある。留置施設内の本人の様子等について記載されており、訴訟能力・責任能力を検討するうえで参考になるので、弁護士会照会などで開示を求めていくべきである。

3 弁護人選任を拒否する場合の対応

　当番弁護士として被疑者と接見した際、明らかに精神障害があり、適切な弁護活動を行う必要を感じるものの、本人が弁護人の選任を拒否する場合もある。

　弁護人を選任するか否かは、基本的には本人の意思であり、本人が拒否する以上、これを強制することはできない。しかし一方で、被疑者の権利を守るためには、弁護人が選任されることが必要不可欠と考えられる場合もあるだろう。また、弁護人の選任を拒否する理由が不合理で、十分な意思決定を行えない精神状態にある場合も考えられる。例えば、弁護人を選任しない理由が、「弁護士はみんな敵の組織に属している」という妄想に基づくような場合などである。

　そのような場合には、裁判所に国選弁護人を職権で選任することを求める上申書を提出し、裁判所の職権発動を促すことが可能である（刑訴法37条の4）〔刑事書式2〕。

4 情報の収集

　接見などを通じて被疑者等に精神障害があることに気がついた場合、次に、その診断名や障害特性、生活状況などを知るために、情報収集をしていく必要がある。ただし、事件について関係者に話をしたり、病歴等の情報*9を収集することについては、事前に本人に十分に説明をして、了解を得ることが必要である（事案に

---

*8 留置簿冊には、被留置者名簿（被留置者の留置に関する規則5条1項1号）、被留置者診療簿（同5条1項5号）、被留置者戒具使用・保護室収容簿（同5条1項6号）および特異動静簿（「留置場に備えるべき簿冊の様式を定める訓令」別記様式1号《V-1特異動静》）などがある。なお、弁護士会照会では、簿冊の写しは送付されずに、内容を抜粋した回答書が返ってくることが多い。
*9 病歴や犯罪の経歴は要配慮個人情報に該当する。

よっては、同意書を作成することなども検討すべきであろう）。

　もちろん本人の状況によっては、同意を得づらい場合もあるだろう。しかし、その場合にも、病歴のことや刑事事件で嫌疑をかけられているという事実は、非常にセンシティブな個人情報であり、これを本人の了解を得ずに伝えたり取得したりすることは、本人の権利を侵害する行為となるため、留意が必要である。

　では、情報の収集はどのような形で行うべきか。

　まず、すでに医療機関を利用している人の場合には、その病院に連絡をして、主治医や医療ソーシャルワーカーから、本人の診断や処方薬についての情報を得る必要がある。カルテの開示などを請求することも考えられるだろう。開示については、本人の代理人として請求する方法（この場合には、個々の病院で書式を用意していることがあるので先に問い合わせたほうがよい。また、本人の同意書や委任状が必要となるので、この点も注意が必要である）と、弁護士会照会を利用する方法がある〔刑事書式３、４〕。

　また、福祉サービスを利用している人の場合には、相談支援事業所や実際に利用している事業所の担当職員と連絡をとり、最近の精神状態や生活状況について聴き取りをしたり、ケース記録の開示を求めたりする。

　さらに、生活保護受給中の人の場合には、担当のケースワーカーから話を聴いたり、ケース記録の開示を求めたりすることも考えられる。

　そして、本人に家族がいる場合には、家族から生活歴や成育歴の聴き取りをすることも重要である。本人が話していなかった出来事や、通院歴などが、家族との面談で出てくることも少なくない。

　次頁に、考えられる資料や情報収集先を簡単にまとめた[10]。ただし、この表はあくまでも一例にすぎず、ここに書かれていない資料や情報収集先もありうるので、事案ごとに積極的に探すことが重要である。

5　取調べへの対応

(1)　捜査機関に対する申入れ

　弁護士に限らず、捜査機関も精神障害に対する理解があるとはいえない。警察官、検察官が精神障害の存在に気づかず、そして気づいたとしても適切な対応ができず、不適切な取調べをしている例は相当数あると思われる。

---

[10] 訴訟能力研究会編『訴訟能力を争う刑事弁護』（現代人文社、2016年）33頁記載の表を参考に作成。

収集先	収集すべき情報	収集資料	収集方法
医療機関	病歴、入通院歴、病名、症状、服薬状況、治療可能性、入通院時の言動	診断書、カルテ、(入院中の)看護記録	事情聴取、カルテ開示、弁護士会照会、個人情報開示
福祉サービス事業所	生活状況、障害特性、トラブルの有無	サービス等利用計画書(介護保険の場合にはケアプラン)、利用状況に関する記録(業務日報等)	事情聴取、事実上の照会、弁護士会照会
行政(保健所、障害福祉担当部署)	生活状況、障害特性、トラブルの有無	訪問記録、相談記録	事情聴取、事実上の照会、弁護士会照会、個人情報開示
行政(生活保護担当部署)	生活保護受給の有無、生活状況	ケース記録	事情聴取、事実上の照会、弁護士会照会、個人情報開示
家族	成育歴、病歴、障害特性、トラブルの有無	精神障害者保健福祉手帳、診断書、処方薬の説明書面	事情聴取
勤務先	勤務態度、性格的特徴、トラブルの有無	勤務状況に関する書面	事情聴取
学校	成績、特別支援学級への所属の有無、学校生活の様子、トラブルの有無	指導要録	事情聴取、事実上の照会、弁護士会照会、個人情報開示
保護司	保護観察中の状況、性格的特徴、トラブルの有無、刑務所からの申送り内容		事情聴取、弁護士会照会
民生委員	生活状況、性格的特徴、トラブルの有無		事情聴取
警察	留置場内での言動	留置簿冊	弁護士会照会

そこで、弁護人としては、下記のような点について、書面（ファックスを含む）で捜査機関に申し入れるべきである。なお、これらの点をまとめて１つの書面で申し入れることも当然可能である〔刑事書式５〕。

(a) 可視化の申入れ

精神障害のある人は、コミュニケーションに困難を抱えており、例えば迎合的な傾向が強かったり、質問の意図を読み取ることができないままに質問に答えてしまう傾向があったりする。このような被疑者の場合、取調べにおいて、捜査機関に誘導されるままに、本人の意図とは異なる供述調書が作成されてしまうおそれがある。そこで、質問が適切になされているか、質問と回答がかみ合っているのかなどを事後的にチェックできるようにするため、取調べの全面的な録音・録画が不可欠である。

また、精神障害のある被疑者には、責任能力に問題があると考えられる人も少なくない。そうすると、事件直後の本人の様子を録画しておくことは、責任能力判断の基礎資料となる点でも重要である（前述のとおり、これについては弁護人自らが接見時の様子を録音・録画することも積極的に検討すべきである）。

そこで、取調べを全面的に録音・録画するよう、捜査機関に申入れを行う。なお、2016年の刑事訴訟法の改正により、裁判員裁判対象事件では全過程の可視化（録音・録画）が認められるようになった。また、非対象事件についても、2019年４月19日付の最高検察庁「取調べの録音・録画の実施等について（依命通知）」においては、録音・録画の実施対象事件として「逮捕・勾留中の被疑者で、精神の障害等により責任能力の減退・喪失が疑われる者」の事件が挙げられており、これを根拠に可視化を求めていくべきである。ただし、依命通知の文言にとらわれるのではなく、責任能力に問題がある事案以外でも、積極的に可視化を求めることが重要である。

また、警察に対しては、犯罪捜査規範182条の３第２項は、「逮捕又は勾留されている被疑者が精神に障害を有する場合であつて、その被疑者の取調べを行うとき又は被疑者に対し弁解の機会を与えるときは、必要に応じ、取調べ等の録音・録画をするよう努めなければならない」としており、これを受けた2019年４月26日付警察庁「取調べの録音・録画について」においては、「上記の障害を有する被疑者であって、言語によるコミュニケーション能力に問題があり、又は取調べ官に対する迎合性や被誘導性が高いと認められるものについては、事件における証拠関係、被疑者に与える精神的負担や供述への影響等を総合的に勘案した上で、可能な限り広く取調べ等の録音・録画を実施すること」とされているので、これ

らを根拠として申入れすべきだろう。

(b) 取調べにおける配慮の申入れ

　精神障害のある人には、コミュニケーションに困難があるため、適切な取調べのためには、それぞれの障害特性に応じた配慮がなされる必要がある。しかし、単に「被疑者に精神障害がある」ことを申し入れただけでは、捜査機関が適切な配慮をすることを期待することはできない。そこで、具体的に本人の障害特性を説明し、どのような配慮が必要となるのかを記載し、それを取調べで実施するように求めるべきである。

　なお、2016年4月から施行されている「障害を理由とする差別の解消の推進に関する法律」(障害者差別解消法)は、行政機関等は、「その事務又は事業を行うに当たり、障害を理由として障害者でない者と不当な差別的取扱いをすることにより、障害者の権利利益を侵害してはならない」(7条1項)と規定し、また、「その事務又は事業を行うに当たり、障害者から現に社会的障壁の除去を必要としている旨の意思の表明があった場合において、その実施に伴う負担が過重でないときは、障害者の権利利益を侵害することとならないよう、当該障害者の性別、年齢及び障害の状態に応じて、社会的障壁の除去の実施について必要かつ合理的な配慮をしなければならない」(同条2項)と規定している。当然、警察署や検察庁もこの行政機関に該当し、障害のある人に対して不当な差別的取扱いをすることは禁止され、合理的配慮の提供が義務づけられている。申入れの際には、この点も含めて指摘をするべきである。

(c) 立会いの申入れ

　精神障害のある人は、コミュニケーションに困難を抱えていることが多く、取調べにおいて虚偽の自白や真意でない発言をしてしまうようなケースも多い。そのため、取調べに対して弁護人の立会いを求めていく必要がある。

　なお、現在は、身体拘束されている事案での立会いはほとんど行われていないのが現状である。しかし、それをよしとはせず、立会いを含めて申入れをしていくことは、仮に本人の真意に基づかない供述調書が作成されてしまった場合に、その調書の信用性を争うにあたっても非常に重要なこととなる。また、在宅事件の場合には立会いが実施された例も報告されているし(「取調べの弁護人立会いを実現しよう！」季刊刑事弁護104号〔2020年〕8頁)、取調室の外で待機して適宜助言をする「準立会い」の実施はかなり広がってきている。

　弁護人の立会いは、黙秘権(憲法38条1項)や弁護人依頼権(憲法34条)を実質的に保障するためのものとして認められるべきである。障害のある被疑者の場合に

限らず、弁護人立会いは、黙秘権の実行を担保したり、弁護人の有効な援助を受けるために、必要不可欠である。それに加えて、障害のある人の場合には、黙秘権の行使を実現できなかったり、取調べでの質問の意味がわからないことがあるなど、よりいっそう弁護人立会いの必要性が高い。そして、このような障害による不利益が生じているのであれば、それに対して前記の合理的配慮の提供として、弁護人が立ち会うことが認められるべきである。そのため、これらの点を指摘し、弁護人の立会いを求めていくべきである[*11]。なお、2024年度より、「取調べの立会い等に関する費用」を助成する制度が開始されたため、国選弁護人等の場合には立会いについて一定の費用が支出される場合がある。

　また、弁護人だけではなく、障害のある人の場合には、①もともとの支援者や、②第三者の福祉・心理の専門家が立ち会うことも考えられるだろう。この場合には、本人の心理的安定を図ったり、障害特性を理解して必要とされる対応を、取調官に求めることができることにその意義がある。これも、前記の障害者差別解消法で定められている合理的配慮の提供の一つとして認められるべきものである。この点については、知的障害のある被疑者等の事件では2011年9月から、一部の地方検察庁で、心理や福祉の専門家の助言や立会いを求める試みが行われている。コミュニケーションに困難さを抱えている点では、知的障害と精神障害で何の違いもない。現状では立会いの実施例は多くはないが、精神障害のある人のケースでも広く立会いなどが認められていくべきである。

　なお、少年の場合には、「少年警察活動推進上の留意事項について（依命通知）」（平成19年10月31日警察庁乙生発第7号）や各都道府県の少年警察活動規則で保護者等の立会いを原則として認めることとされている（第13章3参照）。このような立会いが認められるべき理由は、少年の場合と精神障害のある人で変わることはなく、この観点からも立会いが認められるべきである。

(d) 取調べメモの保存

　逮捕前に任意の事情聴取をされていたり（このようなケースでは、取調べの録音・録画もほとんど実施されていない）、逮捕後も弁護人がつく前に取調べをされるなどして、すでに被疑者の供述調書が作成されている場合もある。

　このような場合には、後に証拠の任意性・信用性を争う場合に備え、取調べ時に捜査関係者が用いたメモ等を処分しないように申し入れることなども検討すべきである。

[*11] 日弁連の会員ページにも申入れの書式があるため、参考にされたい。

⑵　弁面調書等の作成

　取調べに関して注意すべきなのは、本人の障害特性や不安定な精神状態に乗じて、任意性・信用性に疑義がある調書が作られる可能性があるという点である。精神障害者の場合には、黙秘や署名・押印拒否を指示し、その場で本人が理解したように思えても、実際には本人はその意味を理解できなかったり、記憶できなかったりすることが多い。その結果、実際には署名・押印のある調書が作成されてしまうこともある。

　そのため、前記⑴のような申入れや、接見時の録音・録画に加え、上記のような調書が証拠として請求されてしまう場合に備え、弁面調書などを作成しておくことも検討すべきである。作成された弁面調書は、事実と異なる記載のある供述調書に対する弾劾証拠（刑訴法328条）として用いることができるほか、特信性が認められれば、刑訴法322条1項の書面として証拠能力を有する書面となる。

　また、本人が署名することが難しい場合には、弁護人の接見メモや報告書を作成しておくことも重要であろう。

6　処遇への対応

　接見時に、本人の病状が悪化しており、本人が治療を望んでいるにもかかわらず、何らの診察も行われていないということもある。

　このような場合には、警察署や拘置所の担当係、そして地方検察庁の担当検察官に対し、早期に被疑者等を医療機関に受診させるよう、積極的に求めるべきである〔刑事書式6〕。この際、過去に精神科への通院歴があるような場合には、前記4で述べたとおり、主治医から聴き取りをするなどの方法で、具体的な診断名や処方薬を調査し、これを明記することも検討すべきだろう。

　また、自分の持っている処方薬を飲ませてもらえないケースもある。しかし、1日でも処方薬を飲むことができないのは本人にとって大きな不利益であるし、処方薬の内容が変わることで大きく病状が悪化してしまうこともある。そこで、このような場合には、持っている処方薬を早期に服薬できるよう、弁護人が求めていく必要がある。

　ほかにも、音に非常に敏感な状態になっている人や、まわりに人がいることが大きなストレスとなる人もいる。このような場合には、居室を変更するなど、本人にとって必要な配慮を提供するよう求めるべきである。

警察署や拘置所は、障害者差別解消法における行政機関等に該当し、障害のある人に対して合理的配慮を提供しなければならず、処遇についてもこのような配慮が認められるべきである。申入れの際には、この点にも言及するとよい。

7　起訴前の鑑定への対応

　精神障害者の事件では、起訴前の鑑定が実施されることも多い。とくに裁判員裁判の施行後、検察庁は、起訴前の鑑定を積極的に実施する傾向にある（ただし、地域差はあると思われる）。

　起訴前に行われる鑑定としては、簡易鑑定と起訴前本鑑定の2つがある。以下、それぞれについて簡単に説明する。

⑴　簡易鑑定

　簡易鑑定とは、捜査段階において、検察官が医師等に依頼して実施するごく簡易な鑑定で、鑑定留置を伴わずに行われるものである。

　簡易鑑定は、被疑者本人に対する問診と、知能テストとロールシャッハやバウムテスト等の簡単な心理テスト、そして、その時点で捜査機関によって作成された供述調書などの限られた資料に基づいて行われる。本人に対する問診は、一般的には30分から1時間程度しかなされず、しかも1回のみであり、家族等関係者からの聴き取りなども通常行われない。実施される検査も限られ、鑑定書作成のための時間的制約（鑑定実施から2〜3日程度、実際の書面作成時間も1〜2時間程度）もある。そのため、鑑定内容の信用性に疑問がある場合も多い。

　簡易鑑定で責任能力に問題があることが判明した場合、次に述べる起訴前本鑑定が実施されたり、不起訴の判断がされることがある。

⑵　起訴前本鑑定

　起訴前本鑑定も、簡易鑑定と同じく、検察官の嘱託によって行われる。ただし、簡易鑑定とは異なり、裁判所が発付する令状に基づいて、2〜3ヶ月間、被疑者を留置（鑑定留置）して鑑定が行われる。

　簡易鑑定と比較すれば、判断材料となる鑑定資料、実施される検査の種類等は豊富で、被疑者本人への問診も数度に及ぶことが多く、家族等関係者からの事情聴取が行われる場合もある。その点で、簡易鑑定に比べれば、その内容の信用性は高まるといえる。ただし、鑑定医の中立性に疑問があるケースもあるので、注

意が必要である。

　起訴前本鑑定に際して、まずは鑑定留置状の謄本請求をして、その内容を確認すべきである。

　また、弁護人として、積極的に鑑定医に働きかけ、被疑者に有利な資料の提供などをする場合もある。鑑定医については、裁判所に問い合わせをしたり、担当検事に問い合わせをすることで、氏名や所属等を知ることができる。

　もっとも、鑑定医に対して資料を提供すべきかどうかは、事案により慎重に検討すべきである。起訴前鑑定においては、検察官が鑑定人を選び、鑑定人もあくまでも検察官の嘱託に基づいて鑑定を行う。このように起訴前鑑定は検察主導で行われるものであり、実際に検察官が求めていると思われる意見に寄った鑑定書が作成されてしまうこともある。そのため、弁護戦略上、鑑定人に対する資料の提供などをあえてしないこともありうる。例えば、取調べで完全黙秘を選択しているケースなどでは、鑑定医に対しても黙秘を選択することがあるだろう。ただし、この場合には、事案によっては不起訴とならずに公判請求される可能性が高まるなどのデメリットも考えられるため、その判断は慎重に行うべきである。

　鑑定留置中は、勾留期間には含まれず、鑑定留置終了後に通常の勾留期間に戻ることになる。鑑定中は、本人がすべての期間入院して検査等を受けるケース、短期間のみ入院するケース、入院はせずに留置施設にいるまま鑑定医が面会に来るケース（場合によっては、鑑定人の所属先に近い留置施設や拘置所に移送されることもある）などがあるため、本人の居場所を確認する必要がある。

　このように鑑定留置となった場合には、処分の決定まである程度長期の期間が与えられることとなる。弁護人としては、漫然とこの期間を過ごすのではなく、処分後の生活環境の調整などについて積極的に活動をすべきである。勾留期間だけでは難しい精神障害者保健福祉手帳の申請などについても、鑑定留置の期間があれば実行することも十分に可能となる。また、鑑定人が協力的な場合には、処分後の本人に必要な医療について相談することもできる。

　さらに、鑑定留置中の本人の処遇についても注意が必要である。たとえ本人が鑑定留置で病院に入院したとしても、必ずしも適切な治療が行われるとは限らない。場合によっては、なるべく行為時の状態に近づけるためか、あえて投薬をはじめとした治療を行わないという鑑定人も存在する。このような場合には、弁護人としては、本人のために必要な治療は行うよう申入れをすることも検討しなければならない。

　なお、鑑定留置に関しては、本人の身体拘束が長期化してしまうという問題が

ある。そこで、明らかに身体拘束が不要と考えられる場合には準抗告を申し立てたり、すでに鑑定に必要な診察や検査が終わっている状況にもかかわらず鑑定留置が終了しない場合には取消しを求めることなども検討すべきである。

8 終局処分に向けた活動

⑴ 獲得目標の設定

弁護人としては、当然のことながら、早期の段階で、終局処分でどのような結果を獲得するかの目標を設定することとなる。

この点については、通常の事件と同様に、否認であれば嫌疑なしや嫌疑不十分での不起訴をめざし、自白事件の場合には、可能な限り起訴猶予を求めていくことになる。

精神障害者の事件において特徴的なのは、終局処分に向けた活動の中で、①訴訟能力・責任能力の問題について検討を要すること、②起訴猶予をめざした活動の一環として、医療や福祉サービスへつなげることが有益となることがあることである。

また、留意しなければならない点として、不起訴となった場合にも、③医療観察法審判の申立てがなされて入通院決定がなされたり、④精神保健福祉法上の措置入院がなされたりする可能性があることが挙げられる。

以下、それぞれの点について詳述する。

⑵ 具体的な場面における留意点

⒜ 訴訟能力・責任能力に疑問があるケース（①）

精神障害のある人の刑事事件においては、訴訟能力や責任能力に疑問が生じるケースも多い。このような場合には、前記7で述べたとおり、起訴前鑑定の実施を弁護人から求めることもありうる。少なくとも、弁護人として訴訟能力や責任能力に問題があると考え、その点が加味されれば不起訴も十分にありうるというケースでは、弁護人としても実施を求めていくことが多いだろう。

ただし、①起訴前鑑定については、鑑定人の中立性に疑問がある場合もあること、②鑑定留置を経ることで身体拘束期間が長くなってしまうことなど注意すべき点もある。そのため、鑑定の実施を求める場合には、本人に十分に説明をし、納得を得るように努めるべきである。

(b) 医療・福祉サービス等とのつながり（②）

　自白事件においては、本人の釈放後の生活環境が調整されていることが起訴猶予処分にすべき理由の一つとなる。精神障害者の場合には、生活環境の調整にあたって、本人の抱える精神障害に対する支援体制を具体的に整え、資料化していく必要がある。また、否認事件の場合であっても、仮に不起訴となれば本人は社会に復帰するのであるから、釈放後の生活環境を調整することは重要となってくる。

　このような支援体制を整えるにあたっては、弁護人だけで調整を行うことが困難な場合も多い。一般に、弁護士は、医療や福祉についての知識をもっているわけではなく、さらに実務の運用などについてはほとんどわからない。そのため、生活環境の調整にあたっては、社会福祉士や精神保健福祉士などの福祉専門職に協力を依頼して環境調整していく必要もあるだろう。この場合、社会福祉士や精神保健福祉士をはじめとした福祉専門職（単に資格を有する人をいうのではなく、福祉に関する見識・経験のある人）に依頼して、一緒に本人の今後の生活を考え、医療も含めた本人の生活全般に対する支援体制を整えていくことを検討すべきである。また、この際、福祉専門職に「更生支援計画」[12]といわれるような釈放後の支援計画を作成してもらうこともある。

　この点、弁護士会によっては、障害のある人の事件において、担当弁護士から弁護士会に依頼をすることにより、福祉専門職を紹介する取組みを行っている弁護士会もある[13]。また、民間の団体で、罪に問われた障害のある人に対して、支援を行っていく取組みも進められている[14]。そして、これらの福祉専門職や団体に支援を依頼する場合の費用を助成する「罪に問われた障がい者等の刑事弁護等の費用に関する制度」が、2023年度より日弁連で開始された（コラム「医療や福祉との連携費用援助制度」参照）。この制度は、費用援助制度を設けている弁護士会に対して、日弁連が補助金を支出するものであり、それまでは一部の地域にとどまっていた費用援助が全国的に広がっていくことが予想される。この制度においては、福祉専門職の更生支援計画の策定やそれに向けた面会等の活動に対する費用援助のほか、医師の意見書作成等の費用などが支出される。また、弁護人への加算報

---

[12] 更生支援計画については、内田扶喜子・谷村慎介・原田和明・水藤昌彦『罪を犯した知的障がいのある人の弁護と支援―司法と福祉の協働実践』（現代人文社、2011年）、水藤昌彦監修／一般社団法人東京TSネット編『更生支援計画をつくる―罪に問われた障害のある人への支援〔第2版〕』（現代人文社、2024年）などを参考にされたい。

[13] 特集1「司法と福祉の連携」季刊刑事弁護85号（2016年）にも大阪の取組みについての言及がある。

[14] 一般社団法人東京TSネット（東京）や、認定NPO法人静岡司法福祉ネット明日の空（静岡）など。

酬相当費用も支払われる。

　弁護人としては、このような連携や費用援助の制度を十分に活かし、本人の釈放後の生活について調整していくべきである。この際の具体的な連携方法などについては、一般社団法人東京TSネット編『障害者弁護ビギナーズ』(現代人文社、2021年) などを参照にされたい。

　また、2021年度からは、地域生活定着支援センターにおいて、被疑者等支援業務が開始された。これによって、それまで矯正施設からの退所時の支援 (いわゆる「出口支援」) を行っていた地域生活定着支援センターが、被疑者・被告人段階の支援 (いわゆる「入口支援」) の一端を担うこととなった (それまでも、「相談支援業務」の枠組みで入口支援を行っている地域生活定着支援センターも存在したが、一部にとどまっていた)。被疑者等支援業務においては、検察庁と保護観察所が協議して定めた対象者について、地域生活定着支援センターが福祉的支援の調整等を行う。弁護士はこの枠組みに原則的に組み込まれているものではないが、検察官と事前に協議等をすることによって、被疑者等支援業務につなげる依頼をしていくことが考えられる。ただし、被疑者等支援業務の場合には、更生支援計画の作成等が行われないこととなっているため、留意されたい。

　加えて、地域によっては、地方検察庁が「社会復帰支援室」「再犯防止対策室」などの名称の部署において社会福祉士等を雇用するなどして、このような調整を行っていることもある。このような地方検察庁の福祉専門職による支援を利用するということも、選択肢の一つであろう。しかし、検察庁が支援を準備する際には、その支援が強制力を背景とした「押しつけ」になってしまう危険性が潜んでいる。例えば、支援を受けるのであれば不起訴にするが、そうでなければ起訴されるという状況 (もしくは本人がそう捉えてしまうような状況) に追い込まれるような場合である。そのような中で支援を受ける意思決定をしたとしても、それが本人の真意に沿ったものとはいえないだろう。弁護人としては、その支援が本当に本人の希望に適ったものであるのか、不要な強制力の行使になっていないか等、独自の視点でチェックしていくべきである。

(c)　医療観察法対象事件で不起訴となる場合 (③)

　医療観察法対象事件で、心神喪失や心神耗弱によって不起訴処分となった場合には、医療観察法当初審判の申立てがなされることを意識する必要がある。医療観察法については、第6章～第9章を参考にしていただきたいが、捜査段階においても、先の見通しを立てたうえで対応しなければならない。

　医療観察法当初審判の申立てがされてしまうと、医療観察法の鑑定入院の決定

がなされることになる（原則2ヶ月）。仮に起訴前鑑定をすでに経ていた場合でも、さらに鑑定入院がなされることとなる。また、審判の結果入院決定となると、そこからさらに入院が継続することとなる。このように、身体拘束期間が長期化する可能性があることには留意しておかなければならない。

　また、知的障害や認知症のような、一般に治療反応性がないとされるケースでも申立てがされる場合がある。しかし、弁護人としては、終局処分の段階において、「この法律（医療観察法）による医療を受けさせる必要が明らかにないと認める場合」（医観法33条1項）に該当するとして、申立てすべきではない旨、検察官に対して主張していくべきである。

　とくに、対象行為が傷害である場合には、「傷害が軽い場合であって、当該行為の内容、当該対象者による過去の他害行為の有無及び内容並びに当該対象者の現在の病状、性格及び生活環境を考慮し、その必要がないと認めるときは、第1項の申立てをしないことができる」（医観法33条3項）とされており、明らかに治療反応性がないような場合に限らず、傷害結果が軽微であって、種々の事情から申立ての必要性がない場合には、申立てしないことができることとなっている。そのため、弁護人としては、傷害が軽微といえる事件の場合には、条文に記載されている種々の事情を整理し、申立ての必要がない旨の意見書を、検察官に提出すべきである〔刑事書式7〕。

　なお、医療観察法対象事件の場合には、対象行為に争いがあったとしても、検察官が事実を認定するに足りる証拠があると判断すれば、医療観察法審判の申立てがなされてしまう。そして、第7章3(3)(b)のとおり、医療観察法においては、伝聞法則が適用されないなど、刑事公判よりも緩やかな手続によって事実認定がなされることになる。そのため、弁護人としては、そもそも医療観察法の申立てがされないよう、嫌疑なしや嫌疑不十分で不起訴にすべきであることを申し入れておく必要がある。

　また、在宅で捜査が進んで不起訴となった場合には、事件からかなり時間が空いているにもかかわらず、医療観察法当初審判の申立てがなされたり、さらに鑑定入院させられることがある。このような場合には、現在の治療で安定していることなどを示して、医療観察法による医療は必要ないと主張すべきである。

(d)　医療観察法非対象事件で不起訴となる場合（④）

　医療観察法の対象事件でない場合にも、本人の病状によっては、検察官が通報し（精福法24条）、措置入院がなされる可能性がある。実際、令和4年度衛生行政報告例においては、検察官から通報がなされたケースが2,857件、そのうち診断を

受けて措置入院該当症状があると判断されたケースが1,211件とされており、相当数のケースが措置入院となっている。

　このように、弁護人としては、本人の病状が安定していない場合には、措置入院となってしまう可能性も踏まえて活動しなければならない。措置入院となった場合には、自由に外出できない、自分で病院を選ぶことができないなどの不利益がある。

　そのため、まずは捜査段階において、前記のような支援体制を整え、その中で適切な医療体制も確保されている状況をつくることが、措置入院を防ぐ要素の一つとなる。例えば、本人に医療が必要で、本人も医療を受けることに前向きな場合には、任意入院先を準備することで、措置入院や医療保護入院のような強制医療が不要であることを主張することができる。このようなケースでは、終局処分までの間に、入院先を含めた生活環境の調整をしていくことになるであろう。

　また、仮に措置入院となってしまった場合にも、早期の退院や処遇の改善をめざし、本人と関わっていくことが望ましい（第11章参照）。

第 **4** 章

公判段階の弁護活動

　被告人に精神障害がある場合、公判段階の弁護活動では、まず訴訟能力および責任能力を争うかどうかの判断が求められる。しかし、たとえ訴訟能力・責任能力を争わない場合であっても、精神障害があることについては、公判手続上、量刑事情としても、十分に考慮されなければならない。

　そこで、本章では、まずは訴訟能力・責任能力を争うかどうかの判断に関わる基礎知識について俯瞰する。次に、訴訟能力・責任能力を争う場合でなくとも、公判弁護活動において弁護人が行うべき弁護活動について、ポイントを挙げる。

1　訴訟能力の検討

　まず検討すべき点は、訴訟能力についてである。なお、訴訟能力に関する詳細については、訴訟能力研究会編『訴訟能力を争う刑事弁護』（現代人文社、2016年）、「訴訟能力と手続打切り」季刊刑事弁護90号（2017年）65頁などを参考にされたい。

⑴　訴訟能力の定義
　刑訴法314条1項は、「被告人が心神喪失の状態に在るときは、検察官及び弁護人の意見を聴き、決定で、その状態の続いている間公判手続を停止しなければならない」と定めている。ここでいう「心神喪失の状態」について、最高裁は、「被告人としての重要な利害を弁別し、それに従って相当な防御をすることのできる能力」と判示している（最決平7・2・28刑集49巻2号481頁）。

　では、「重要な利害」とは何を指すのか。

　その内容については議論があるところであるが、今までの裁判例からすれば、黙秘権や上訴取下げの意味[*1]、弁護人や裁判官の役割などは、これに含まれることが明らかであるといえる。また、「検察官の立証内容や訴訟の成り行き等の大筋」の理解を要求しているものもある（最判平10・3・12刑集52巻2号17頁）。

次に、「相当な防御」とは何なのか。

この点については、前記最高裁平成10年判決において、「弁護人及び通訳人からの適切な援助を受け、かつ、裁判所が後見的役割を果たすことにより、これらの能力をなお保持している」とされていることが重要となる。すなわち、本判決によれば、弁護人の活動や裁判所の後見的役割との兼ね合いで、「相当な防御」が判断されるのである。ただし、このような弁護人や裁判所の助力・後見による防御可能性を安易に認めてしまうことは非常に危険である。この点について慎重な判断をしている裁判例[2]もあり、参考にしていただきたい。

訴訟能力については、現在までの裁判例の蓄積により、上記のように理解されているところである。また、その能力の程度については、完全に失われているか、完全には失われていなくてもそれを補完する方法がないような場合には、訴訟能力が否定されることになる。

(2) 訴訟能力を争う場合の手続

裁判所は、訴訟能力に疑問が生じた場合、刑訴法314条4項に基づき、医師の意見を聴いたうえで、訴訟能力の有無について審理を尽くさなければならない（最高裁判所判例解説49巻12号365頁）。そして、訴訟能力がないと判断された場合には、公判が停止されることとなる。

弁護人としては、前記(1)の訴訟能力の定義について分析したうえで、接見等であらためて丁寧な聴き取りをして本人の理解の程度を確認したり、協力医等に面会をしてもらうなどの方法で、まずは訴訟能力に疑問があることを示し、公判停止決定を求めていく。

(3) 公判停止が認められた後の手続

公判が停止されても、そのままでは、裁判は被告人の死亡等によって公訴棄却等で終了するまでは続くことになり、本人は被告人たる地位からは解放されない。

---

[1] 黙秘権に言及したものとして、上記最高裁平成7年決定などがある。また、上訴取下げについて言及したものとして、最決平7・6・28刑集49巻6号785頁がある。

[2] 広島高岡山支判平3・9・13刑集49巻2号517頁。「弁護人の訴訟活動と裁判所の後見的役割に強く期待せざるを得ないところ、黙秘権告知の制度が重要性を持つことはもとより、その他の各訴訟手続についても、単に解釈によって補うことは被告人の防御権、刑事訴訟手続の中で被告人が固有に有する権利を十分行使し得るか否かについて疑問が多く、結局、立法による解決に期待せざるを得ない」としている。

そこで、勾留されている被告人はその後も勾留が続くこととなるため、まずは早期に勾留取消請求を行わなければならない。

　また、被告人の心神喪失状態に回復の見込みがまったくない場合には、検察官が公訴の取消し（刑訴法257条）をし、これを受けて裁判所が公訴棄却決定を下して（刑訴法339条1項3号）、訴訟手続を終了させることになる。しかし、これでは検察官が訴訟能力の回復の見込みがあるとして公訴取消しをしなかった場合、その判断がいくら不合理であっても、訴訟が終了しないこととなる。この点について、最判平28・12・19刑集70巻8号865頁は、「被告人に訴訟能力がないために公判手続が停止された後、訴訟能力の回復の見込みがなく公判手続の再開の可能性がないと判断される場合、裁判所は、刑訴法338条4号に準じて、判決で公訴を棄却することができると解するのが相当」であると判示した。すなわち、訴訟能力の回復の見込みがない場合には、検察官の公訴取消しがなくとも、裁判所が自ら公訴棄却によって手続を打ち切ることができるとしたのである。これにより、今後は、弁護人として、本人の訴訟能力の回復可能性がないことを示すことにより、公訴棄却を求めていくことになる。

2　責任能力の検討

　次に、責任能力について検討を行う。

　ここでは、責任能力を争う場合に留意すべき点を敷衍するが、より詳しい弁護活動については、日本弁護士連合会刑事弁護センター編『責任能力弁護の手引き』（現代人文社、2015年）などを参照されたい。

⑴　責任能力とは

　責任能力については、刑法39条が規定しており、「心神喪失者の行為は、罰しない」（1項）、「心神耗弱者の行為は、その刑を減軽する」（2項）とされている。

　同条でいう「心神喪失」について、大判昭6・12・3刑集10巻12号682頁は、精神の障害により、①事物の理非善悪を弁識する能力（事理弁識能力）、もしくは②その弁識に従って行動を制御する能力（行動制御能力）がまったくない状態をいう、としている。また、同判決は、「心神耗弱」については、精神の障害により上記①もしくは②の能力が著しく減退した状態をいう、としている。

　そうなると、まずは、被告人において「精神の障害」があるかどうかが問題となる。「精神の障害」については、あらゆる精神状態を含むと考えてよい。すなわち、

統合失調症や双極性障害だけでなく、知的障害や発達障害、パーソナリティ障害であっても、「精神の障害」にあたりうる。弁護人としては、起訴前の活動において収集した情報、例えば本人の通院歴や主治医の診断、起訴前鑑定の結果（起訴後すぐに検察官に任意開示を求めると開示されることが多い）、本人と関わりのある福祉関係者からの情報などから、本人の事件時の精神状態を把握するよう努めるべきである。

　そのうえで、被告人に「精神の障害」が認められるとして、それにより前述の事理弁識能力もしくは行動制御能力をまったく失っていたか、または著しく減退していたかの点についての考察が必要となる。

(2)　責任能力判断の基準

　それでは、能力の喪失・減退についてどのように判断をするのか。

　この点について、最決昭59・7・3刑集38巻8号2783頁は、精神の障害が認められるからといって、それだけで心神喪失の状態にあったといえるわけではなく、被告人の犯行当時の病状、犯行前の生活状態、犯行の動機・態様等を総合して判断すべきであるという、いわゆる総合的判断を示している*3(なお、この総合考慮の要素と類似したものとして、「7つの着眼点」*4があるが、これはあくまでも精神鑑定書の記載事項を提案したものであり、責任能力判断の基準ではない)。加えて、最決平21・12・8刑集63巻11号2829頁は、総合的判断を行うにあたって、①病的体験の直接支配性と、②本来の人格傾向との異質性を重視すべきであるとした。

---

*3　昭和59年決定の調査官解説においては、「㈠精神分裂病の程度が重傷である場合、幻覚、妄想等の病的体験に直接支配された犯行である場合には、通常、心神喪失と認められよう。従って、精神分裂病者の責任能力の有無・程度の判定にあたっては、まずその病状（精神分裂病の種類、程度等）の把握が最も重要であり、この点についての精神医学者等による精神鑑定の結果は大きな役割を果たすものと思われる。㈡精神分裂病の寛解状態にあるからといって直ちに完全責任能力を肯定することはできず、次の㈢の場合と同様の事情を考慮することが必要である。㈢その他の場合には、(1)精神分裂病の種類・程度（病状）、(2)犯行の動機・原因（その了解可能性）、(3)犯行の手段態様（計画性、作為性の有無、犯行後の罪証隠滅工作の有無を含む。）、(4)犯行前後の行動（了解不可能な異常性の有無）、(5)犯行及びその前後の状況についての被告人の記憶の有無・程度、(6)被告人の犯行後の態度（反省の上の有無）、(7)精神分裂病発症前の性格（犯罪傾向）と犯行との関連性の有無・程度等を総合考察して、被告人の責任能力を判断すべき」としている（最高裁判例解説刑事編昭和59年度）。
*4　「刑事責任能力に関する精神鑑定書作成の手引き」において、鑑定人が鑑定書に記載することを提案した着眼点であり、a. 動機の了解可能性／了解不能性、b. 行為の計画性、突発性、偶発性、衝動性、c. 行為の意味・性質、反道徳性、違法性の認識、d. 精神障害による免責可能性の認識の有／無と犯行の関係、e. 元来ないし平素の人格に対する犯行の異質性、親和性、f. 犯行の一貫性・合目的性／非一貫性・非合目的性、g. 犯行後の自己防御・危険回避的行為の有／無の7つを指す。本文のとおり、この着眼点は責任能力判断の基準ではないため、これを基準として捉えている裁判所・検察官に対しては、十分に説明をする必要がある。

責任能力の判断にあたっては、種々の要素が総合的に判断されることを念頭に置きつつ、とくに、病的体験が犯行を直接的に支配しているか、本来の人格傾向との異質性があるか、という点に着目しなければならない。

(3)　精神鑑定との関係

　責任能力が争われる事件においては、何らかの形で精神鑑定が実施されることがほとんどである。

　では、精神鑑定と責任能力判断の関係はどのようになっているのか。

　最決昭58・9・13集刑232号95頁は、「被告人の精神状態が刑法39条にいう心神喪失又は心神耗弱に該当するかどうかは法律判断であつて専ら裁判所に委ねられるべき問題であることはもとより、その前提となる生物学的、心理学的要素についても、右法律判断との関係で究極的には裁判所の評価に委ねられるべき問題である」としている。しかし、最終的な事実認定は裁判官が行うという点では正しいものの、これでは被告人に有利な精神鑑定があっても、まったく異なる判断をされてしまう可能性がある。

　その後、最判平20・4・25刑集62巻5号1559頁は、「生物学的要素である精神障害の有無及び程度並びにこれが心理学的要素に与えた影響の有無及び程度については、その診断が臨床精神医学の本分であることにかんがみれば、専門家たる精神医学者の意見が鑑定等として証拠となっている場合には、鑑定人の公正さや能力に疑いが生じたり、鑑定の前提条件に問題があったりするなど、これを採用し得ない合理的な事情が認められるのでない限り、その意見を十分に尊重して認定すべきものというべきである」とした。この判決により、鑑定意見が尊重されることが明らかとされた。

　この点について、参考になるものとして、「責任能力判断の8ステップ」[*5]がある。

　これは、医学的診断から責任能力に至る構造を、

　①　精神機能、症状に関する情報の収集
　❶　犯行に関する情報の収集
　②　精神機能、症状（健常部分を含む）の認定

[*5]　岡田幸之「責任能力判断の構造」論究ジュリスト2号（2012年）103頁、岡田幸之「責任能力判断と裁判員裁判」法律のひろば67巻4号（2014年）41頁。岡田幸之「責任能力判断の構造─8ステップモデルの基本解説」季刊刑事弁護93号（2018年）37頁。五十嵐禎人・岡田幸之編『刑事精神鑑定ハンドブック』（中山書店、2019年）。

❷　犯行の態様、事情等の認定

③　「病名」等の決定（疾病診断）

❸　「構成要件該当性」「違法性」等の決定

④　精神障害とそれ以外が犯行に与えた影響の機序

❺　弁識と行動制御に関わる機序への絞り込み

❻　機序の分析による弁識能力と行動制御能力の特定

❼　弁識能力と行動制御能力の減損の有無、評価

❽　「責任能力」の決定

に分けたうえで、①〜④が精神医学の領域として鑑定の対象となる一方、❶〜❸および❺〜❽は法学的視点が関わる作業であって法律家の領域であるとするものである（詳しくは脚注記載の論文や書籍を参照されたい）。そして、鑑定人は、その意見の核として、②の精神障害の具体的な諸要素が、❷にどう影響しているのかの機序（④）を描き出すことになる。

　この考え方は、医師と法律家の役割分担としては有用である。これを念頭に置いたうえで、どの点について争っていくべきか、前記最高裁平成20年判決を踏まえながら検討していくのがよい。

　もっとも、この8ステップは所与の前提ではなく、また「症状と機序が説明できなければ責任能力がある」であるとか、「診断は重要ではない」などの誤解を生じやすいという問題もある。弁護人としては、このような問題には留意しなければならない。

⑷　責任能力についての主張の検討

　弁護人としては、前記(1)〜(3)までの一般論を前提に、責任能力についてどんな主張をするかを決めていかなければならない。

　基本的には、責任能力に疑義がある以上、これを主張していくことになるだろう。

　しかし、心神耗弱の場合には、慎重な検討を行うことが必要となる。心神喪失が無罪となるのに比して、心神耗弱はあくまでも減軽事由の一つとして判断されるにすぎないからである。

　とくに執行猶予相当の事案については、その判断は慎重に行うべきである。例えば、医療観察法対象事件の場合、心神耗弱が認定されて執行猶予判決となると、その後に医療観察法申立てがなされる可能性がある。そうなると、結果として、心神耗弱を主張することで、医療観察法による強制入院等を招く結果となり

かねない。また、医療観察法対象事件でない場合にも、執行猶予が見込まれる事件で心神耗弱を争うとなると、鑑定請求（再鑑定請求）やその後の鑑定などによって審理期間が長引くだけになってしまうこともありうる。この点についても、注意をしなければならない。このように、心神耗弱の主張をしなくとも執行猶予であることが確実な事案では、この点を鑑みて、その主張をしないこともありうる。

一方で、心神耗弱の場合であったとしても、死刑求刑が予想される事件や無期懲役が予想される事件などでは、徹底して争うことが求められる。また、実刑が見込まれる事件でも、心神耗弱が認定されれば刑期や出所後の支援に影響するため、心神耗弱を主張することになることが多いと思われる。

3　責任能力を争う場合の弁護活動

責任能力を争う方針とした場合、弁護活動としては、下記のようなパターンを想定することができる（もちろん、ここに書かれていないパターンもありうる）。
Ⅰ　起訴前本鑑定がある場合
（ⅰ）　起訴前本鑑定を争う
　①　再鑑定を請求する
　②　私的鑑定をする
（ⅱ）　起訴前本鑑定を争わない
Ⅱ　簡易鑑定がある場合
（ⅰ）　簡易鑑定を争う
　①　本鑑定を請求する
　②　私的鑑定をする
（ⅱ）　簡易鑑定を争わない
Ⅲ　起訴前本鑑定・簡易鑑定がない場合
（ⅰ）　起訴後の本鑑定を請求する
（ⅱ）　私的鑑定をする

以下、どのような弁護活動を行うかのポイントとなる点について簡単に述べる。

なお、本人に病識がなく、責任能力を争うことに抵抗を示すこともありうる。その場合にも、弁護人としては責任能力を争うことについて本人に十分に説明をしなければならない。最後まで納得が得られない場合にも、責任能力の判断は法的評価なので、弁護人として責任能力を争うべき場合もありうる。この場合に

は、予想される量刑や、精神障害が事件に与えた影響の程度、従前の通院歴があるか否かなどを考慮して、その判断をすることになるだろう。

なお、仮に責任能力を争わないとした場合にも、精神障害が事件にどのように影響を及ぼしているかについては綿密に分析していくことが必要となる。精神障害があることは動機形成等に影響を及ぼしている可能性があり、そうであるならばそれは犯情にかかる情状事実として主張されなければならない（後記4参照）。

(1)　簡易鑑定・起訴前本鑑定の内容の精査

起訴前本鑑定や簡易鑑定が行われている場合（I・II）、まずはその内容を精査することが重要となる。

公判前整理手続に付されている事件であれば、類型証拠開示請求や予定主張関連証拠開示請求で、これらの鑑定書ならびに鑑定の基礎資料等の開示を求めていくことになる。

公判前整理手続に付されていない事件においては、鑑定書ならびに鑑定の基礎資料等を任意開示することを検察官に求めていくことになる。

そして、これらの資料が開示された後、その内容を精査しなければならない。場合によっては、本人の主治医や協力医に意見を求めるなどすることも必要であろう。

また、起訴前本鑑定や簡易鑑定を争うとした場合にも、どのポイントを争うかを検討しなければならない。この際、前記「責任能力判断の8ステップ」が参考になる。例えば、前提事実を争うのか、診断名を争うのか、事件との関連性を争うのか、など、その争点設定を意識すべきである。仮に、8ステップのうち、❺以降のポイントのみに争点が絞られるのであれば、それは法的判断の問題であり、鑑定を争う必要はないことになる。

(2)　本鑑定・再鑑定を請求するか否か

起訴前本鑑定や簡易鑑定を争うとした場合（I(i)・II(i)）には、弁護人の主張を裏づける専門家意見を準備することが必要になる。また、これらの鑑定がない場合（III）にも、やはり何らかの専門家意見が必要となる。

その場合に、本鑑定・再鑑定を請求するか、私的鑑定を行うのかを決めなければならない。

再鑑定・本鑑定が採用された場合には、本人に費用負担が生じずに客観的で中立的な鑑定が行われるというメリットがある。しかし、弁護側の主張に沿った鑑

定結果でなくても証拠となるというデメリットもある。

　私的鑑定は、有利な鑑定結果が出たときだけ証拠請求すればよいという点でメリットがある。しかし、費用負担の問題[*6]や、刑事収容施設内で鑑定を行うことの限界[*7]もある。

　弁護人としては、これらのメリット・デメリットや、その効果を踏まえつつ、どちらを選択するかを検討しなければならない。

⑶　裁判員裁判の場合

　裁判員裁判の場合には、公判前整理手続期間内に鑑定を行うことができる（裁判員の参加する刑事裁判に関する法律〔以下、裁判員法〕50条）。これがいわゆる「50条鑑定」といわれるものである。

　50条鑑定においては、事前カンファレンスが実施されることがほとんどである。事前カンファレンスとは、裁判官、検察官、弁護人、鑑定人などが事件の問題点や尋問事項において意見交換を行うものとされている。

　現状、事前カンファレンスについては、その目的と内容が明確ではなく、裁判体によってさまざまな形式で行われている状態にある。裁判体によっては、事前カンファレンスにおいて、鑑定の内容に踏み込むような議論をしていることもある。しかし、鑑定内容に踏み込むようなカンファレンスは予断排除原則との関係で問題があるうえ、裁判員法50条3項[*8]の規定にも抵触するものである。カンファレンス中に鑑定の内容にまで話が及びそうになった場合には、裁判官に退席を求めるべきであろう。

⑷　専門家証人の尋問について

　起訴前本鑑定を争う事件では、鑑定を行った精神科医の尋問が行われる。また、50条鑑定ないし本鑑定が実施された場合には、鑑定人尋問が行われること

---

*6　ただし、費用については、国選の場合には法テラスから診断書作成費用（上限3万円）が出る場合があるほか、2024年からは日本弁護士連合会で鑑定費用を援助する制度が開設された。

*7　面会が一般面会と同様の扱いをされ、申入れをしても30分程度の時間しか面会できないことも多い。また、アクリル板越しの面会となるため、心理検査などが十分に実施できないという問題もある。ただし、一部で特別面会が認められているケースもある。金岡繁裕・安西敦「刑事施設における私的鑑定の環境確保―名古屋拘置所および高松刑務所における実践」季刊刑事弁護55号（2008年）。また、勾留執行停止によって、鑑定人との面接を病院等で行うことも考えられる。

*8　裁判員法50条3項は、「鑑定手続実施決定があった場合には、公判前整理手続において、鑑定の手続のうち、鑑定の経過及び結果の報告以外のものを行うことができる」としている。すなわち、鑑定の経過および結果の報告はできないものと規定されているのである。

なる。さらに、私的鑑定を行った場合には、当該鑑定を行った精神科医を弁護側証人として請求することもあるだろう。

一般論ではあるが、尋問については、①弁護側立証にとって不利な事実・知見・論理などがあれば弾劾を、②弁護側立証にとって有利な事実等があれば活かす尋問をすることが必要となる。

弾劾について問題となるのは、どのポイントを弾劾すべきなのか、である。前記最高裁平成20年判決は、「鑑定人の公正さや能力に疑いが生じたり、鑑定の前提条件に問題があったりするなど、これを採用し得ない合理的な事情が認められるのでない限り」としている。そうなると、鑑定人の公正さや能力、鑑定の前提条件は、重要な弾劾のポイントとなる。

次に、活かす尋問、とくに弁護側証人の尋問の際には、難しい精神障害の説明を、どれだけ裁判官（裁判員）に伝えることができるか、が問題である。場合によっては、精神科医と協議のうえでパワーポイント等を作成し、視覚的なイメージを共有しながら話をしてもらうこともありうるだろう。

4 訴訟能力や責任能力を争わない場合

検討の結果、訴訟能力や責任能力を争わず、公訴事実にも争いのない、いわゆる量刑事件であることとなった場合には、どのような活動をすればよいのか、述べていく。

(1) ケースセオリーの構築

量刑事件の場合にも、弁護人として求める量刑こそがふさわしいことについて、その説得論拠、ケースセオリーを構築する必要がある。

とくに精神障害がある被告人の場合には、①犯情の点から、これまで正しい診断がなされていなかったり、服薬がうまくいっていなかったことで、病状が悪化したことが犯罪行為のきっかけになっていたり、精神障害が事件の動機や計画性に影響を与えていたり、福祉的支援がなされていなかったために生活が乱れて犯罪の遠因となったなど、精神障害が非難可能性に影響をしていないか、②一般情状の点から、今後の生活について精神障害に対するサポートを準備することで更生可能性を高めることができないか、を検討することになるだろう。

完全責任能力を前提にしたとしても、精神障害が事件に影響を与えている可能性は十分にある（あくまでも「著しく減退」したと主張しないだけである）。この点を見

落とすことなく、①②の点について、丁寧に検討しなければならない。

⑵　主張および立証

　精神障害が事件に影響を与えていることや、今後の生活についての精神障害へのサポートなどについて、ケースセオリーに組み込むことを検討した場合、次に、これらをどのように立証していくかを考えなければならない。もちろん、立証準備の過程を通じて、ケースセオリー自体が変更されていくこともあるだろう。

　以下、①非難可能性の観点、②更生可能性の観点から、簡単に述べる。

⒜　非難可能性の観点──精神障害と事件との関係

　非難可能性については、とくに精神障害が事件に与えた影響が問題となる。

　この影響については、さまざまなものが考えられる。精神障害の症状が直接影響している場合（例えば、統合失調症の症状の一つである妄想が事件の動機形成に関与している等）もあれば、精神障害による生きづらさが事件の背景要因となっているような場合（例えば、自閉スペクトラム症の人が職場での人間関係がうまくいかずに解雇されてしまい、経済的に困窮して窃盗をした等）もある。このような影響について、まずは弁護人自身で分析してみることが必要であろう。

　そのうえで、とくに障害が事件に直接影響を与えていると主張する場合には、弁護人だけではなく、立証において専門家の意見が必要となることが多いだろう。専門家の意見を得るためにまず考えられるのは、情状鑑定の請求である。情状鑑定とは、責任能力について争わない事案であっても、犯情や一般情状として障害が犯行に及ぼした影響を明らかにするために行われるものである。通常の精神鑑定は精神科医に依頼することがほとんどであるが、情状鑑定では臨床心理士など、医師以外の専門職に依頼する場合もある。

　ただし、情状鑑定については、裁判員裁判、とくに少年の裁判員裁判などでは採用されることもある一方、裁判員裁判でない事件においては採用されないことがほとんどである。そこで、このような場合には、私的鑑定で情状鑑定を実施することも検討する。この場合、費用が問題となるが、「罪に問われた障がい者等の刑事弁護等の費用に関する制度」（コラム「医療や福祉との連携費用援助制度」参照）や、その他一定の要件を満たす場合には「当事者鑑定等に関する費用の援助」制度が利用できる可能性がある。

　また、後記５で述べるように、福祉専門職に依頼をする場合に、そのアセスメントの一環として、精神障害と事件との関連性に言及してもらうことも有用であ

る。

そして、このように専門家に意見を求める場合には、弁護人がその基礎となるべき資料を十分に収集することが不可欠である。第3章1の「聴き取りにおけるチェックポイント」を参考にするなどして、本人の精神状態や事件時の生活状況についてなるべく多くの資料を集めておかなければならない。

(b) 再犯可能性の観点——今後のサポート

被告人の判決後の生活について主張する場合には、前記(a)の検討結果を踏まえたうえで、被告人が再度同じような行為を行わないために、事件時にはなかった支援が今後提供されることなどを述べていくことになる。

そのためには、前記(a)の検討において、本人自身の病状等だけでなく、家族の状況やサポート体制、医療・福祉サービスの受給状況などの環境的側面が事件に与えた影響についても検討しておく必要がある。

そのうえで、弁護人としては、医療・福祉の専門家との連携をすることにより（後記5）、本人にとって事件時には得られなかった支援・環境が今後は提供されることを主張していくべきである。単に家族が受入れをしてくれて、帰住先も確保されている、などと主張するだけでは足りず、精神障害に対してどのような支援がなされるか、例えば医療面では（必要があれば）服薬や通院をどう継続するか、生活面では日中どのような支援を受けるかなど、具体的に述べなくては説得的とはいえない。

これは別の観点からみれば、精神障害が事件に影響を与えていると主張することに対する手当てにもなる。すなわち、本人のコントロールできない精神障害が事件に影響を与えているとした場合、どれだけ本人が反省していても、本人が自分でコントロールできない以上、再度同じ行為が起きるのではないかという抽象的な不安を惹起するおそれがある。これに対して、精神障害について、医療的・福祉的なサポート体制が整えられていることが立証できれば、このような不安を払拭することができると考えられる。

なお、実刑を免れえないケースにおいては、実刑中・出所後もサポートが入ることを述べていくことが考えられるだろう（ただし、相当長期の刑が予想される場合などは、サポートの確保が困難になる場合もあると思われる）。

また、実刑になることが確実な事件では、本人の処遇に対して意見を述べることもありうる。例えば、判決において、本人の障害とそれに合う矯正施設（医療刑務所など）について具体的に記載がなされることで、その後の本人の処遇に影響を及ぼすことが期待できる。弁論において、このような判決書の意義を具体的に指

摘し、できるだけ判決書に障害の有無・内容や適切な刑務所・必要な支援などを記載するように促すべきである。

5　福祉専門職との連携

⑴　連携の意義

　前記のとおり、精神障害のある被告人については、刑事手続の後の医療的・福祉的なサポート体制を構築することが必要である。

　しかし、このような具体的な支援を考えることは、弁護人（を含めた法律専門家）の専門性を発揮できる分野とはいえない。そこで、具体的な支援内容を検討してもらう段階から、福祉専門職と連携し、「更生支援計画」と呼ばれる支援計画を作成してもらう活動が広がってきている。「更生支援計画」とは、「福祉的支援を必要とする被疑者・被告人に対し、その人の障害や疾病を踏まえたうえで、同じ行為を繰り返さないで生活するために望ましいと考えられる生活環境や関係性、支援内容について具体的に提案するもの」などと定義される*9。福祉専門職の立場からすれば、刑事手続という場面で支援を開始することにより、支援ニーズのある人へアウトリーチしていくことができるという価値がある。そして、弁護人としては、弁護活動の一端について福祉専門職と協働でき、より効果的な主張・立証をすることができるというメリットがある。

　更生支援計画が作成された場合、弁護人としては、適切な支援体制が構築されていることを、有利な情状の一つとして公判で立証していくことになる。立証の方法としては、①更生支援計画を立てた福祉専門職を人証として請求する、②受入先の福祉サービス事業所の職員等を人証として請求する、③更生支援計画を書証として請求する、などが考えられるであろう。

⑵　連携の方法

　福祉専門職と連携するためには、まずは連携してくれる福祉専門職を探さなければならない。これについては、弁護士会で紹介制度を設けているところもあれば、民間の団体が相談を受け付けているところもある。まずは、弁護士会の担当委員会（刑事弁護委員会や高齢者・障害者委員会など）に状況を確認し、地域の実情に

---

*9　水藤昌彦監修／一般社団法人東京TSネット編『更生支援計画をつくる─罪に問われた障害のある人への支援〔第2版〕』（現代人文社、2024年）より引用。

あわせて対応していくのがよいだろう。

　そして、実際に連携をするにあたっては、単に丸投げをするのではなく、福祉専門職との間で役割分担をしていく必要がある。例えば、アセスメントのために必要な情報の収集などは、弁護士が行うほうがスムーズなことが多い。また、福祉専門職が拘置所等で面会するにあたって、面会時間の延長等を事前に申し入れておくことなども必要となるだろう*10。

　その他、具体的な連携方法などについては、一般社団法人東京TSネット編『障害者弁護ビギナーズ』(現代人文社、2021年)などを参照にされたい。

　また、連携にかかる費用については、「罪に問われた障がい者等の刑事弁護等の費用に関する制度」(コラム「医療や福祉との連携費用援助制度」参照)や、各弁護士会の制度等を確認されたい。

(3)　連携における留意点

　更生支援計画を作成するにあたって忘れてはならないのは、今後の生活を考える主体は、あくまでも本人であるということである。福祉専門職や弁護人が勝手に支援の内容を考えて、それを押しつけるようなことはあってはならない。精神障害があるために容易に理解できなかったり、最初は合理的理由なく抵抗を示すこともあるかもしれないが、障害に配慮して説明することで理解が得られたり、最初はわからなかった本人の希望が出てくることもありうる。丁寧に本人と一緒に今後の生活を考えるという姿勢を、常に忘れてはならない。

　また、弁護士は福祉の専門家ではないうえ、本人との関係も「被告人と弁護人」という特殊な関係にあることを自覚しなければならない。弁護人は、本人にとって対等とは感じられない関係にある。そのことにより、本人の本当のニーズを聴き出せなかったり、提案した支援に対する意見を言えなかったりすることもあることを意識しなければならない。

　なお、福祉サービスの受給にあたっては、基本的に障害支援区分の認定や受給者証の発行等が前提となる。この点については、従前医療機関にかかっていた場合などで主治医意見書を得ることができれば、本人が身体拘束中であっても申請することができる。また、受診の必要性を明らかにすることによって勾留執行停

---

*10 令和5年3月28日法務省矯正第474号「刑事施設における更生支援計画書の活用について(通知)」により、更生支援計画作成に向けた社会福祉士等の面会については、①1回の面会時間を一律に制限することなく必要に応じて面会時間をできる限り長く確保すること、②検察官に意見を求めたうえで立会いを省略することも可能であること等とされた。これに基づき面会時間の延長を求めていくのがよい。

止の決定を得て、それにより受診をして主治医意見書を作成してもらったという事案も存在する。判決後にスムーズに福祉サービスにつなげるためにも、この点については弁護活動の一環として、可能な限り積極的に関われると望ましい。

　また、そのほかにも、自立支援医療（精神通院医療）受給者証の取得や、グループホームや通所先の見学など、医療や福祉へのつながり方はさまざまある。第15章を参考にして各自工夫して活動することが望ましい。

6　保釈の活用

　本人の病状によっては、勾留によって通常よりも症状が悪化してしまっているようなケースや、早期に治療につなげなければならないようなケースがある。このようなケースでは、保釈の必要性が高く、保釈請求を積極的に検討しなければならない。

　保釈請求にあたって、まずは自宅等を制限住居として検討することになる。しかし、前記のようなすぐに治療が必要となっているケースなどでは、単に自宅等に戻ると主張するだけでは認められないことも多いだろう。

　そこで、このような場合には、①自宅に戻ったときに受ける医療的・福祉的サービスをあらかじめ準備すること、②病院を制限住居として保釈請求することなどが考えられる。こうすることで、従前保釈が認められなかったケースでも保釈が認められる可能性が広がる。

　病院を制限住居とする場合には、本人の病状等についてなるべく資料を収集したうえで、受入先となる病院を探し、入院の段取りを組まなければならない。釈放時の移動についても、どうするか検討しておくべきである。また、入院の形態については、本人との関係では任意入院が望ましいが、いつでも退院できるという観点から裁判所が難色を示すこともありうる。その場合は、精神保健福祉法上の任意入院には退院制限（第10章2(1)参照）が可能であることを説明してまずは説得するのが望ましい。それでも裁判所が強制入院を求める場合には、本人に説明して医療保護入院とすることも考えられるだろう。

　なお、このような早期の釈放を得た場合には、前述したように福祉との連携を進めていく必要がある。公判と並行してこのような調整を行うことにより、弁論で社会復帰後の環境が整っていることをより説得的に論ずることができるようになる。

7 公判手続における配慮

⑴ 国選弁護人の複数選任

　国選弁護人の場合、裁判所に対し、複数選任の要望を出すことが考えられる。捜査段階の場合（第3章参照）と異なり、公判段階の場合には、罪名による制限はない。

　弁護人が複数選任されれば、本人との接見をより密に行うことが可能になるうえ、弁護人間で役割を分担する（例えば、①本人との間で公訴事実に対する意見や証拠意見等を検討する役割、②本人との間で今までの成育歴や今後の生活について話し合う役割など）ことで、より丁寧なコミュニケーションを図ることも可能になる。

　国選弁護人の複数選任については、日弁連から最高裁に対して要望書を提出し、複数選任の要望があった際には柔軟に対応をすることを求めている[*11]。

⑵ 公判廷における配慮

　公判廷において、本人の障害やその症状によって、本人のために特別な配慮が必要な場合がある。例えば、ゆっくりと平易な言葉遣いで話をしなければ本人がその内容を理解することが難しい場合や、こまめに休廷を入れないとストレスが高まってしまう場合などである。

　このような配慮は、障害に対する合理的配慮として認められるべきである。この点に関し、障害者差別解消法は、合理的配慮の提供義務の主体を「行政機関等」[*12]としているため、裁判所は除かれている。しかし、障害者権利条約13条においては、「締約国は、障害者が全ての法的手続（捜査段階その他予備的な段階を含む。）において直接及び間接の参加者（証人を含む。）として効果的な役割を果たすことを容易にするため、手続上の配慮及び年齢に適した配慮が提供されること等により、障害者が他の者との平等を基礎として司法手続を利用する効果的な機会を有することを確保する」と定められている。また、2022年9月に障害者権利委員会が日本の第1回国家報告審査を経て公表した総括所見においては、この点について、「障害者の効果的な参加を確保するための民事・刑事及び行政手続における、手続上の配慮及び年齢に適した配慮の欠如。障害者にとって利用しやすい情報及

[*11] 「国選弁護人の複数選任について（要望）」（2007年7月6日）。
[*12] 「国の行政機関、独立行政法人等、地方公共団体（地方公営企業法（昭和27年法律第292号）第3章の規定の適用を受ける地方公共団体の経営する企業を除く。第7号、第10条及び附則第4条第1項において同じ。）及び地方独立行政法人」と定義されている（障害者差別解消法2条3号）。

び通信の欠如」についての懸念が示され、「障害者の全ての司法手続において、本人の機能障害にかかわらず、手続上の配慮及び年齢に適した配慮を保障すること」との勧告が出ている。そこで弁護人としては、必要となる合理的配慮について、前記障害者権利条約や総括所見を引用したうえで、申入書を裁判所と公判担当検事宛てに提出して配慮の申入れを行うのがよい〔刑事書式9〕。

　また、本人の供述特性についても、事前に裁判所に理解してもらったほうがよい場合もある。例えば、公訴事実の認否について、言葉を字義どおりにしか受け取ることができず、尋ね方によっては被告人の真意を汲み取れず誤解を招く場合もある。このような供述特性については、福祉専門職や医師等に公判で説明をしてもらう方法も考えられるが（本章5参照）、公判の進行状況等に鑑みて、事前に裁判所に説明をしておいたほうがよいこともある。前記配慮の申入書は、このようなアナウンスも兼ねることができる。

　さらに、精神障害者に限られたことではないが、本人が十分に手続を理解しながら公判を進められるようにするため、本人の着席位置を弁護人の横にするように求め、本人が弁護人に対して質問などができるようにしておくことも重要である。ただし、裁判体によっては、弁護人の横に被告人を座らせることをなかなか認めない運用をしている場合もある。その場合は、必要性について十分に説明をする。

(3)　被告人質問における配慮と工夫

　精神障害者の被告人質問においては、よりいっそう、その供述特性に注意をする必要がある。

　例えば、障害ゆえに謝罪の気持ちがうまく表現できなかったり、質問に対して長時間をかけなければ応答できなかったりする。このような供述態度を放置してしまうと、反省をしていないなどと不利な情状事実として扱われてしまうおそれがある。

　そこで、このような場合には、本人のそのような態度はまさに障害の発露であるということを主張・立証し、本人がその障害による態度ゆえに量刑上不利益を被らないようにしなければならない。

　立証においては、精神科医や福祉専門家に、本人の特性についてあらかじめ意見をもらうことが考えられる。また、日常的に本人と関わり、本人の障害や特性をよく知っている人物（家族など）が、公判廷で身近なエピソードを交えて本人の障害や特性を語るという方法もあるだろう。

被告人質問は、このような証人尋問の必要性をアピールするために、最初に短く行い、関係者尋問によってその障害特性を明らかにしたうえで再度行うことも考えられる。また、弁論において、被告人質問の内容と関係者尋問を関連づけて説明・フォローするなどの配慮も必要であろう。

⑷　特別弁護人の活用
　刑訴法31条2項は、弁護士以外が弁護人となることができる特別弁護人という制度を定めている。弁護人に選任されれば、立会いなしでの本人との面会や、被告人質問を行うことができる。そのため、本人の障害特性に理解のある福祉専門職を特別弁護人として選任するよう求めることも考えられるだろう〔刑事書式10〕。実際に、福祉専門職がこの制度を利用して弁護人として接見するなどの実例も報告されている。

依存症に対する理解と支援

　依存症は、使用や所持が犯罪となる薬物事犯だけではなく、ギャンブル依存症を背景とする横領事件や人間関係への依存が原因となっている暴力事件（DV事件）など、刑事弁護活動の中で出会う場面が少なくない精神疾患である。

　薬物やアルコールなどの物質や、ギャンブルなどの行動、さらに人間関係などに依存してしまう「依存症」については、世界保健機構で「精神に作用する化学物質の摂取やある種の快感、高揚感をともなう特定の行為を繰り返し行った結果、それらの刺激を求める抑えがたい欲求である渇望が生じ、その刺激を追い求める行動が優位になり、その刺激がないと不快な精神的、身体的症状を生じる、精神的、身体的、行動的な状態のこと」と、正式な定義づけがなされている。

　つまり、「依存症」とは、薬物の摂取やギャンブルなどの行動を繰り返すことで問題（家庭の不和や失職、借金など）が起きているにもかかわらず、物質の摂取や問題行動をしたいという渇望が抑えられずにし続けてしまう、という精神疾患である。依存症に至るまでには、試しにやってみようという初期の段階から、問題行動が自分をよくしてくれるという誤解を経て、やめたくてもやめられないという段階に至るまでのプロセスがあり、進行性の疾患といえる。最終的には、本人がさまざまな問題に苦しみ続けるだけでなく、借金問題や生活苦などで家族や友人などを巻き込み、まわりも苦しめてしまうことにもなる。

　どうして人は依存症になるのかというテーマは、精神医療の世界でも長年議論や研究がなされており、一つの有力な仮説が存在する。それは「自己治療仮説」というもので、今から30年以上前にアメリカ合衆国の精神科医によって提唱され、日本でも紹介されている（エドワード・J・カンツィアン＆マーク・J・アルバニーズ／松本俊彦訳『人はなぜ依存症になるのか—自己治療としてのアディクション』星和書店、2013年）。この仮説は、人がなぜ依存症になるのかについて「その人が辛い出来事や困難な状況などに耐えるために、依存行為を繰り返した結果である」とする。すなわち、例えば暴力や虐待やそのほかつらい経験をしている人が、それに耐えるため（つらさを忘れさせてくれる）薬物やギャンブルなどをするようになり、繰り返すことで依存症になってしまう、ということである。

　依存症者を支援する際には、その人が何かつらい経験や困難を過去に抱えており、依存症になりながらもそれに耐え、今日まで生き延びた、という側面を軽視してはならない。頭ごなしに「薬物が悪いとわかっているならやめなさい」などの「ダメ、ゼッタイ」的な関わり方をするのでは、依存症者の心に響く活動をすることはできない。

　依存物質や嗜癖行為は、依存症者が生き延びるための「杖」の役割を担っていた、ともいえる（「杖」は松本俊彦医師が使われている比喩）。支援をする際には、まずはその人が「杖」で何を耐えてきたのかに目を向け、本人にそれを聞き、わからないときは一緒に考える時間と余裕が必要である。依存症が進行していればいるほど、このような関わりには時間を要するが、依存症であるその人を否定せずに関わり続ければ必ず話をしてくれる（つまり支援を必要

としてくれる）日がくる。

　そして、その人と依存症について話し合える信頼関係ができれば、次はその人にとって新しい「杖」を一緒に探すようなイメージでの支援をすることが望ましい。例えば、その人の精神状態が悪く精神医療が必要ならば、依存症の専門治療を受けられる病院を探したり（全国各地に拠点病院があり、インターネットで検索すれば容易に知ることができる）、依存症について理解のある仲間がいない人であれば、ダルクなどの自助グループを紹介することで仲間という「杖」を持つきっかけを作ることができる。

　なお、自助グループについては、依存物質や嗜癖行動ごとに分かれており、アルコールならAA（アルコール・アノニマス）、薬物ならNA、ギャンブルならGAなどと約されるが、これらの略称でインターネット検索すれば、近くの自助グループや開催場所・日時を知ることができるほか、近年はオンラインで実施されている自助グループもあるので、参加しやすいものを探したい。

　病院や自助グループには、できるだけ一緒に行き、その人と感想や効果を話し合うことも、その人にとって「杖」が定着する助けになるので、できるだけ怠らずにフォローしたい。このような支援は、弁護人作成の報告書や診断書・施設スタッフの情状証言などで証拠化し、公判立証などの活動に活かすことができる。

　依存症はとても人間らしい病気のように思う。家庭の不和や個人の寂しさ・弱さ、コミュニケーションができないなど、人間が人との関わりの中で抱えるさまざまな問題が背景となり依存症につながっているからである。裏を返せば、依存症やその回復プロセスについて知ることは、人間として生きるためのいろいろな知恵やアイディアを知ることである。依存症者を支援することは、支援をする側にとってもこのような生きる知恵を知ることができるよい機会になるだろう。

（菅原直美）

第 **5** 章

判決直後の弁護活動

　控訴についての検討を要することは通常の刑事弁護活動と同じであるが、精神障害者については以下の点に留意する。

1　無罪もしくは執行猶予判決の場合

⑴　医療観察法申立てが予想される場合

⒜　検察官への申入れ

　医療観察法の対象事件について心神喪失により無罪もしくは心神耗弱で執行猶予となった場合は、検察官は、明らかに必要がないと認める場合を除き、当初審判の申立てをしなければならないとされている（医観法33条1項）。

　しかし、第6章で述べるとおり、医療観察法は強制的に医療を命じる手続であり、任意の医療で足りるのであれば、医療観察法の申立てをされないほうが望ましいといえる。また、そもそも治療反応性がないなど、医療ではなく福祉的な支援によって障害を解消できる場合もある。

　そこで、このような場合には、検察官に対して直ちに、医療の必要がないことや、保釈が行われて地域の医療機関の診療を受けているなどの事実を主張し、医療観察法による医療を受けさせる必要が明らかにないので当初審判の申立てをしないようにとの申入れを行う。

　とくに傷害罪の場合は、傷害が軽い場合であって、当該行為の内容、当該対象者による過去の他害行為の有無および内容ならびに当該対象者の現在の病状、性格および生活環境を考慮し、その必要がないと認めるときは検察官は申立てをしないことができるので（医観法33条3項）、具体的に検討する必要性が高い〔刑事書式7参照〕。

⒝　任意入院の検討

　検察官の当初審判の申立てを受けた裁判官は、必要が明らかにないと認める場

合を除き、鑑定入院命令を発することになる（医観法34条）。

　もっとも、不起訴の場合に検察官が即日医療観察法の審判申立てができるのに対し、判決の場合は判決が確定するまでは申立てをすることができない。したがって、判決を受けても、すぐに鑑定入院命令が発せられるわけではない。

　そのため、実務上は精神保健福祉法上の入院制度が用いられている。具体的には、検察官が、精福法24条2項を根拠に判決前に事前に都道府県知事に通報を行い、行政の担当者が判決言渡日に備えて診察の準備の段取りを行う。その結果、判決後速やかに（例えば裁判所の地下等に医師が2名待機していて）、措置入院（精福法29条）か医療保護入院（精福法33条）のいずれかの要件に該当するかの診察がなされる。このように、実務上は、医療観察法の隙間を埋める形で措置入院等が使われている。もっとも、診察には強制力はないことから、準備の段取りの際に事前に弁護人に連絡があり、協力を求められる。

　この場合、弁護人としては、事前に被告人とどうするのかについてコミュニケーションをとっておく必要がある。すなわち、診察を拒否すればすぐに措置入院もしくは医療保護入院ということにはならないが、疾患が疑われるにもかかわらず極端な診察拒否の態度を続けることは、判決確定後に鑑定入院命令が出される可能性が高くなる。いずれ強制入院となる可能性が高いのであれば、その前に信頼のおける病院に任意入院をすることを検討することが考えられる。すなわち、先に地域の医療につながっておくことは、医療観察法による医療を受けさせる必要が明らかにないことにもなるので、鑑定入院命令の必要性を否定することになり、申立後の付添人活動にも役立つものである。

(2)　上記以外の場合——入口支援

　窃盗や詐欺（無賃乗車）など医療観察法の対象となっていない罪名の場合や、被告人に精神障害があっても責任能力は争わずに情状酌量により執行猶予となる場合は、まず、前記のとおり、判決前の弁護活動の中で、いわゆる入口支援として、服薬管理を行ったり、福祉的支援を行う旨の更生支援計画の作成などをして医療や福祉につなげる準備を行う（第3章8(2)(b)参照）。そのうえで、判決後に環境調整した医療関係者や福祉関係者にきちんとつながるようフォローする必要がある。具体的には、任意入院をする場合には入院先まで一緒に行ったり、生活保護が必要な場合は福祉事務所に同行して申請をする。

　なお、国選弁護人の場合、判決宣告によって、原則として弁護人としての任務は終了する。そのため、判決後の活動については元弁護人という立場になるし、

国選弁護事件の報酬の対象外となる。しかし、執行猶予判決を受けて、釈放されたら、約束していた福祉関係者のもとに行かずにそのままどこかに出奔してしまって、支援につながらずに切れてしまう例も少なくない。そのために病状が悪化した例もある。そうならないよう、支援につなぐところまでフォローする必要性は高い。なお、福祉関係者等との連携にかかる費用について、国選弁護費用としては支払われないことが課題であるが、2023年度から、事件終了後の費用も含め、すべての弁護士会において費用援助が可能となるよう、日弁連が弁護士会に補助金を支出する制度が開始された（詳しくは、コラム「医療や福祉との連携費用援助制度」参照）。また、生活保護の同行申請については、日弁連が法テラスに委託している法律援助事業が利用できる。

2 実刑判決の場合

(1) 短期実刑で満つるまで未決勾留日数算入の場合

実刑判決で刑期に満つるまで未決勾留日数を算入するという判決を受けた場合、勾留の効力は消えないので、判決が確定するまではそのまま勾留される。

確定後は、上記1(2)と同様、環境調整した医療・福祉関係者にきちんとつながるようフォローする。

(2) 障害に配慮した処遇を受けるために

判決後に、被告人が勾留されている拘置所の分類保護の担当者に対して面談を求め、本人の刑務所内での配慮が必要な事柄等を伝えることで、本人の障害特性に合った分類となるよう働きかける。面談の申入れにあたっては、本人の今後のことや身元引受人に関する情報を伝えたいとすると面談に応じてもらいやすい。

また、検察官から刑務所に対し申送りができるので、検察官に対し、被告人本人の障害特性やそれに応じた処遇等を申送り事項として記載するよう、あらかじめ申入れをしておくことも意義がある。被告人本人に対しては、判決が確定するまでの間に拘置所等に面会に行き、刑務所に行った場合に適切な診療や服薬を申し出るようにアドバイスをしておく。そのほか、次のような情報提供を適宜行う。

勾留前に特定の医師の診察を受けており、自ら医療費を負担してでもその医師の診療を受けたいというような希望がある場合には、指名医による診療（刑事収容施設及び被収容者等の処遇に関する法律63条）を利用することができる。

もし、思うように診療を受けさせてもらえなかったり、投薬がなされなかった

りする場合は、刑事施設視察委員会に訴える方法がある。刑事施設視察委員会は、刑務所や拘置所などの刑事施設が適切に運営されているかどうかを監視するための第三者機関で、刑事施設の実態を把握するため、被収容者から現在の状況を聴取することができるとされている。具体的な方法としては、舎房内に投函箱が設置されているので、そこに諮問に出席希望との手紙を書いて投函するか、事務局宛てに郵送する。ただ、上記諮問への出席は抽選のため、希望したからといって必ず出席できるとは限らず、また、出席して訴えることができたとしても、必ず希望が通るとは限らない。よって、そのほかに、弁護士会に対して人権救済申立てができることも伝えておくとよい[*1]。人権救済申立てをすると、弁護士会の委員が面会に来るので、処遇改善について訴えることが可能である。

　また、適切な診療を受けさせてもらえないことにより損害を被った場合には、国家賠償請求をすることも考えられるが、その場合は、法テラスの出張相談を利用することができる。

(3)　出所後に適切な福祉的支援につながるために
(a)　出口支援の意義

　高齢または障害を有するため福祉的支援を必要とする者が刑務所を出所するに際して、早急に福祉的支援につながる仕組み、いわゆる出口支援が、厚生労働省と法務省の協働で行われている。具体的には、刑務所内に配置された社会福祉士・精神保健福祉士が、被収容者のうち、福祉による支援が必要な者を選定し、ニーズの把握を行い、円滑な社会復帰に向けた帰住先の調整等を行う。そして、帰住先の調整の際に、出所後直ちに福祉サービス等（障害者手帳の発給、障害区分認定等も含む）につなげるための準備を保護観察所と協働して進めるのが、全国に設置された地域生活定着支援センターである。

　したがって、刑務所に行くことが予想される場合は、刑の終了後にスムーズに出口支援につながるように、判決直後から以下のような準備をしておくことが肝要である。そうでないと、刑務所に入ったことで支援が切れてしまい、結果として再犯をしてまた刑務所に戻るという、いわゆる回転ドア現象が起きてしまうことになるからである。

[*1]　「名古屋刑務所における精神障害者に対する処遇人権救済申立事件（勧告・要望）」（2023年3月9日）
　　　<https://www.nichibenren.or.jp/document/complaint/year/2023/230309.html>。

(b) 検察官に対して

　精神障害がある被告人にとって、家族や地域との関係の維持が本人の更生に重要な役割を果たす場合が少なくないので、その場合は、検察官から刑務所に対して家族や地縁などの情報を申送りしてもらう。これにより、刑務所内に配置されている社会福祉士に伝えることができ、仮釈放の際や、特別調整を利用して地域生活定着支援センターにつなげる場合に役立てることが可能となる。

　なお、更生支援計画書が作成されている場合は、後述の更生支援計画書の引継ぎを行うことで、検察官に対する働きかけに代替できる。

(c) 被告人本人に対して

　被告人に対しては、本人の意向を尊重しつつも、医療や福祉のサービスについて誤解や偏見があるまま拒否する場合もあることから、丁寧にその意義を説明し、出所後のことを、刑務所内に配置されている社会福祉士等（福祉専門官などの職種についている場合もある）に相談するよう伝える。また、被告人に身元引受人になってくれる家族等がおらず、満期出所後の帰住先がないことが予想される場合は、特別調整について希望を出すよう説明をしておく必要がある。

　特別調整になると、保護観察所が地域生活定着支援センターと連携し、満期出所後の地域への移行支援が行われる。ただ、特別調整には本人の希望が必須となるので、前述のとおり検察官から社会福祉士に申送りがなされており、社会福祉士から本人に対して特別調整の打診がなされたとしても、本人が拒否した場合は、特別調整を利用できない。そうすると刑務所を一歩出た瞬間に支援がなくなるので、本人に対し、支援がない場合のデメリットを説明するとともに、特別調整を拒否せず希望を出すように伝えておくことが重要である。

3　更生支援計画書の活用

　更生支援計画書は、弁護人が社会福祉士や公認心理師、更生支援活動団体等の福祉専門職等と連携し、環境調整を行い、更生支援のために福祉専門職等に依頼して作成する書面であり、被疑者・被告人等が起訴猶予や執行猶予となった場合の更生支援のためのロードマップとなるものである。しかし、実刑判決や保護観察付執行猶予判決を受けた場合にも、同計画書を活用し、刑事施設や保護観察所での処遇や福祉的支援に役立てることができることから、更生支援計画の引継ぎの試行が行われてきた。

　当初東京地方裁判所管内と大阪地方裁判所管内を一審とする事件のみでの試行

であったが、2023年4月1日からは全国に拡大し、弁護人から刑事施設、保護観察所に引継ぎがされることで、処遇や福祉的支援で活用されることとなった[*2]。

保護観察付執行猶予判決の場合は、被告人が保護観察所に赴く際に弁護人も同行し、引継ぎを行うことが有効である。他方、実刑判決の場合は、被告人がどこの刑務所に収容されるかは事前にはわからないので、拘置所に更生支援計画書を引き継げば足り、拘置所から各刑務所等へ引継ぎがなされる。なお、引継ぎの時期としては上訴が考えられるので、判決が確定した後に行う必要がある。

4　寄り添い弁護士

現在の法制度によると、判決の言渡しや釈放によって国選弁護人の業務は終了し、実際に元被疑者・被告人が生活を開始し福祉サービスにつながるまでに支援者が不在となる隙間が生じる。しかし、この隙間を埋める弁護士の活動が、精神障害のある人にとっては重要かつ必要である。

具体的に、(元)国選弁護人・国選付添人による判決後・審判後の社会復帰支援活動としては、以下のような活動が考えられる。

- ・被収容者との面会、手紙のやりとり
- ・家族等との面談や助言、被収容者とのつなぎ
- ・仮出所申請支援（意見書作成等）
- ・障害者手帳取得支援等
- ・保護観察所、更生保護法人、帰住先・家族、病院、福祉機関との連絡調整

ただ、上記活動については、これまで費用支弁の制度がなく個々の弁護士のボランタリーに頼ってきた。しかし、兵庫県弁護士会が、上記活動費用を支援する「寄り添い弁護士制度」を設けたのを皮切りに、愛知県弁護士会など同様の制度を設ける弁護士会が近年増えてきている。これらの費用助成がなされることにより、弁護士が積極的に出口支援の活動を行うことが期待されるが、本来、障害者に対する福祉的支援の一環として公的費用によって賄うべきものであるから、一部の弁護士会の試みで終わらせず、国の法制度として位置づけられることが望まれるところである[*3]。

[*2]　様式等については<https://member.nichibenren.or.jp/keiji/jyoho_manual/syogaisya_keijibengo/keijishisetsu.html>参照。

[*3]　事件終了後1年以内の活動について、日弁連援助制度が利用できる場合がある。詳しくは、コラム「医療や福祉との連携費用援助制度」参照。

心神喪失者等
医療観察法

心神喪失者等医療観察法とは

1 制定の経緯

「心神喪失等の状態で重大な他害行為を行った者の医療及び観察等に関する法律」(医療観察法) が制定されることとなったきっかけは、2001年6月に発生した、多数の児童が殺傷された池田小学校事件である。ただし、当該事件の被告人は刑事裁判によって責任能力ありと認定されており、当時、医療観察法があっても適用されるケースではなかった。

当初の政府案は、精神障害者が触法行為を起こしたとき、「再び対象行為を行うおそれ」を要件として入院による医療を強制する制度であった。このような政府案は、1974年5月の改正刑法草案によって導入が目論まれた保安処分[*1]を形を変えて導入しようとしたものとみられた。そのため、精神障害者の当事者団体からは人権侵害のおそれが強い保安処分制度が導入されようとしていると強い反対があり、また、日弁連も強く反対した。

すなわち、当初の政府案では、改正刑法草案98条の「再び禁固以上の刑にあたる行為をするおそれ」と同様の「再犯のおそれ」を処遇要件 (入院の要件) とする保安処分制度として理解された。国会での議論でも当初の政府案に対しては、「再犯のおそれ」という処遇要件は法的に無限定で、現代の科学でも予測不可能であり、そのような要件で拘禁するとなると、本来は拘禁されるべきでない者が大量に拘禁され、人権保障の観点から問題があるなどの厳しい批判にさらされた。そこで、処遇要件から「再犯のおそれ」を削除し、これに代えて「この法律による医療を受けさせる必要」を処遇要件とする修正案がまとめられた。この修正の趣旨については、「本制度による処遇の対象となる者は、その精神障害を改善するために

[*1] 禁錮以上の刑にあたる行為をした精神障害者に対し、再犯のおそれを要件として、保安処分施設に収容し、重大な犯罪を行うおそれがあるとされると、期限なく拘禁されることとなる制度である。

医療が必要と認められる者に限られるのであって、このような医療の必要性が中心的な要件であることを明確にするとともに、仮に医療の必要性が認められる者であっても、そのすべてを本制度による処遇の対象とするのではなく、その中でも、精神障害の改善に伴って同様の行為を行うことなく社会に復帰できるよう配慮することが必要な者だけが対象となることを明確にするため」と説明されている[*2]。

　この修正案が衆議院・参議院の法務委員会でそれぞれ強行採決の末、2003年7月10日に成立し、2005年7月15日から施行された。しかし、修正後もなお、制定前および施行当初から、対象者を入院させて「手厚い医療」を行うとされていた指定入院医療機関数の不足や鑑定入院中の対象者の医療と人権保障のあり方を定める手続法、実体法の不備が指摘され、また、再犯の危険性を根拠に身体拘束が継続されるおそれがある（保安処分的な運用への危惧）など、当事者団体や日弁連などから批判がなされた。施行後は入院の長期化が顕在化し、保安処分的運用への危惧が現実化した。

2　制度の概要

　医療観察法は、心神喪失または心神耗弱の状態で重大な他害行為（殺人、放火、強盗、不同意性交、不同意わいせつ、傷害という6罪種を指す）を行った者（「対象者」）に対し、当該行為を行った際の精神障害を改善し、社会復帰を促進することを目的として、本人の意思に反しても、医療観察法による医療（入院医療・入院によらない医療〔通院医療や訪問看護など〕）を実施する制度である。

　同法は、①当初の審判段階（33〜48条。「当初審判」）と②処遇段階（49〜63条。「入院による医療」「入院によらない医療」）の2つの段階について規定する。弁護士が付添人として関わるのは、必要的付添事件とされる当初審判段階が多い。

　ここで留意することは、法律の制定経過で、強制医療を行うための処遇要件について、当初の政府案にあった保安処分類似の「再犯のおそれ」が削除され、医療の必要性が中核的要件とされる修正がなされた点である。このことから、医療観察法の制度・運用は、保安処分的な制度ではなく社会復帰をめざす制度として理解されなければならない。付添人としては、このような制定過程を踏まえ、保安処分的にこの法律の入院が利用されることのないよう、医療観察法が対象者の人

[*2]　2002年11月27日衆議院法務委員会における塩崎恭久委員発言。

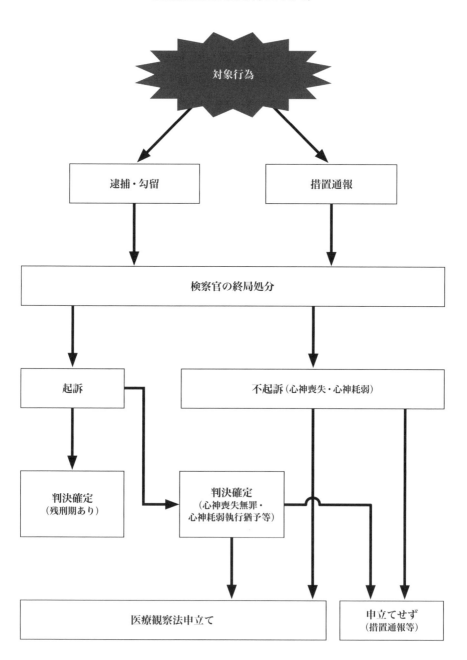

医療観察法手続図（申立てまで）

対象行為

逮捕・勾留

措置通報

検察官の終局処分

起訴

不起訴（心神喪失・心神耗弱）

判決確定
（残刑期あり）

判決確定
（心神喪失無罪・
心神耗弱執行猶予等）

医療観察法申立て

申立てせず
（措置通報等）

権を擁護しつつ的確な医療を行う法律として運用されるように活動する必要がある。

　近時においては、施行当初、入院ガイドラインで1年6ヶ月程度として想定されていた入院期間が大幅に長期化していることが問題とされている。今後は、入院医療が長期に及ぶようになったことに対するチェックも付添人の活動として重要になってくる。

3　医療観察法の運用状況

　当初審判の終局人員を見ると、医療観察法施行直後の2006年度は、80件中入院49件（61％）、通院19件（24％）（そのほかは不処遇または却下）であったが、2014年以降は、概ね入院は75％程度、通院は10％を下回ることが多くなり、入院決定率が高止まっている[*3]。

　また、対象行為別の終局総人員は、2020年度の当初審判においては、傷害45％、殺人23％、現住建造物等放火19％となっている。

　他方、2022年度の当初審判（必要的付添人事件）の受理総数は全国で430件、終局総人員が年間0〜10件の地方裁判所が42ヶ所であるから、付添人経験者は必ずしも多くはないと思われるが、入院の長期化に鑑みれば、入通院決定後の審判に積極的に弁護士が関わっていくことが望まれる。

4　医療観察法の手続の流れ

⑴　当初審判段階

　以下では、当初審判の主な手続の流れと審判における審理の対象について概説する。

⒜　当初審判の申立て

　検察官は、心神喪失または心神耗弱の状態で対象行為（殺人、放火、強盗、不同意性交、不同意わいせつ、傷害に当たる行為。医観法2条1項1項〜5号）を行い、不起訴になった者（医観法2条2項1号）、無罪または執行猶予等になった者（医観法2条2項2号）について、「この法律による医療を受けさせる必要が明らかにないと認める場合を除き」、地方裁判所に対し医観法42条1項の決定（入院医療・入院によらな

---

*3　裁判所司法統計<http://www.courts.go.jp/app/sihotokei_jp/search>より。

い医療または不処遇)をすることを申し立てる(医観法33条1項)。対象行為には、傷害致死(刑法205条)や強盗致傷等(刑法240条)は明定されていないが、これらも対象行為に含まれるとされている(強盗致傷について東京高決平19・12・21)。

(b) 鑑定入院命令

申立てを受けた地方裁判所の裁判官は、「この法律による医療を受けさせる必要が明らかにないと認める場合を除き」、鑑定その他医療的観察のため、鑑定入院命令を発する(医観法34条1項)。入院期間は原則2ヶ月だが、1ヶ月を超えない範囲で延長することができる(医観法34条2項)。

通常、(a)の申立て直後に鑑定入院命令が発せられる。ただし、例えば、刑事手続中に勾留されておらず、あるいは判決から時間が経過しているなどしているために、在宅での生活が安定して通院が継続できているような場合には、在宅の状態で審判を受けられるよう鑑定入院命令自体の当否を争うべき場合がある(詳しくは第7章3(2)参照)。

(c) 審判手続の進行

(a)の申立てにより当初審判が係属することになるが、通常は、(b)の鑑定入院命令の期間(原則2ヶ月)が、実質的な審判手続の期間となる。この間、鑑定人による鑑定(医観法37条)、保護観察所(社会復帰調整官)による生活環境調査(医観法38条)、付添人による活動や裁判所での進行協議、カンファレンス等が並行して行われ、最終段階で審判期日が開かれ、期日後に入院医療・入院によらない医療(通院医療等)・不処遇の決定がなされるのが通常の流れである。

この審判手続において対象者、保護者[*4]または付添人は意見を述べ、資料を提出すること(医観法25条2項)、付添人は記録または証拠物の閲覧をすること(医観法32条2項)、裁判所の許可を得て謄写をすることができる(医観法32条1項)。事実の取調べについては証人尋問、鑑定、検証等が認められ、処遇事件の性質に反しない限り刑訴法が準用されるが(医観法24条4項)、伝聞法則が適用されないなど重大な違いもある。

(d) 審理の対象について

当初審判の審理の対象は、①対象行為の存否(医観法40条1項1号。ただし、不起訴処分を受けた者〔医観法2条2項1号〕について)、②責任能力の有無、程度(医観法40条1項2号、2項。ただし、対象行為の存否と同様に不起訴処分を受けた者について)、

[*4] 対象者の後見人もしくは保佐人、配偶者、親権を行う者または扶養義務者の中から保護者は定まる(医観法23条の2)。これらの者で決まらないときは、対象者の居住地を管轄する市町村長が保護者となる(医観法23条の3)。

③入院によりまたは入院によらないでこの法律による医療を受けさせる必要（処遇要件）の有無（医観法42条1項）である。

　当初審判の審理を担当するのは、地方裁判所に置かれる裁判官と医師である精神保健審判員で構成される合議体である。ただ、上記①および②については裁判官の専属的審判事項である（医観法11条2項）。①の対象行為の存否については、「必要があると認めるとき」は3人の裁判官による別の合議体での審理もできる（医観法41条1項・2項）。また、対象行為が不存在の場合あるいは完全責任能力が認められる場合は、申立てを却下しなければならず（医観法40条1項）、医療の必要性の判断には進まない。また、裁判所は、検察官が心神喪失者として不起訴処分をした対象者につき、心神耗弱者と認めた場合にはその旨の決定をするが、この場合において検察官は、当該決定の告知を受けた日から2週間以内に、裁判所に対し、当初審判の申立てを取り下げるか否かを通知しなければならない（医観法40条2項）。さらに、申立てが不適法な場合にも却下となる（医観法42条2項）。

　上記③の「この法律による医療の必要性」（処遇要件）の判断が、当初審判の中核的なテーマであるが、この処遇要件が具体的に何を意味するかは、法の条文上一義的に明らかではない。通常、「疾病性」「治療反応性」「社会復帰阻害要因」の3要件が存在する場合に処遇要件の存在が認められると解されている（詳しくは第7章3(5)参照）。

　また、処遇形態として「入院による医療」と「入院によらない医療」があるが、留意しておくべきことは、「入院による医療」が原則的な処遇形態とされるものでないことである。すなわち、法律上、最初から「入院によらない医療」（通院医療等）とされることも予定されているのである。

　したがって、処遇要件が存在する場合でも「入院による医療」を争うことができるのは当然であり、争うべき場合も少なくない（第7章1参照）。

⑵　処遇段階

(a)　入院による医療

　2023年4月1日時点で、指定入院医療機関は全国で35施設（856床）[*5]である。指定入院医療機関には、急性期（3ヶ月）、回復期（9ヶ月）、社会復帰期（6ヶ月）を区切り、病室もそれにあわせてグループ分けされていることが多い。18ヶ月以内

[*5]　ただし、四国には指定入院医療機関はなく、全国的にも配置にばらつきがみられる。そのため、最初に入院した指定入院医療機関から帰住先近くの指定入院医療機関に転院するなど、退院に時間を要しているケースが存在する。

の退院をめざす入院処遇ガイドラインがあるが、実際には18ヶ月を超える入院事例は珍しくなく、2017年度の報告によると、推定入院日数の中央値813日（約2年2ヶ月半）、平均値1,033日（約2年10ヶ月）であった[6]。入院が相当長期化している事例も一定割合存在し、2022年6月30日時点で入院期間が5年以上に及ぶ者が52人（うち10年以上が7人）となっている[7]。

入院中の対象者に対しては、入院継続が必要な場合には6ヶ月ごとに病院管理者による入院継続確認の申立てが（医観法49条2項）、入院を継続させてこの法律による医療を行う必要があるとは認められなくなった場合には病院管理者による退院許可の申立てがなされる（医観法49条1項）。

また、対象者、保護者または付添人においても退院許可または医療終了の申立てができる（医観法50条）。

これらの申立てを受けた裁判所は、対象者の病状や生活環境等を考慮して、「入院による医療」の継続、「入院によらない医療」への変更（退院許可）、医療終了のいずれかの決定をする。

これらの審判については、当初審判と異なり、付添人の選任が必要的なこととされていない。また、対象者の鑑定も必要的とされていない（医観法52条）。

入院中の処遇の改善については、厚生労働大臣に対し処遇改善請求の申立てができることになっており、厚生労働大臣は社会保障審議会にその審査を求めることになっている（医観法95条、96条）。

(b)　入院によらない医療（通院医療等）

当初審判において入院によらない医療を受けさせる旨の決定（通院決定）を受けた場合（直接通院。医観法42条1項2号）、または当初審判において入院決定を受けた対象者が退院許可決定を受けた場合（移行通院。医観法51条1項2号）に、「この法律による入院によらない医療」（通院医療等）を受けることとなる。

対象者が指定通院医療機関における通院医療を命じられると（医観法43条2項、51条3項）、保護観察所が地域社会における処遇の計画を立て（医観法104条）、関係機関と連携を図り（医観法108条以下）、保護観察所による精神保健観察が付され、対象者との「接触」「見守り」「指導」などが実施され（医観法106条）、対象者には一定の遵守事項が課される（医観法107条）。

この段階の特徴として、通院先が指定通院医療機関でなければならず、保護観

---

[6]　平林直次・竹田康二「医療観察法医療の現状分析からネクストステップに向けて」司法精神医学14巻1号（2019年）。
[7]　令和4年度精神保健福祉資料。

察所の精神保健観察が行われる等一定の制約はあるが、一般の精神障害者と同じように生活することができ、障害福祉サービスを利用したり、精神保健福祉法上の入院も可能である（医観法115条）。精神科リハビリテーションや訪問看護等も医観法上の処遇ではあるが（したがって費用は公費から支給される）、他の非対象者と内容的には同じであることが多い。

　通院医療は原則として３年とされている（医観法44条）。

　通院中の対象者に対しては、通院期間満了前にこの法律による医療の必要があると認められなくなったときは、保護観察所の長は医療終了の申立てをしなければならない（医観法54条１項）。また、対象者、保護者または付添人も医療終了の申立てを行うことができる（医観法55条）。

　他方、保護観察所の長は、入院によらない医療の期間を延長する必要があると認める場合は、２年間に限り延長を申し立てることができる（医観法54条２項、44条但書）。また、保護観察所の長は、入院させてこの法律による医療を受けさせる必要があると認めるに至った場合、または通院を怠るなどするために継続的な医療を行うことを確保できないと認める場合には、再入院の申立てを行わなければならないとされている（医観法59条）。

　これらの審判においても、鑑定および付添人は必要的とはされていない。

(c)　不処遇（「この法律による医療を行わない」）となった場合

　不処遇となった場合には、「この法律による医療」（入院医療、入院によらない医療）を受けることはない。ただ、精神保健福祉法上の医療で対応可能であると主張として、医療観察法の医療を回避したときは、通常、一般の精神医療を受けることになる。

強制医療

　強制医療、すなわち本人の意思に反して医療行為を行うことは、強制入院とは次元の異なる別の問題であり、人権という観点から言えば、強制入院は人身の自由に対する侵害であるのに対し、強制医療は医療についての自己決定権に対する侵害である。しかし現在の医療現場では、強制入院させたら治療も強制してよいと誤解した態度が見受けられる（詳しくは、姜文江「日本社会における人身の自由―精神障害者を中心に」廣島法學46巻4号（2023年）348頁）。

　しかし、精神保健福祉法上、強制医療を可能とする、あるいは患者に強制治療を受任する義務があるかのような規定は一切ない。これに対し、医観法においては43条1項や2項があるため、強制医療との関係が問題になりうる。しかし、これらの規定が同法42条1項1号および2号に対応していることは明らかであり、それぞれ決定された入院または通院による医療を〈指定医療機関において行う〉と定めたところに意義があると解される。また、当初審判において審理されるのは、（入院をさせて）「この法律による」医療を受けさせる必要があるかどうかである。いわゆる医観法医療と一般精神医療は根拠法が異なるだけでなく、設備、スタッフ、医療内容などの面でかなりの格差が生じている。このようなさまざまな違いを前提として医観法による医療を受けさせるか否かを決めるのが当初審判であり、対象者の疾患や病状を前提にどのような治療方法がふさわしいかを決める手続、個別に強制しうる医療行為を決める手続とはなっていない。さらに、医観法の入院処遇ガイドラインでは、新病棟倫理会議の決議をもって同意によらない治療を開始できるとされているが、同倫理会議には人権に理解ある者が必要的となっておらず、その決議に対する事後審査の機会もなく、適正手続も保障されていない。したがって、医観法においても、強制医療は許されないと解すべきである（池原毅和『精神障害法』（三省堂、2011年）参照）。

　さらに、障害者権利条約17条や25条(d)なども根拠となろう。

　判例でも、最判平12・2・29（いわゆるエホバの証人輸血拒否事件）において、医療について意思決定をする権利は人格権の一内容として尊重されなければならないとされているところであるが、精神科医療についても、措置入院中の患者につき名古屋地判昭56・3・6、医療保護入院中の患者につき札幌地判昭53・9・29は手術等につき個別の患者の承諾を要するとしている。

　以上を根拠に、クライアントに医療が強制されそうな場合には、弁護士としてはまず病院／主治医に対し医療を強制しないよう、インフォームドコンセントを得ることを求め、それでも強行しようとする場合には処遇改善請求（精福法38条の4、医観法95条）をすることができる。強行される可能性が高く、速やかに対応する必要がある場合には、民事保全手続として、強制治療禁止仮処分などを求めることが考えられる。また、具体的には切羽詰まっていないとしても、強制される可能性がある場合には、弁護士に対する電話の制限は許されないことから（昭和63年4月8日厚生省告示第128号）、常に電話がかけられる状況にあることを助言するとよい。

（姜　文江）

第7章 当初審判の付添人活動

1 付添人の役割と視点

　当初審判における付添人の役割は、医療観察法の手続の中で対象者の権利を擁護することである。

　医療観察法による入院では多職種チームによる計画的かつ継続的な医療が行われ、一般精神医療よりも手厚い点を捉えて、付添人が入院相当という意見を述べることが相当なケースがあるという見解もある。

　しかしながら、この法律に基づく医療は、あくまでも裁判所の命令に基づくものであり、精神障害者のみを対象とした強制入院制度であることは否定できない。本来、医療は自己決定権に基づき各人が自発的に受けるべきものであることは忘れてはならない。

　とくに、入院決定については、入院期間の上限がない。通院医療で足りると思われてもすぐに退院できる保証はなく、長期にわたって行動の自由が奪われる可能性がある。また、一般の精神科病院と比べて、指定入院医療機関の数は限られているので、同医療機関へ入院することは、多くの場合、後に対象者が復帰するであろう地域社会と切り離されることを意味する。対象者の中には、生活している地域にある社会資源を活用し、地域医療を利用することで病状の改善が期待できる者も少なくない。他害行為時には急性期の病状を呈していても、審判日を迎える頃にはその状態を脱していて入院によらなくても医療が行える場合もあるだろう。さらに、入院という方法は社会生活能力を低下させたり、施設症（施設内で長期にわたって社会的自由を失うことにより、無感情、従順、自発性の喪失、成育過程で獲得していた日常的習慣・生活技能の低下などの退行現象を生じる状態）を生じさせるなどのマイナス面もある。

　権利擁護者である付添人は、本人に制度の説明をして納得が得られたといった事情がない限りは、たやすく入院決定やむなしとの判断をせず、対象者が入通院

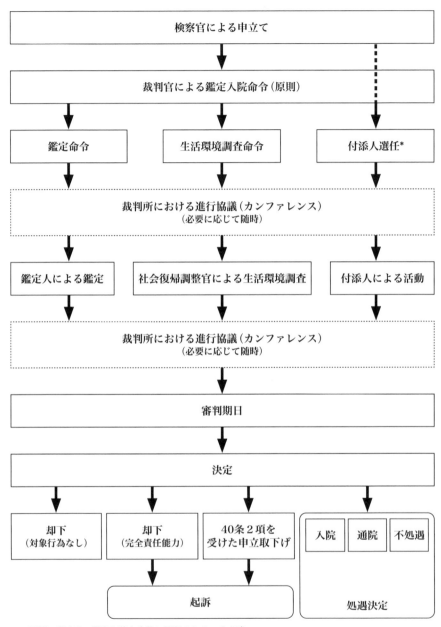

医療観察法手続図（申立て〜決定）

検察官による申立て

裁判官による鑑定入院命令（原則）

鑑定命令　　生活環境調査命令　　付添人選任＊

裁判所における進行協議（カンファレンス）
（必要に応じて随時）

鑑定人による鑑定　　社会復帰調整官による生活環境調査　　付添人による活動

裁判所における進行協議（カンファレンス）
（必要に応じて随時）

審判期日

決定

却下
（対象行為なし）　　却下
（完全責任能力）　　40条2項を
受けた申立取下げ　　入院　通院　不処遇

起訴　　処遇決定

＊　国選の場合は、鑑定入院命令後に選任されることが多い。

決定の要件に該当するのか、同決定を回避する方向でなすべき活動は何かといった点を慎重に見極めながら、対象者の今後の生活のためになしうる活動を模索すべきである。

2 初動段階における付添人活動

(1) 記録の閲覧・謄写申請

付添人は、申立てがあった後、その申立てに対する決定が確定するまでの間、処遇事件の記録または証拠物を閲覧することができる（医観法32条2項）。謄写については裁判所の許可を要することとなっているが（医観法32条1項）、積極的に記録の謄写を求めるべきである。対象行為の存否や責任能力の有無について問題はないか、対象者の精神障害の類型や病状等についての捜査段階での鑑定は適切かといった点をじっくり検討し、活動方針を決定するには、記録の熟読を要するからである。多くの場合、記録の謄写は許可され、国選付添人の場合は、裁判所に対し報酬請求とともに謄写に要した費用を請求しておくと、謄写費用に配慮をした報酬額が決定される。

対象行為の存否について、不起訴処分後に申立てをされた対象者は、刑事裁判の確定判決を経ていないため、対象行為の存否自体が確定していない。このような対象者については、対象行為の存否についての事実の取調べ（医観法24条）が行われた結果、対象者が対象行為を行ったと認められない場合、申立てが却下される（医観法40条1項1号）。不起訴処分となった対象者の付添人は、早期に事件記録を精査して対象行為の存否を検討し、争う場合は速やかに裁判所に対して意見書を提出するべきである（医観法25条2項。詳しくは、後記3(3)を参照）。

閲覧・謄写の対象となる事件記録については、検察官が「必要な資料」を提出することとされているのみなので（医観法25条1項）、すべてが提出されていないことも多い。提出された資料以外に必要な資料があるならば、同条を根拠に検察官に対し開示を求める、裁判所に対し職権発動を求める申出をする（2004年6月29日最高裁規則制定諮問委員会議事録[*1]参照）などして、提出されていない記録についての開示を求めるべきである。検察官に直接電話で提出を求めたり、カンファレンスの場で該当する資料の存否を尋ねたりしたことが契機となって、新たに資料

[*1] 日本弁護士連合会刑事法制委員会編『Q&A心神喪失者等医療観察法解説〔第2版〕』（三省堂、2014年）218頁。

が開示されるケースも少なくない。

　また、過去の医療記録が参考になることは多い。可能であれば、対象者が以前に治療を受けていた医療機関からのカルテ等の取寄せを試みる。ケースによっては、鑑定人の要望により過去の医療記録が鑑定資料として裁判所に提出されていることもある。追加資料の提出があったことは裁判所書記官から連絡がくることもある。都度謄写をすべきである。

⑵　対象者との面会

　付添人が選任された時点では、通常、対象者は鑑定入院先の病院に在院している。現在の運用では、入院当初、対象者は保護室に隔離されている場合が多いが、必ずしも自傷他害のおそれがあるなど病状が悪いことを理由としているわけではないため、面会に際してはこの点に留意したい。

　付添人との面会の際、対象者の病状を理由に鑑定入院先職員の立会いを求められることがあるが、法文上鑑定入院中の面会に制限はない。立会いなく面会すること（秘密交通権）も含めて、付添人との通信や面会を制限することはできないと解されていることから（前記2004年6月29日最高裁規則制定諮問委員会議事録参照）、入院先職員には、立会いなく面会できることを告げて、対象者が病院関係者に気兼ねすることなく自由に話ができる環境を確保する。そのうえで付添人は、可能な限り対象者と面会を重ねて信頼関係の構築に努めるとともに、対象者の病状、事件当時の状況、家族関係、生活歴や生活環境、対象者自身の主張などを丁寧に聴き取る。対象者に医療観察法の手続について説明する際には、日弁連発行のパンフレット「医療観察法による手続を受けるあなたへ！」[*2]を利用するとよい。

　鑑定入院直後は、対象者の病状が思わしくなく、面会に行っても対象者が話をしてくれないといったことは少なくない。しかしながら、対象者の病状は刻々と変化するもので、しばらくすると、急性期を脱するなどして症状が緩和していることが多い。対象者は、症状が緩和するにつれ、事件の振り返りができるようになり、語る言葉に変化がみられる。刑事弁護から引き続いて付添人に選任された場合でも、あらためて対象者に会いに行くことが重要である。

　初発の精神疾患により対象行為を行った場合等、対象者が自らの疾病に対する理解認識が不足している場合がある。本来このような場合には医療機関によって疾病教育が行われる。しかし、鑑定留置および鑑定入院では、このような疾病教

[*2] <http://www.nichibenren.or.jp/library/ja/publication/booklet/data/iryoukansatsu_pam.pdf>

育その他精神療法等必要な医療が行われないことが通常である。対象者が病識を獲得することは入院決定を回避するために重要な要素となるので、そのような場合には、対象者に対し、付添人からその疾病について説明することも検討すべきである。その際には疾病を平易に説明した書物*3や第三者の専門家の助言が得られるとよい。ただし、対象者の精神疾患が未だ重い状態で、およそ病識をもちえない状態にあるような場合があり、そのような場合に対象者が精神疾患に罹患していることを前提とすることは、信頼関係を損ねることにもなりかねないことに留意する。

　鑑定入院には、入院決定がなされた後に行動制限に関する規定（医観法92条）が準用されていないため、対象者に対する行動制限は一切できないとも考えられる。もっとも、実務においては、「鑑定その他医療的観察」のために必要と考えられる医療や行動の制限については、仮に鑑定入院中の対象者の同意がない場合であっても、これを行うことができると解されている*4。しかし、対象者が、症状が落ち着いているにもかかわらず、長期にわたり保護室に入れられているなどの行動制限を受けている場合もあるから、付添人としては、過度の行動制限等により対象者が劣悪な処遇を受けている状況を確認した場合には、鑑定入院先に対し処遇改善を強く求めるべきである（鑑定入院自体を争う場合については、本章3(2)を参照）。

(3)　鑑定人との面談

　鑑定人の鑑定結果は処遇決定の基礎とされる非常に重要なものであるから（医観法42条1項）、付添人ができる限り鑑定人に面談を求め、意見交換することは、対象者の求める処遇決定を得るために、大変有意義である。面談では、鑑定人が抱いている問題意識や鑑定内容の方向性を聴き取って把握するとともに、付添人からも対象者の社会復帰に結びつく情報等を提供し、付添人としての問題意識を述べるなどの鑑定人に対する働きかけをする。これにより、付添人が提供した情

---

*3　例えば、「医療観察法通院ワークブック」（国立精神・神経医療研究センター）がある<http://www.ncnp.go.jp/nimh/chiiki/documents/05-11.pdf>。

*4　法曹会編『「心身喪失等の状態で重大な他害行為を行った者の医療及び観察等に関する法律」及び「心身喪失等の状態で重大な他害行為を行った者の医療及び観察等に関する法律による審判の手続等に関する規則」の解説〔初版〕』（2013年）127頁。なお、平成17年3月24日厚労省障発第0324001号「医療観察法に基づく鑑定入院医療機関の推薦依頼について」によれば、精神保健福祉法による入院患者に対する行動制限と同様の行動制限であれば、これを行うことができるとされているため、弁護士との通信・面会の制限はできないと解される。

報や問題意識が鑑定書に反映されることもあるし、反対に、鑑定人の問題意識を反映して、対象者家族への対応や環境調整といった付添人活動がより充実することもある。

　鑑定書が裁判所に提出される前に付添人が鑑定人に直接個別に接触することについて、消極的な態度をとる裁判所や鑑定人もあるようだが、対象者に対する適切な医療の確保をも目的とするこの手続において、鑑定人と付添人とは必ずしも対立関係に立つものではないし、付添人との接触によって鑑定の公正が害されるとはいえない。面談目的等を説明するなどして粘り強く交渉するとよい。カンファレンスの機会を利用して、可能な限りの意見交換を試みることも有効である。

　鑑定人の処遇意見に疑問がある場合は、従来の主治医等の協力医に意見を聴くことが有用である。その場合には、日弁連の法律援助事業として協力医の費用を拠出できる制度があるのでこれを活用する[5]。

⑷　家族等関係者との面談

　対象者に家族がいる場合には、家族に連絡をして、これから対象者が受ける審判や医療観察法の制度について簡単に説明をする。すでに社会復帰調整官から説明を受けていることもあるが、中にはこの制度が刑事裁判手続と異なっていることすら知らない家族もいるので、前記日弁連パンフレットを利用するなどして、付添人の立場からも説明し理解してもらう。まずは付添人から連絡をすることで、その後の環境調整に向けての協力が得られるようになることもある。

　対象者の社会復帰に向けて、どのような障害があるのか、活用できる資源はあるかなどの情報の多くは家族が知っている。家族と面談をして、対象者の成育歴、職歴、病歴、家族構成、収入・支出の状況、生活環境などの情報を聴き取っておくことがその後の環境調整のためにも有用である。

　対象者の家族には、長期にわたって対象者の精神症状に対応してきた結果、疲弊しきってしまったような方もいる。家族が事件の被害者であるケースも少なくない。対象者の家族と連絡をとる際には、家族の心情に十分配慮し、場合によっては、家族自身への支援体制も視野に入れつつ臨むことが望ましい。家族が対象者の受入れを拒む態度を示しているときには、その理由や事情を丁寧に聴き取る

---

[5]　日弁連の心神喪失者等医療観察法法律援助事業書式４−２（本書巻末「インターネット情報」中の日弁連の法律援助事業の書式）参照。

必要がある。家族が精神疾患について十分に理解していないことも多く、そのことが受入れ拒否の理由となっていることもある。

　対象者に勤務先がある場合は、その雇用主と面談して事情を説明するなどして、引き続き勤務できるよう働きかける必要がある。

　また、ケースによっては、地域の保健所・保健センター等の相談窓口、相談支援事業所などを訪ねて、対象者が地域生活を送るための態勢が整っているか、あるいは整えることができるかといった観点からの情報収集を試みる。

　最後に、関係者から事情を聴取する際には、対象者の個人情報を提供することになるので、事前に対象者から個人情報を提供することについての同意を得ておくべきである。医療・福祉関係の専門職の多くは職務上の守秘義務を負っているが、機微情報であることからその取扱いは慎重でなくてはならない。

(5)　社会復帰調整官との面談

　医療観察法の処遇判断においては、鑑定人の鑑定を基礎としつつ、対象者の生活環境が考慮される（医観法42条1項柱書）。そのため、対象者の自由を剥奪することとなる入院決定を可及的に回避するためには、付添人として生活環境を調査し、それを調整することが必要となる。

　他方で、審判において、裁判所は保護観察所に対して対象者の生活環境の調査とその結果の報告を求め（医観法38条）、これに基づき社会復帰調整官が対象者の生活環境の調査をする（医観法19条1号、20条2項）。社会復帰調整官は精神保健福祉士その他精神障害者の保健および福祉に関する専門的知識を有する者が任命されており（医観法20条3項）、精神障害者にとって有用な制度や社会資源等に詳しく、当該事件においても対象者の生活環境を調査把握して社会復帰のための社会資源の存否および内容を調査する。具体的には、対象者のこれまでの住居、家族等同居人の有無、対象者のこれまでの生活状況、治療状況、選択可能な対象者の今後の居住地、社会復帰に向けた家族や仲間からの支援や協力の状況等を調査する（医観法施行規則1条）。

　付添人としては、そのような調査により対象者の生活環境等の情報を有している社会復帰調整官と面談し、対象者にとって有用な社会資源を把握することが求められる。また、社会復帰調整官が有していない情報や視点等もありうるため、社会復帰調整官との面談においてそのような情報等を提供するようにする。

　対象者について入院によらない医療（医観法42条1項2号）をめざす場合には、指定通院医療機関への通院体制を確保する必要がある。しかし、指定通院医療機

関は公表されていないので、その情報がない場合には、指定通院医療機関の情報をもっている社会復帰調整官との接触が不可欠となる。

以上のように社会復帰調整官との面談は、対象者の社会復帰のために有用な情報を取得し、あるいは共有しつつ、対象者の生活環境を調整するために重要であって、付添人の生活環境の調査および調整に基づく意見の合理性や客観性を担保することにもなるため、積極的に活用すべきである。また、当初審判における社会復帰調整官の役割は法文上は「調査」とされているが、中には「調整」にも事実上積極的に関わる社会復帰調整官もいるため、対象者の社会復帰のために理解を求め、できるだけ協働するように努める。

⑹　方針選択とその後の活動

記録の精査および対象者との面談その他の活動を踏まえ、方針の選択をする。方針選択するに際しては、手続や医療観察法医療の内容等を対象者にできるだけわかりやすく説明して協議して決定する。もっとも、疾病のために意思疎通や理解が困難な対象者もいる。そのような場合には、対象者の意思を推知し、家族がいる場合にはその意見も聴取し、合理的に考えて対象者にとってより良い方針を選択する。

方針選択をしたら、その方針に従い、関係者または関係機関との面談をするなどして、主張を根拠づけるための資料を収集する。その際には必要に応じて、事実の取調べとしての公私団体に対する資料の提出等の協力（医観法24条3項）の申出（医観法審判規則24条）をし、検察官に対して必要な資料の提出を求める（医観法25条1項）。また、医療観察法審判では伝聞法則の適用はないので、主張を根拠づけるために収集した有用な資料は不足なく提出する。

意見書については、審判期日の数日前までに提出することを求められることもあるが、とくに期限を付されないこともある。期限が付されない場合でも、審判期日において裁判所に付添人の問題意識を共有させるために事前に意見書を出すようにする。

3　付添人として検討すべきこと

ここでは、前記の活動等によって付添人として一定の情報が収集されたことを前提に、検討し、事案によっては争うべき点に関する活動内容について記載する。

⑴　早期に検討すべきこと

⒜　**審判期日の指定に対して**

　審判期日は、付添人選任後間もない段階で指定または予定されることが多い。審判期日の指定または予定に際して、裁判所が鑑定入院期間を延長することを当然の前提として２ヶ月の鑑定入院期間を超えた日を審判期日として予定してくることがある。このような場合に付添人は、裁判所に対して法定されている鑑定入院期間は原則として２ヶ月であることを主張して、法に沿った対応を求めることを検討する。もっとも、時間の経過を待つことで対象者の病状が良くなり、これが入院決定を回避するための要素となる場合もあるので、この点は留意する。

⒝　**申立ての著しい不当**

　事件が発生しても在宅で（措置入院などを経て退院している場合もある）捜査が行われたために不起訴処分までに時間がかかり、その間に対象者は社会復帰して円滑に通院しているような状況の中、事件から長期間経過した中で突如として当初審判の申立てがなされるなど、検察官の申立てが著しく不当であり申立権の濫用と評価すべき場合がある。このような場合には、医療を行わない決定を求める主張をすることに加え、「この法律による医療を受けさせる必要が明らかにないと認める場合」（医観法33条１項）に該当するなど、申立権の濫用として申立てが不適法となる余地があるので、手続からの早期解放をめざして不適法却下（医観法42条２項）を求めていくべきである。

⑵　鑑定入院について争う場合

　医観法33条１項の申立て（当初審判の申立て）があった場合、申立てを受けた裁判所の裁判官は、「対象者について、対象行為を行った際の精神障害を改善し、これに伴って同様の行為を行うことなく、社会に復帰することを促進するためにこの法律による医療を受けさせる必要が明らかにないと認める場合を除き、鑑定その他医療的観察のため」、審判について決定があるまでの間、対象者に対して鑑定入院を命ずる（医観法34条１項前段）。また、裁判官による鑑定入院命令が発せられていない場合には裁判所は鑑定入院命令を発することができる（医観法37条５項）。

　鑑定入院命令に対する不服申立手続として、取消請求（医観法72条１項）、または異議申立て（医観法73条１項）が定められている。鑑定入院は２ヶ月（最長３ヶ月）の間、人身の自由を制約することになるので、付添人としては身体拘束からの解放の余地がないか検討すべきである。

　もっとも、鑑定入院命令に対する不服申立てにおいては、「対象者が対象行為を

行わなかったこと、心神喪失者及び心神耗弱者のいずれでもないこと又は対象行為を行った際の精神障害を改善し、これに伴って同様の行為を行うことなく、社会に復帰することを促進するためにこの法律による医療を受けさせる必要がないこと」といった審判における判断対象を理由とすることができないため（医観法72条2項、73条2項）、鑑定入院命令を争うことは現実には難しい。そのため、鑑定入院命令を阻止する必要がある場合には、できるだけ鑑定入院命令発出前に担当裁判官と面接して鑑定入院命令が明らかに必要ないという事情を説明する。鑑定入院命令を発するか否かを判断する時点では私選の場合を除けば付添人が選任されていないのが通常であるため、例えば刑事事件段階で国選弁護人であり、医療観察法手続においても国選付添人の選任を希望する場合には、いったんは（私選）選任届を提出して鑑定入院命令に関する判断後に辞任するという方法をとることが考えられる。

　鑑定が終了し、医療観察法入院以外の決定が見込まれるなど鑑定入院の必要性が明らかになくなったと考えられる場合には、鑑定入院を終了させるための活動をする。ただし、鑑定入院命令が発せられた後の事後的な事情の変動は鑑定入院命令の不服申立てまたは異議申立ての理由とはならないことから、鑑定入院を取り消すよう職権発動を求める（最決平21・8・7刑集63巻6号776頁）。

　また、当初の2ヶ月の鑑定入院期間の満了に際して鑑定入院期間の延長の決定がなされる（医観法34条3項但書）。これに対しては異議申立てが可能であるので（医観法73条1項）、対象者の鑑定の状況等によってはかかる申立てを検討する。

　入院先で面会が制限されたり、対象者が不当な処遇を受けていたなど鑑定入院先に問題がある場合には、鑑定入院先の変更の職権発動（医観法審判規則51条3項）を裁判所に対し促すことも可能である。

⑶　対象行為該当性を争う場合
⒜　対象行為を争う意義

　本法の処遇対象となるのは、殺人、放火等一定の対象行為を行った場合に限定される。不起訴後の申立事件の申立対象行為について行ったと認められない場合には申立てが却下される（医観法40条1項1号）。他方で、確定裁判を受けた場合には法的な確定力が生じており、争うことができないこととされている。

　したがって、不起訴後の申立事件の場合には、対象行為該当性（犯人性を含む）を十分に検討しなければならない。

　もっとも、医療観察法の入院医療は精神疾患を有する者に対して「手厚い」医療

を行っており、「医療観察法の医療を受けさせることは対象者にとって利益である」という発想があることから、審判関与者の対象行為該当性の認定が甘くなる傾向があり、付添人とて例外ではない。

しかし、医療観察法医療が「手厚い」医療を行っているとしても、さまざまな問題点を内在しており、対象者の人生にとって最適な医療とは必ずしもいいきれない。

すなわち、抽象的に医療を受けるべき義務が定められており（医観法43条１項）、入院決定を受けると人身の自由は制約され、裁判所の許可がなければ退院することはできず、入院期間も一般精神医療の倍以上となっており、生活や医療に関する自己決定権等も大きく制約を受ける。入院によらない決定であっても、利用する医療機関は制限され、保護観察所によって観察される。また、事実上、社会には差別や偏見があるため、医療観察法医療を受けているということによる住まいや生活等に対する影響は大きい。

さらに、医療観察法の医療において採用されている内省プログラムでは、認定された対象行為を前提に対象行為の振り返りを行うが、対象者にとって納得のいかない罪名・行為態様が認定されてしまえば、その罪名・行為態様を前提に振り返りを行うことになり、そのため治療抵抗が生まれ、治療に支障が生じることがある。そのような事態をできるだけ回避するためには、対象行為該当性を十分に争い、医療関係者にも対象行為について問題があることを理解してもらうことが求められる。

これらのことを念頭に置いたうえで、対象行為が認定できない場合には医療観察法医療の対象にならないという基本的理解を今一度確認し、付添人こそが対象行為該当性をチェックする役割を担っていることを十分自覚して、対象行為該当性を厳しく検討すべきである。

⒝　**対象行為を争う場合の活動**

対象行為該当性を争う場合には、開示証拠を十分検討することは当然であるが、カンファレンスで求めるなど適宜の方法により、検察官に不開示証拠を開示するように裁判所を促す（医観法25条１項参照）。そのうえで、必要な事実の取調べを申し出る（医観法24条３項および医観法審判規則24条）。

医療観察法の審判手続においては、伝聞法則等証拠上の規制がないため、検察官が提出した資料は全部判断の基礎となってしまう。しかし、刑事裁判と比較してこのような扱いは適切とはいいがたい面があるため、付添人としてはそのような視点をもち、供述書面等を吟味して、これに問題がある場合には証人尋問等を

行うことを申し出るとともに、裁判所に対して上記視点に沿った適切な審理をするように求めるべきである。

　対象行為の存否の審理については裁判官のみで行う。ただし、裁判官だけで構成される別の合議体による審理の特則（医観法41条）があるので、慎重な審理をする必要がある場合は同特則による審理を求めることも検討する。

　対象行為該当性を争う場合には、事実認定のための審理だけでなく処遇に関する活動も並行して行わなければならない場合も多い。鑑定入院命令の期間が最長3ヶ月であり、対象行為の存否を認定する手続期間としては比較的短期間であるため、処遇に関する付添人活動と並行して行うには相当な困難が伴う。そのため対象行為該当性を争う場合には、裁判所に複数の付添人を選任するように上申し、対象者の入院先を確保するなどして鑑定入院期間経過後も在宅事件として審理できるようにするなど、充実した審理を行う方策を検討して、裁判所にこれを求めるようにする。

(c)　**対象行為該当性に関する実体的問題点**

　対象行為に該当するためには、責任能力以外の犯罪成立要件を具備していなければならないと解するべきである。したがって、正当防衛や緊急避難等違法性阻却事由その他の犯罪阻却事由が存しないかという観点も念頭に置いておく。

　ただし、「対象者が妄想型統合失調症による幻覚妄想状態の中で幻聴、妄想等に基づいて行為を行った本件のような場合、対象者が幻聴、妄想等により認識した内容に基づいて行うべきでなく、対象者の行為を当時の状況の下で外形的、客観的に考察し、心神喪失の状態にない者が同じ行為を行ったとすれば、主観的要素を含め、対象行為を犯したと評価することができる行為であると認められるかどうかの観点から行うべきであり、これが肯定されるときは、対象者は対象行為を行ったと認定することができる」とする最高裁決定（最決平20・6・18刑集62巻6号1812頁）には留意しなければならない。

　もっとも、対象者が幻覚妄想状態下で行為を行っていた場合においても、外形的、客観的に考察してもなお犯罪阻却事由が存在する場合はありうるので、行為時に対象者が幻覚妄想状態だったからといって対象者の言い分を軽視しないように注意しなければならない。

(4)　**責任能力を争う場合**

　不起訴処分後に医観法33条1項の申立て（当初審判の申立て）がなされた対象者は、責任能力の有無と程度について確定裁判を経ていない。そのため、不起訴処

分後に申立ての事件において対象者が完全な責任能力を有することが明らかになった場合、裁判所は申立てを却下することになる（医観法40条1項2号）。そうなれば公訴提起されて刑事処分を受けるおそれがある（ただし、比較的軽微な事案では公訴提起されない事案も存する）。したがって、完全責任能力を主張する場合には、対象者に責任能力の概念および予想される手続や刑事処分の内容を十分に説明したうえで、方針決定すべきである。

また、検察官が心神喪失を理由に不起訴処分にした場合において、対象者が心神耗弱であることが明らかになった場合は、裁判所はその旨の決定をし、これを受けて検察官は申立てを取り下げてあらためて公訴提起するか、申立てを維持して医療観察法の処遇を求めるかを決める（医観法40条2項）。

公訴提起されれば刑事責任を問われるおそれがある。さらにその後、心神喪失による無罪判決または心神耗弱で執行猶予判決となった場合には、再度の医療観察法の申立てを受けることになる（医観法46条2項但書参照）。そうなると対象者は実体的・手続的に重い負担を負う。したがって、心神喪失により不起訴になった事件につき心神耗弱とされる可能性がある場合には、付添人としては心神喪失以外の主張をすることについては慎重に判断すべきである。

完全責任能力を主張する場合、心神喪失を理由に不起訴となった案件につき心神耗弱の疑いがある場合、その他責任能力が問題になる場合には、鑑定人との面談等によってその点を確認し、意見を述べておく。医療観察法の鑑定においては責任能力の有無および程度も鑑定事項になっているからである。

また、捜査段階の鑑定と医療観察法の審判段階の鑑定の各意見が異なる場合があり、そのようなケースでは両鑑定人の尋問を検討すべきである。

⑸　処遇の要否および内容を争う場合

処遇要件は「対象行為を行った際の精神障害を改善し、これに伴って同様の行為を行うことなく、社会に復帰することを促進するため、この法律による医療を受けさせる必要があると認める場合」（医観法42条1項等）であり、法文上、その具体的要件は必ずしも明らかではないが、①疾病性、②治療反応性、③社会復帰要因の3つからなると整理されることがある[6]。

疾病性とは、対象者が対象行為を行った際の心神喪失または心神耗弱の原因となった精神障害と同様の精神障害を有していることである。対象者は審判時にお

---

[6]　日本弁護士連合会刑事法制委員会編『Q&A心神喪失者等医療観察法解説〔第2版〕』90頁参照。

いて疾病が改善されている場合があるし、一定の精神障害は認められても行為を惹起した精神障害とは区別される場合もある。そのような場合には疾病性が問題となる。とくに物質関連障害の場合は疾病性が問題になることが多い。典型的には、飲酒の影響で対象行為を行ったものの審判時点では精神症状は一切なく、その原因であるアルコール依存症のみが残存している場合である。このような場合、疾病性がないと考えられている[7]が、最高裁は、「アルコール依存がそれ自体として一律に同法による医療の対象とならないと解するのは相当ではなく」とし、必ずしもそのような解釈をとっているわけではない[8]。アルコール依存症は強制による医療になじむのか、医療観察法のような重装備の医療が必要なのかといった疑問があるし、上記最高裁決定も「アルコール依存について、自発的意思に基づく治療が原則であるとする医学的見解があること」と判示していることに留意する必要がある。したがって、これらのような問題があるときには付添人は疾病性の不存在を主張すべきである。

　治療反応性とは、対象者の精神障害が本法による医療を行うことによって改善される可能性を有することをいう。知的障害、発達障害、認知症等は、医療行為によって障害が根本的に改善されることはないため、これらの場合は治療反応性に問題が生じる。一時的に障害に随伴する症状については、本法による医療によって一定の改善が見込まれる場合もありうるが、付添人としては、このような場合であっても、医療観察法医療では根本的な治療ができないことを問題にして医療観察法医療の必要性がないことを主張していく。

　社会復帰要因とは、本法による医療を受けさせないと社会復帰の妨げとなる同様の行為を行う具体的・現実的な可能性があることをいう[9]。対象者に①疾病性と②治療反応性が認められたとしても、「そのすべてを本制度による処遇の対象とするのではなく、その中でも、精神障害の改善に伴って同様の行為を行うことなく社会に復帰できるように配慮することが必要な者だけが対象となることを明確

---

[7] 『医療観察法審判ハンドブック〔第2版（改訂版）Ver.1.1〕』<https://www.ncnp.go.jp/nimh/chiiki/documents/06-03.pdf>200頁。

[8] 最決令3・8・30。

[9] 実務上裁判所がこのような要件解釈をしているので、本書ではこれを用いる（法曹会「『心神喪失等の状態で重大な他害行為を行った者の医療及び観察等に関する法律』及び『心神喪失等の状態で重大な他害行為を行った者の医療及び観察等に関する法律による審判の手続等に関する規則』の解説」参照）。ただし、同様の行為を行う可能性の存否を要件とすることに対しては、再犯のおそれを要件としていた政府原案に対する反対が強かったために削除され、医療の必要性を中核とした要件に修正された趣旨を没却するという批判がある。

に」したものとされており*10、いわば消極要件として機能している。具体的には、病状に加え、対象者の治療意欲とそれを支える治療環境（住居、家族等の協力関係、引き受ける医療機関の存在等）その他対象者が治療を継続することで安定した生活の下で病状の悪化を防止することが可能で、仮に病状が悪化してもその際の対処方法が存在するといった事情を総合的に考慮することになる。もっとも、疾病性や治療反応性が乏しい事案でも、裁判所は社会復帰要因を重視して処遇を決定していると思われる事例も散見される（退院後の生活環境が確立されていないために入院決定にする等）。しかし、疾病性や治療反応性の点において入院させる必要が乏しいにもかかわらず環境を理由に入院を認めることは、社会的入院を是認するものであって、「入院をさせてこの法律による医療を受けさせる必要があると認める場合」との文言にも反することから、付添人としてはこのような入院は許されない旨強く主張すべきである。

　なお、医観法制定時に、国会において、「対象者の精神障害に、例えば治療可能性がなくて医療の必要性がない場合、それからこの法律による手厚い専門的な医療までは特に必要がないと認める場合、あるいは対象者の精神障害について単に漠然とした危険性のようなものを感じられるというものにすぎないような場合」は処遇要件に含まれないと説明されている*11。

　疾病性および治療反応性については医学的な評価に関するものであるが、社会復帰要因については対象者の置かれた社会生活環境に加え、付添人の環境調整活動によるところが大きい。

　したがって、付添人としては、①や②から医療の必要がないといえる場合はその旨主張し、一定の医療の必要性がある場合であっても、決定後の住居、協力者、通院先をそれぞれ確保し、対象者の治療意欲を獲得し、対象者が地域で安定した生活ができるような環境調整活動をして、本法による医療の必要性がないことを主張する。その際には日弁連の法律援助事業に環境調整の専門家の報酬や費用を拠出できる制度があるので、その制度を利用して精神保健福祉士等に依頼して環境調整についてアドバイスを得たり、意見書を作成してもらって裁判所に提出することを検討する。決定後の住居の確保が直ちにできない場合でも、精神保健福祉法の入院を利用して一時的な居住関係を確保し、引き続き社会復帰の方策を検討するという方法も考慮すべきである。

---

*10 2002年11月27日衆議院法務委員会における塩崎恭久委員発言。
*11 2002年12月6日衆議院法務委員会における塩崎恭久委員発言。

⑹　精神保健福祉法の入院を併用しようとする場合

　医療観察法による入院を回避しようとする場合において、精神保健福祉法の入院を併用することができると主張することが考えられる。具体的には、対象者が従前通院していた病院や鑑定入院先の病院との信頼関係ができている場合に、そこに精神保健福祉法上の任意入院をさせつつ、医療観察法としては通院医療の決定を求めるのが典型例である。

　この場合には、医療観察法医療と精神保健福祉法の医療との関係について述べた最決平19・7・25刑集61巻5号563頁に留意しなければならない。同決定は、「法の趣旨等に照らせば、裁判所は、検察官からの申立てに対し、対象者に、法42条1項1号ないし2号の要件が認められるか否かを審査し、対象者がその要件を充足すると認められる場合には、同条項に定められた入通院の決定をすべきであって、そのような場合に、入退院の手続・要件、持続的かつ専門的な医療体制の整備、医療等の実施機関あるいは強制力といった点で、大きな違いのある精神保健福祉法による医療が可能であるからといって、同条1項3号の医療を行わない旨の決定をすることは許されない」と判示しているからである。

　しかし、この判示内容を見れば、医療観察法の入通院の要件を充足しない場合には、当然のことながら精神保健福祉法による一般精神医療による対処を否定されるものではない。また、上記平成19年決定は、いわゆる通院決定（医観法42条1項2号）をしながら精神保健福祉法上の入院をすることを否定しているわけではない。医療観察法も、医療観察法に基づく入院によらない医療と精神保健福祉法の入院を併用することを予定している（医観法115条）。

　したがって、精神保健福祉法による一般精神医療での対処が適切と考えられる場合には、医療観察法による入院医療を受けさせる要件が認められないとして、一般精神医療での対処または併用を求めるべきである。具体的には、対象者の治療意欲、家族の状況、関係協力機関の存在等を指摘して、一般精神医療による治療体制とそれを維持継続する環境が確保されていることから病状悪化の可能性は低く、仮に病状が悪化しても関係者で対応可能であるので（医観法61条1項1号による入院の可能性も残されている）、対象行為と同様の行為を行う具体的・現実的な可能性はなく、医療観察法による入院医療の必要性はないと主張していくべきである。

4 カンファレンスへの対応

ここでは、医療観察法手続において独特なカンファレンスの概要と活用方法について概説する。

⑴ カンファレンスの法的位置づけと概要

当初審判では、審判手続を迅速かつ円滑に進めるために、審判期日の前にカンファレンスと呼ばれる事前協議（医観法審判規則40条1項）が開かれるのが通常である。ウェブや電話を利用することもある。

カンファレンスの運用は地域や裁判所によって異なり、1回から多くて3回程度、後述するように手続の早期段階、鑑定および生活環境調査が終わった段階、審判期日直前段階に行われることが多い。裁判所が手続を主導し、適宜、裁判所が出席者に対して必要な発問をし、出席者においても適宜必要な発言をすることができるので、付添人としては疑問点または問題点に対して積極的に発問等をすべきである。

カンファレンスに参加するのは、通常、合議体を構成する裁判官および精神保健審判員と、精神保健参与員、検察官、社会復帰調整官ならびに付添人であり、必要に応じて鑑定人も参加する。鑑定人からは、対象者の現状、治療反応性、これまでの治療経過等、処遇内容を決定するために必要な情報を得ることができるため、可能な限り事前に面会を求めて鑑定人の有する情報や問題意識を把握しておいたほうがよい。もし、鑑定人が面会に消極的な場合や鑑定人の意見に疑問があるなど鑑定人をカンファレンスに出席させる必要がある場合は、事前に裁判所に対して鑑定人の出席を要望する。

⑵ 手続の早期段階に行われるカンファレンス

関係者が記録を読み込んだと思われる時期に行われるカンファレンスでは、事件の概要の確認、付添人に対する争点の確認、とくに念入りに鑑定すべき事項や調査すべき生活環境状況の確認等が行われることが多い。とくに、裁判所が積極的にこの時期のカンファレンスを開く場合には、何らかの問題意識をもっている場合もあるので、裁判所の関心事も把握するとよい。

付添人としてはそれまでに一件記録を精読するとともに対象者や家族等と面談しておく必要がある。そのうえで、対象者の病状や生活状況等について疑問等があれば、その事項について丁寧な鑑定や生活環境調査を行うように求める。ま

た、付添人として入院によらない医療をめざす場合には、社会復帰調整官に対して生活環境の「調査」のみならず「調整」まで行うように求める。

(3)　鑑定や生活環境調査が終わった段階に行われるカンファレンス

　この段階で行われるカンファレンスでは、審判において尋問しようとする者の確認および採否といった審判に向けた手続的事項の把握確認が行われる。

　それとともに、提出された鑑定書や生活環境調査報告書の内容の確認がなされ、これらの意見を踏まえ、対象者に対する処遇について実質的に議論されることもある。すなわち、精神保健審判員からは、鑑定人に対して処遇要件の確認のために疾病性や治療反応性といった医学的な見地に立った意見や質問が出されることが多いし、精神保健参与員からは、精神保健福祉の立場から、医療の必要性や処遇の内容について意見や質問が出されることがある。それらの議論によって裁判所が心証を形成していく側面がある（あるいはカンファレンス開催時に鑑定書等によってすでに一定の心証を得ている場合もある）ことは否定できない。

　したがって、付添人としては、これまでの間に鑑定人や社会復帰調整官と情報や意見の交換をして、付添人の情報や意見をできるだけ鑑定書や生活環境調査報告書に反映させるよう努めるべきである。また、実際のカンファレンスに先立ち、記録を精読することはもちろん、提出された鑑定書や生活環境調査報告書の内容と問題点を把握し、またはこれらの意見に足りない事実や視点等を検討するなどして、カンファレンスにおいてこれらの視点等について議論が深まるよう努める。

　また、鑑定人の意見に疑問がある場合そのほかカンファレンスの状況によっては、審判期日において鑑定人その他の関係人に対する尋問を行うことを検討し、その場で尋問申請をする、またはその可能性を裁判所に伝える。

(4)　審判直前に行われるカンファレンス

　審判直前（審判期日当日の開始時間直前になされることも少なくない）に行われるカンファレンスでは、尋問予定者の出席の確認、質問の順序等審判期日の進行について確認されることが多い。

(5)　留意点

　以上のようにカンファレンスでは審判の進行（医観法審判規則40条1項）だけではなく、実質的には処遇についても議論されるので、付添人としてはその点に留

意して入念な事前準備のうえでカンファレンスに臨むべきである。

　また、上記のような時期に必要なカンファレンスが行われない場合には、裁判所に対してカンファレンスの開催を求め、カンファレンスが開催されなくても書面や個別の裁判官との面談によって付添人の問題意識を伝えるようにする。

5　審判期日と決定

　非公開で審判が行われ、決定が書面で届くのも、刑事手続との大きな違いである。

(1)　審判廷

　刑事法廷を使用することが多いが、裁判所のラウンドテーブルを使うこともあるし、鑑定入院先で行われることもあり、地域により運用が異なる。対象者は抱えている精神疾患のために発言等の対応がうまくできない場合もあるし、審判のストレスにより精神疾患が悪化することもありうる。そのため、できるだけストレスのない環境で審判を行うよう配慮する必要があり、とくに対象者の状況によっては鑑定入院先での審判期日の開催を求めることも検討する（医観法31条4項および9項）。

　審判期日は非公開であり（医観法31条3項）、一般の傍聴人はいないが、保護者は出席することができ（医観法31条6項）、保護者でなくともキーパーソンたる親族の場合は傍聴を許可されることもある〔医観法書式1〕。また、裁判所の許可により被害者等が傍聴することがありうる（医観法47条）。

(2)　審判期日

　裁判官によって対象者に対して人定質問がなされる。引き続き、供述を強いられないことの告知があり（医観法審判規則43条1項参照）、対象行為を行い、心神喪失等により本法の対象者とされ、申立てがなされたことが告げられる。

　そのうえで、対象者および付添人に対して、対象行為とされた事実の認否を確認される。

　その後の手続はカンファレンスで確認した手順に従って進行する。必要な人証の取調べを行い、対象者に対する質問もある。対象者に対する質問の順序は法定されていないが、付添人から質問することで対象者の不必要な緊張を解放できるような場合には、カンファレンスにおいてそのような順序の意見を述べておくべ

きである。

　事実に争いがある事件の事実審理については、別の合議体の特則（医観法41条）を除けば、少年事件を想起すればよい。

　処遇に関する審理については、対象行為に対する内省、病識と治療意欲の獲得、居住関係の維持確立、家族等の治療に対する協力関係の存在等を対象者その他の参考人から獲得するようにする。したがって、質問内容は、対象行為に関すること、対象行為時や現在の疾病に関すること、今後の治療に関すること、家族の存在等社会生活環境に関すること等であり、裁判所等の質問もこのような事項に及ぶ。付添人としては、対象者が予測どおりに答えないことも十分にありうるので、その場合に備えて臨機応変に対応できるようにしておく。

　そのような手続を経ると、付添人としての意見を出すことになる。あらかじめ裁判所に対して意見書を提出しておくことが通常であり、基本的には事前に提出した意見を述べる。ただし、審判期日の状況によっては、修正が必要になることもある。この場合は審判期日でその旨述べて、速やかに追加の意見書を提出する。

⑶　決定

　鑑定入院期間の制限内で、審判から１〜２週間の期間に書面で出されるのが通常である。審判期日の状況によって追加で意見書を提出する場合は、決定日の確認をして、それまでに追加意見書を提出する。

　また、この期間に対象者と面会をするなどして状況の変化が確認できれば、決定までに意見および資料を補充する。

第 **8** 章

抗告

1 抗告制度とは

当初審判で入通院決定等の処遇決定がなされた場合、対象者に不服があるときは、抗告により争うことができる（医観法64条）。

本法による入通院決定等の処遇は対象者の意思に反しても行われる強制医療であり、不利益処分の性質があるため不服申立制度が設けられている。

2 当初審判の付添人としてすべきこと

⑴ 抗告に向けた準備

当初審判の処遇決定は審判期日において言渡しまたは裁判書の謄本の送達によって行われる（医観法審判規則18条1項1号）。実務では裁判書の謄本を対象者に対して交付送達する方法によることが多い。

処遇決定の言渡日は事前に書記官に確認し、原審付添人としては決定前に、決定がなされた場合を見据え、対象者や関係者と打ち合わせをして抗告するか否かを決める必要がある。審判で入院決定がなされた場合、原則として抗告をしても執行を停止する効力はないため（医観法69条）、対象者は決定直後に鑑定入院先から指定入院医療機関（県外など遠方に指定される場合もある）に移送されるからである。そのため、審判直後に裁判所等で面会するか、決定前に鑑定入院先で対象者の意向を確認しておくべきである。

付添人として抗告申立書を作成するに際し、決定書の処分決定の理由や根拠を精査し、その問題点を把握するとともに、適切な批判をすることが大切である。もちろん、対象者や関係者から再度詳しく事情を聴き取り、抗告の理由に反映させることも必要である。

(2) 抗告申立書・申立補充書の提出

　抗告するには、抗告の対象となる決定から２週間（不変期間）以内に（医観法64条１項）、抗告申立書を原裁判所に提出する（医観法審判規則89条１項）。

　この期間を徒過すると、不適法として抗告棄却となる（医観法68条）。

　抗告理由としては、①決定に影響を及ぼす法令の違反、②重大な事実の誤認、③処分の著しい不当に限定されている（医観法64条２項）。入院によらない医療を求めていたのに入院による医療の決定を受けたなど、処遇内容に不服がある場合の抗告理由は、②重大な事実の誤認とされているので注意が必要である。

　抗告申立書には抗告の趣意を簡潔に明示しなければならず（医観法審判規則89条２項）、刑事事件の控訴状のように「全部不服である」という抽象的なものでは不適法とされ、却下される。

　ただし、抗告審では、原則として抗告の趣意に含まれている事項に限り調査をするのが原則となる（医観法66条）ため、抗告の趣意の明示は簡潔なものでもよいので、論点を落とさないようにする必要がある。

　抗告審は裁判官のみで構成される合議体であることから、原審において裁判官と精神保健審判員で構成される合議体で決定される事項については、自判ができない。具体的には、「この法律による医療を受けさせる必要」性の有無およびその内容については自判ができないため、付添人が求める決定内容は原決定取消しおよび差戻しとなる。他方、裁判官だけで判断できる事項（対象行為の存否、責任能力の存否およびその程度等）については原決定取消しと自判を求める。

3　抗告審から付添人に就任した場合

　抗告審から付添人になった場合には、審判書の速やかな交付を求め、原審の記録を閲覧・謄写のうえ検討することが必要となる。もっとも、この場合は、現実問題として、選任時に決定からすでに数日経過していることが多いため、提出期限との関係で詳細な申立理由を記述することが困難なケースもありうる。しかし、そのような場合でも、抗告申立書に必要と思われる論点はすべて記載しておくことが必要である。具体的な抗告申立書等の記載については、前記２(2)と同じである。

　対象者本人がすでに抗告申立書を提出している場合には、付添人に就任した後に記録を検討し、対象者との面会を踏まえ、対象者提出の抗告申立書の内容に必ずしも縛られることなく、付添人の立場から必要と判断した論点についての補充

書を提出するようにすべきである。

4 抗告審で付添人がすべきこと

　抗告審も職権主義構造であり、しかも原則として書面審理であるので、積極的に意見書や書証を提出することが必要になる。

　審理の範囲は原則として抗告の趣意に含まれている事項に限られるが、それ以外の事由についても、それが抗告の理由となりうる事由であれば職権で調査する場合もあるので（医観法66条）、積極的に主張して抗告裁判所の職権調査を促がすようにしたい。とくに対象者自身が抗告申立てをしている場合は、抗告申立書で十分な抗告理由を提示していない場合もあるので、対象者が主張していない理由について十分検討すべきである。

　また、当初審判において、対象行為の存否を争ったが決定で対象行為の存在が認定された場合、その決定に対する抗告審においても対象行為の存否を争うことができる。もっとも、不処遇決定を受けた場合に、対象行為の存否を争うべく抗告することはできないとされているので、注意が必要である（最決平25・12・18刑集67巻9号873頁）。対象行為の存否を争い、とくに原審において証拠調べが不十分であったと主張する場合、抗告審であらためて証拠調べをするよう強く働きかける必要がある。抗告審は原則として書面審理であるため、証人尋問の必要性を書面で強く訴えるだけではなく、裁判官に積極的に面談を求めて説得する活動も必要となる。

　「この法律による医療を受けさせる必要」や鑑定内容を争う場合、医療的な知見を示す必要がある場合は、精神科医の協力を得て意見書を作成してもらうなどの活動について検討する。

　また、「この法律による医療を受けさせる必要」を争う場合、対象者の受入環境について主張することもあり、場合によっては福祉専門家の協力要請を検討する。

　もっとも、抗告審は、原審の決定時点での事情を基準に判断されるという事後審構造とされている（東京高決平21・7・6東高刑時報60巻1-12号108頁）。そのため、原審決定時に環境調整ができていたことを理由として「この法律による医療を受けさせる必要」を争う場合もあるが、原審決定後に対象者の受入れが可能な施設を調整したなど原審決定後の事情を根拠とする場合には、退院許可申立てや処遇終了申立てをすることを検討する。

5 再抗告の申立て

　対象者の申し立てた抗告が棄却された場合、「憲法に違反し、若しくは憲法の解釈に誤りがある」、「最高裁判所……の判例と相反する判断をした」ことを理由として、2週間以内に、最高裁判所に再抗告できる（医観法70条）。

　上記の再抗告理由がない場合でも、「原決定に同法64条所定の抗告理由が認められ、これを取り消さなければ著しく正義に反すると認められるときは、職権により原決定を取り消すことができる」（最決平29・12・25刑集第71巻10号627頁）とされているため、①決定に影響を及ぼす法令の違反、②重大な事実の誤認、③処分の著しい不当の有無について十分検討して指摘し、取り消さなければ著しく正義に反することを主張して職権発動を求めていく。

第 9 章

入院中・通院中の付添人活動

1 入院処遇の流れと審判手続

　当初審判において入院決定がなされると、対象者は指定入院医療機関に入院して医療を受けることになる。入院期間は、法律上は無制限である。入院医療の必要性が認められるときは6ヶ月ごとに裁判所が入院継続の確認を行う。対象者が入院決定を受けると、対象者は「対象行為を行った際の精神障害を改善し、これに伴って同様の行為を行うことなく、社会に復帰することを促進するために入院を継続させてこの法律による医療を行う必要」がなくなるまで退院することができない。この入院では、精神科医の他に看護師、精神保健福祉士、作業療法士、臨床心理技術者などがチーム[*1]となって対象者の治療にあたるなど「手厚い医療」が実施されている。その反面、外出に職員2人の付添いが必要など、対象者に対して閉鎖病棟において厳格な管理がなされることになる。

　医療機関の現場では、入院期間を「急性期（3ヶ月）」「回復期（9ヶ月）」「社会復帰期（6ヶ月）」の3期に分けてそれぞれ目標を設定し、概ね18ヶ月以内での退院をめざしている。その目標のために、入院処遇ガイドライン[*2]に沿って医療が行われている。しかし、現実には、入院の長期化が問題となっている（第6章4⑵(a)参照）。

2 入院継続・退院・処遇終了手続

⑴　入院継続確認の申立て

　指定入院医療機関の管理者は、原則として6ヶ月ごとに対象者について入院を

[*1]　このチームについて多職種チーム（MDT：Multidisciplinary team）と呼ばれる。薬剤師が入る場合もある。

[*2]　<https://www.mhlw.go.jp/content/12601000/001080410.pdf>

医療観察法手続図 (決定後～処遇)

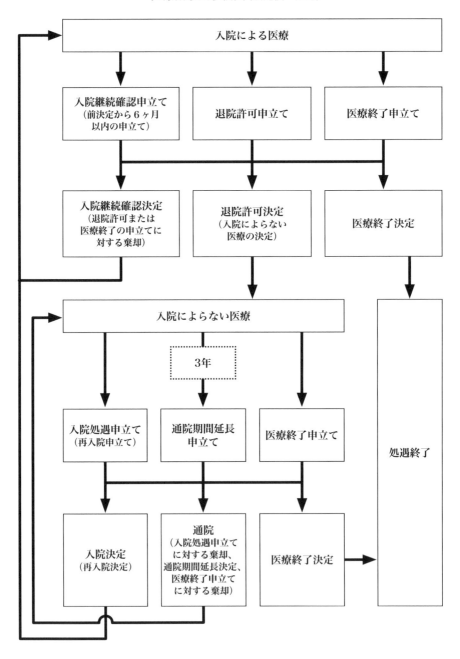

入院による医療

- 入院継続確認申立て
  （前決定から6ヶ月以内の申立て）
- 退院許可申立て
- 医療終了申立て

- 入院継続確認決定
  （退院許可または医療終了の申立てに対する棄却）
- 退院許可決定
  （入院によらない医療の決定）
- 医療終了決定

入院によらない医療

3年

- 入院処遇申立て
  （再入院申立て）
- 通院期間延長申立て
- 医療終了申立て

- 入院決定
  （再入院決定）
- 通院
  （入院処遇申立てに対する棄却、通院期間延長決定、医療終了申立てに対する棄却）
- 医療終了決定

処遇終了

継続する必要があると認める場合には、地方裁判所に対し入院継続の確認の申立てをしなければならない（医観法49条2項）。裁判所で入院継続の確認が認められなければ退院となり、通院処遇または処遇終了となる。

(2)　退院許可・処遇終了の申立て

　指定入院医療機関の管理者は、対象者について「対象行為を行った際の精神障害を改善し、これに伴って同様の行為を行うことなく、社会に復帰することを促進するために入院を継続させてこの法律による医療を行う必要」があると認めることができなくなった場合に、地方裁判所に対して退院の許可の申立てをしなければならない（医観法49条1項）。指定入院医療機関の管理者は、入院決定があった日から6ヶ月が経過しようとする時点で退院の可否を判断すればよいわけでなく、入院中の対象者の病状の推移を踏まえて、常に本法による医療を行う必要があると認められるか否かを判断しなければならず、医療の必要がなくなった場合は直ちに裁判所に対して退院の許可の申立てをしなければならない。

　また、対象者およびその保護者、付添人は、地方裁判所に対して、いつでも退院許可または処遇終了の申立てをすることができる（医観法50条）〔医観法書式3〕。指定入院医療機関の管理者は退院許可の申立てしかできないのに対して、対象者本人等からは退院許可と処遇終了のいずれの申立てもできる。

(3)　審判手続

　裁判所は、上記申立てを受けた場合、入院確認または退院等に関する審判を行う。審判の通則の規定（医観法2章1節）が適用されるから、裁判所は、必要性があれば事実の取調べや証人尋問等を行うことができる。その結果、裁判所は、入院決定と同様の要件に従って入院のままかどうか決定を行う（医観法51条1項）。書面審理で行われることが多いが、退院許可を認める場合に対象者が社会復帰するための注意喚起や意識づけとして期日が開かれることもある[*3]。

　入院継続・退院等に関する審判は必要的付添人制度となっていないが、必要があると認めるときには裁判所が職権で国選付添人を付することできる（医観法30条3項）。

　審判において、申立てをした指定入院医療機関に意見陳述および資料提出の義

[*3]　芦澤政治「裁判所における医療観察制度の運用等について（第7回司法精神医学講演会記録）」日精診41巻3号（2015年）。

務があるほか、対象者およびその保護者、付添人には意見陳述および資料提出の権利が認められている (医観法25条)。

3 入院対象者と弁護士との関わり

⑴ 付添人への就任

対象者から退院許可や処遇終了の申立てを行う場合、治療状況の確認、通院体制の整備や社会復帰に向けた環境調整など指定入院医療機関、社会復帰調整官、保護者らと協調することが必要となるが、強制入院させられて自由を制限されている対象者が自ら行うことは極めて困難であるから、弁護士が付添人となって活動することが必要となる。

退院許可や処遇終了の申立てを考えている対象者は、自らの費用で当初審判で付添人を務めた弁護士等を付添人として選任して申立て準備から行っていくことがある。ただ、強制入院している対象者は資力が乏しいことがあるし、そもそも付添人として依頼できる弁護士を知らないことが多い。そうした場合、対象者は、弁護士会が運営している「医療観察法当番弁護士制度」*4などを利用して弁護士会から弁護士を派遣してもらったり、直接法律事務所や法テラスに電話して弁護士を呼ぶことがある。このような場合、弁護士は日弁連の法律援助事業 (心神喪失者等医療観察法法律援助) を利用して相談に応じたり、私選付添人に就任することができる*5。

前述したように、退院許可や処遇終了の申立ては必要的付添人制度となっていないが、当初審判で付添人を務めたり法律相談に応じて依頼を受けた弁護士が裁判所に対して必要性を記載した書面を提出して上申することで、国選付添人に選任することを求めることができる〔医観法書式2〕。国選付添人を選任するか否かは裁判所の裁量となるが、国選付添人として選任されることも少なくないから、弁護士として上申することを積極的に行うべきである。

では、いかなる場合に付添人に就任すべきであるか。

弁護士としては、対象者と面会した際に、対象者の意向を聴取したうえで、国選付添人または法律援助事業を利用した私選付添人への就任を積極的に検討して、退院許可等の手続において対象者に対する法的援助を行うべきであろう。こ

---

*4 入院決定を受けて指定入院医療機関に入院中の対象者等に対して当番制により弁護士の派遣を行う制度のこと。千葉県弁護士会などで実施されている。
*5 本書巻末の「インターネット情報」中の日弁連の法律援助事業の書式参照。

の受任の検討に際して、対象者の退院の現実的可能性は重視すべきでない。対象者から事情聴取したところ、病状ないし社会復帰環境の観点から退院許可が難しい事案であっても、対象者の意見を法律専門家の立場から裁判所に対して的確に主張する手続的な意義が認められるし、退院許可等の手続を通じて裁判所、病院または家族等に働きかけを行う機会となり、本人への動機づけや病院へのプレッシャーとなって今後の進展を期待することもできるからである。対象者の入院が長期に及んでいる場合（概ね1年6ヶ月以上）や社会復帰調整官の活動が不活発であると見受けられる場合などは、とくに付添人として受任する必要性が高い類型である。

⑵　退院許可・入院継続確認申立手続における付添人活動

　付添人は、①記録の入手・検討、②指定入院医療機関等との情報交換、③帰住地における環境調整、④資料・意見書の提出などを行う。

　記録の入手・検討は、当該申立ての記録だけではなく、当初審判やそれ以前に行われた入院継続確認等の記録を入手することがまず必要である。その記録を検討する中で退院に向けた問題点を把握する。もし対象者の病状やその医療内容に疑問があるならば、セカンドオピニオンとして協力医の意見を聴取することになろう。記録は、手続の申立前にも、対象者から付添人選任届を取り付けて提出すれば、裁判所での記録の閲覧が可能となる場合が多い（医観法32条1項）。裁判所が許可しないことによって思うように記録が入手できない場合には、申立ての理由の記載を「追って述べる」として申立てを先行させて、事件として立件してから入手するという方法がある（医観法32条2項）。

　また、指定入院医療機関の主治医や担当者と面談して、指定入院医療機関が退院に難色を示しているならば、どのような問題があり、どうクリアすればいいか、率直に意見交換を行う。対象者が病院に対して不信や不満をもっている場合には、病院スタッフに対して対象者の要望を述べたり、病院の考え方を聞くことで、対象者の医療環境の改善を図っていく。対象者自身にも医療機関の見直しを伝えて、どうすれば退院することができるか、対象者と率直に議論することも大切である。

　さらに、対象者自身の治療が進んだとしても、社会における受入体制が整っていなければ退院することができない。本来、対象者の社会復帰のための環境調整は、社会復帰調整官の任務であるが、公的な立場である社会復帰調整官とは異なったスタンスで関係者と接することのできる弁護士として、社会復帰調整官と

連携をとりつつ環境調整を進めていくことになる。この場合に、福祉専門家に費用を拠出できる日弁連の法律援助事業による援助（心神喪失者等医療観察法法律援助）制度を利用して、福祉専門家の協力を得ることも有効である。

そのうえで、付添人活動によって得た必要な資料および意見書を裁判所に提出する〔医観法書式４〕。

⑶　処遇終了申立手続における留意点

入院中に処遇終了を申し立てるケースとしては、入院決定後に検査したところ症状等が治療の対象外であるなど治療反応性がないことが判明した場合や、対象者の帰住先の近隣に指定通院医療機関がなく、通院決定となったら通院に多大な負担が見込まれる場合などが想定される。

処遇終了申立ての付添人活動も前記⑵と同様であるが、処遇終了となるとその後の社会復帰調整官の関与がまったくなくなるため、対象者が社会内で生活を続けていくことを支援するために、医学的・福祉的な観点からも環境調整を行うことがよりいっそう重要となる。とくに関係者がカンファレンスを開催するにあたってこれを呼びかけるなど、関係機関を結ぶ役割を担う者の存在が求められる。

なお、通院処遇を想定していない処遇終了の場合には受入候補となるべき一般精神科病院の側が受入れに消極的になる場合もあるため、対象者の希望だけで処遇終了を申し立てる場合は、調整に難渋する場合があることを念頭に入れる。

⑷　医観法以外の法律問題への対処

指定入院医療機関に入院している対象者の悩みや抱えている問題は、退院の可否だけではなく、さまざまな法律問題がありうる。例えば、借金があったり離婚や相続などの家族関係に関する法律問題を抱えていることが、本人の治療が捗らない原因や社会復帰に向けた障害となっていることも多い。そこで、弁護士としては、まず幅広くアンテナを張って聴き取りをしながら、対象者の法律問題を解決するために関わっていく必要がある。

しかしながら、入院中の対象者は、そもそも自由に法律事務所を訪れることができず資力も十分でないことも多いから、弁護士へのアクセスに障害を抱えている。そのため、元付添人だった弁護士が対応するか、弁護士会や法テラスへの問い合わせがあって出張法律相談を実施することが多い。その際には、法テラスの民事法律扶助や各単位弁護士会が実施している出張法律相談のスキームを用いて

法律相談を実施することになろう（コラム「精神科病院出張相談」参照）。

　法律相談自体や受任後の事件処理については一般的な場合と変わることがないが、本人との連絡や資料収集などに関して、対象者の同意を得てから担当のケースワーカーに協力してもらうことでスムーズに進むことがある。

　対象者からの法律相談の内容としては、債務整理、離婚、相続、退院後の生活保護の受給および成年後見制度の利用等が多い。

⑤　入院対象者への支援

　指定入院医療機関では、対象者の社会復帰のため、早くから退院予定地の保護観察所との協力体制を整え、家族の意向や退院地域の状況を確認していく必要がある。そのため、指定入院医療機関は、入院当初のできるだけ早い時期から、対象者や家族と担当多職種チーム、保護観察所、退院予定地域の関係機関等が参加したCPA会議[*6]を開催し、対象者への退院援助と地域関係機関の調整を行う。CPA会議では、本人を含む関係機関が協議のうえ、ケアプランを作成し、処遇の方針や内容等の情報の共有が書面で行われることが多い。内容には緊急時等の介入方法などについても含まれ、それを基に本人に説明し同意のうえで実施されることに特徴がある。

　このCPA会議に弁護士が参加することによって、社会復帰に向けた環境を把握して調整を促進し、早期の退院が可能になる。参加する方法として、対象者から選任された私選付添人や対象者の元付添人など支援者的立場がある。

4　処遇改善請求

　指定入院医療機関の管理者は、「その医療又は保護に欠くことのできない限度において、その行動について必要な制限を行うことができる」（医観法92条１項）とされているため、入院中の対象者は行動制限を受けることがあるが、その場合であっても、弁護士との面会や通信は制限されない（医観法92条２項、平成17年７月14日厚労省告示第336号「心神喪失等の状態で重大な他害行為を行った者の医療及び観察等に関する法律第92条第２項の規定に基づき厚生労働大臣が定める行動の制限」）。また、隔離（12時間を超えるもの）や身体的拘束は、精神保健指定医が必要と認める場合

[*6]　CPAは“Care Programme Approach”のことであり、指定入院医療機関における退院調整のためのケア会議のことを意味する。

でなければ行うことができないとされている（医観法92条3項、平成17年7月14日厚労省告示第337号「心神喪失等の状態で重大な他害行為を行った者の医療及び観察等に関する法律第92条第3項の規定に基づき厚生労働大臣が定める行動の制限」）。その他、処遇の基準について、厚労省から告示が発せられている（医観法93条1項、平成17年7月14日厚労省告示第338号「心神喪失等の状態で重大な他害行為を行った者の医療及び観察等に関する法律第93条第1項の規定に基づき厚生労働大臣が定める処遇の基準」）。

　入院決定を受けて指定入院医療機関に入院している対象者またはその保護者は、厚生労働大臣に対して、指定入院医療機関の管理者に入院している者の処遇の改善のために必要な措置をとるように命ずることを求めることができる（医観法95条）。

　法律は改善請求の対象となる事項を限定していないから、懲罰的な患者の隔離や身体的拘束の実施などはもちろんのこと、過度な通信・面会の制限に対する緩和など対象者の不利益全般の改善に及ぶと考えられる。

　この処遇改善請求は、代理人によることができ、代理人として弁護士が関与していくことになる。付添人は、独立した請求権は認められていないが、本人から別に代理人として選任されて関与することができる。この場合の費用は、現在のところ国費によるものはないが、日弁連の法律援助事業による援助（心神喪失者等医療観察法法律援助）を利用することで、資力の乏しい対象者でも弁護士に依頼することが可能となる。

　処遇改善請求をする際には、入院対象者の氏名および生年月日、指定入院医療機関の名称を特定して必要な措置の内容および理由を明示した請求書を作成し、指定入院医療機関の所在地を管轄する地方厚生局長に提出する（心神喪失等の状態で重大な他害行為を行った者の医療及び観察等に関する法律に基づく指定医療機関等に関する省令8条）〔医観法書式5〕。

　請求を受けた社会保障審議会は、審査をするにあたっては、原則として請求者および指定入院医療管理者の意見を聴かなければならないとされているため（医観法96条3項）、指定入院医療機関にて現地意見聴取を実施する。

　また、社会保障審議会（厚労省庁舎で実施）における審査の際には、代理人弁護士は意見陳述をすることができる。

　したがって、これら現地意見聴取や審査の際には、できるだけ立ち会って、必要な意見等を述べるようにしたい。

5 通院中の付添人活動

⑴ 通院処遇の流れ

通院期間は、入院によらない医療を受けさせる旨の決定があった日から起算して3年間であるが、裁判所が通じて2年を超えない範囲で通院期間を延長することができる（医観法44条）。この規定は、退院許可とともに入院によらない医療を受けさせる旨の決定がなされた場合についても準用されている（医観法51条4項）。

通院中の医療の具体的内容については、厚生労働省が作成した「通院処遇ガイドライン」[7]に沿って実施されている。通院医療を前期・中期・後期に3分し、前期を6ヶ月、中期を18ヶ月、後期を12ヶ月として、一般医療への移行をめざして医療が行われる。

また、医療観察法は、通院中の対象者を精神保健観察に付している（医観法106条1項）。その内容は、対象者と適当な接触を保ち、その者が必要な通院医療を受けているかどうかその生活の状況を見守り、医療を受けさせるために必要な指導等を行うことである（医観法106条2項）。社会復帰調整官を中心として、医療、福祉、行政等の関係機関が連携し、ケア会議などを開催して対象者自身やその家族を支援するために情報交換が行われている。対象者が守るべき事項としては、①一定の住居を有すること、②住所移転または長期の旅行をするときは保護観察所長に届け出ること、③保護観察所長から出頭または面接を求められたときには応じること、である。

対象者は、このような通院医療を義務づけられている（医観法43条2項、53条3項）。

この通院処遇中は、原則として医療観察法および精神保健福祉法の双方が適用されるから、医療観察法では通院であっても精神保健福祉法に基づく任意入院も可能であるし、強制入院（医療保護入院、措置入院）となることもありうる。

通院処遇は、通院期間の満了もしくは裁判所の処遇終了決定により終了する。その後は、必要に応じて一般精神医療による治療を継続することになる。

処遇終了の申立ては、保護観察所長（医観法54条）または通院対象者やその保護者、付添人（医観法55条）がすることができる。

裁判所は、上記の申立てに対して、指定通院医療機関の管理者の意見を聴取し、対象者の生活環境を考慮して、処遇終了の可否を決する。

---

[7] <https://kouseikyoku.mhlw.go.jp/hokkaido/gyomu/bu_ka/iji/documents/018.pdf>

この処遇終了決定がなされるのは、医療観察法による医療を受けさせる必要があると認められない場合である（医観法56条1項2号）。

　そのため、付添人としては、対象者の病状の改善や支援体制の確立などにより、対象者に対して一般精神医療および精神保健福祉サービスでの対応でよいと認められるように活動をすべきである。具体的には、対象者が安定して通院できる環境を整えることや、関係者による会議を行って支援体制を設定することなどがあり、社会復帰調整官にも働きかけていくことが考えられる。

⑵　再入院申立手続

　対象者の病状が悪化し、保護観察所長が入院医療の必要性があると認めたときには、入院の申立て（再入院申立て）がなされる（医観法59条1項）。また、指定通院医療機関への通院を怠ったり遵守事項に違反したりしたときも、同様に保護観察所長から入院の申立てを受ける（医観法59条2項）。対象者が無断で通院を怠ったことにより病状が悪化した場合や暴力事件などを起こした場合に、再入院となったケースがある。

　通院中に病状が悪化した場合、対象者は精神保健福祉法に基づく任意入院や医療保護入院等により入院することもできるから、医療観察法による入院を避けるために、一般の精神科病院に入院して必要な治療をすることが考えられる。安易に医療観察法による入院によることなく、地域の病院で対処できるように働きかけて地域で支える方向性を模索すべきであろう。

精神保健福祉法

第 **10** 章

精神保健福祉法とは

1 精神保健福祉法の位置づけ

　精神保健福祉法は、治療と予防という保健医療法規の側面と、障害者の自立と社会参加の促進という障害者福祉法規の側面という、複合的な性格をもつ法律である。

　精神保健福祉法の保健医療法規の側面として最も特徴的な強制入院制度は、過去の法の変遷を経て（第1章1参照）、現在の措置入院と医療保護入院に代表される入院制度に至っているが、これらは、ポリスパワーやパターナリズム（パレンス・パトリエ）の観点から根拠づけられると解されている。もっとも、障害者権利条約を批准した現在においては、この法律の強制入院制度自体が右条約に反すると指摘されている（同条約第1回政府報告書審査総括所見）。

　また、このような強制的な入院は患者の人権の制約ともなり、さらに、過去に閉鎖的な病院内における不祥事が多発したことから、人権保障の観点からの規制も置かれているが、これらも、「市民的及び政治的権利に関する国際規約」（自由権規約）や「精神疾患を有する者の保護及びメンタルヘルスケア改善のための原則」（91年国連原則）に照らすと不十分である。

　なお、精神保健福祉法上、「精神障害者」とは、統合失調症、精神作用物質による急性中毒またはその依存症、知的障害その他の精神疾患を有する者をいい（精福法5条）、2022年法改正により精神病質は除外された。

2 入院形態

　精神保健福祉法には、精神障害者の入院形態として、任意入院、措置入院、緊急措置入院、医療保護入院、応急入院の5つの形態が定められている。これらの入院形態には、それぞれ決定主体、要件、時間的制限の有無という違いがある。

なお、厚生労働省社会・援護局障害保健福祉部精神・障害保健課が作成している精神保健福祉資料（令和4年度）によれば、2022年6月30日現在の日本の入院形態別入院患者数は、任意入院125,459人（48.6%）、措置入院1,546人（0.6%）、医療保護入院130,490人（50.4%）、その他900人の合計258,920人となっている。

　各入院に関する告知書面、入院届、報告書等の様式は厚労省のウェブサイトに掲載されている[*1]。

⑴　任意入院

> 要件：①　本人の同意（書面による）
> 　　　②　書面による権利告知
> 期間：入院期間に制限はなく、いつでも退院を申し出ることができるが、入院継続の必要があると認められると、72時間以内に限って退院が制限される。

　任意入院は、患者本人の同意に基づく入院であり、精神保健福祉法は、これを原則的な入院形態としている（精福法20条）。

　この「本人の同意」については、「民法上の法律行為としての同意と必ずしも一致するものではなく、患者が自らの入院について積極的に拒んではいない状態をいうものである」（昭和63年5月13日厚生省保健医療局精神保健課長通知第16号）とされているが、入院時に書面による権利告知を受けたうえで、書面で確認されなければならない（精福法21条1項）。

　任意入院患者は、原則として、いつでも退院を申し出て退院できる（精福法21条2項）が、例外として、精神科病院の管理者は、指定医の診察の結果、医療および保護のため入院を継続する必要があると認められた場合に、退院の申出のときから72時間以内に限って退院を制限することができ（精福法21条3項）、病院管理者は、72時間以内に後述の医療保護入院等所定の手続をとらなければ、患者を退院させなければならない。緊急その他やむをえない理由があるときは、指定医がいなくとも特定医師の診察に基づき、12時間以内であれば退院制限を行うことができる（精福法21条4項）。

　任意入院であっても、閉鎖病棟（鍵がかかって自由に外に出られない）に入院させられていることは多い。また、同意書があっても、本人は書面にサインしたこと

[*1] <https://www.mhlw.go.jp/stf/seisakunitsuite/bunya/hukushi_kaigo/shougaishahukushi/kaisei_seisin/youshiki.html>

を忘れていたり、退院したいと言っても事実上退院させてもらえないため、強制入院だと思い込んで相談してくるケースもある。弁護士としては、任意入院であっても本人の訴えに耳を傾け、事実関係を病院に確認したうえで、法律上の権利（例えば、いつでも退院を申し出ることができること）と限界（例えば、退院を申し出ても退院制限され、72時間以内に医療保護入院に切り替わる可能性があること）を説明する必要がある。

　このように、法律上任意入院については退院制限の規定があるだけでなく、事実上退院を希望しても断られたり、処遇についての不満を解消してもらえないことから、任意入院患者から退院や処遇改善について弁護士が相談を受けることがあるが、病院との交渉によっても解決できない場合には精神医療審査会に対して退院・処遇改善請求をする。

　この点、任意入院の場合に退院請求を受理しない精神医療審査会もあったかもしれないが、退院請求等に関する精福法38条の4は、入院形態を問わず、すべての「精神科病院に入院中の者又はその家族等」について、退院請求ができる旨規定しているし、同規定を受けて、任意入院に関する精福法21条1項は、精神科病院の管理者に対し、入院に際して、当該任意入院者に精福法38条の4の規定による退院等の請求に関することを書面で知らせるよう義務づけている[*2]。そして、上記退院制限およびそれに引き続く医療保護入院等の可能性がある以上、退院請求を認めるべき必要性もある。よって、任意入院についても退院請求は認められる。

　なお、条例に基づき任意入院患者についても定期病状報告を求めることができ（精福法38条の2第2項）、2022年度は岡山県、岡山市、高知県において報告がなされている。

(2)　措置入院

要件：① 精神障害者であること 　　　② 自傷他害のおそれのあること 　　　③ 医療および保護のために入院の必要があること 　　　④ ①〜③について2名以上の指定医の診察の結果が一致すること（指定医が1名の場合は緊急措置入院となる）

[*2] 平成12年3月30日厚労省障精第22号「精神科病院に入院する時の告知等に係る書面及び入退院の届出等について」の様式1・入院（任意入院）に際してのお知らせの第8項には「退院や病院の処遇の改善を指示するよう、都道府県知事に請求することができます」と記載されている。

　　　　⑤　書面による権利告知
手続：⑥　診察への都道府県職員の立会い
　　　　⑦　診察にあたり現に精神障害者の保護の任に当たっている者がいれば、
　　　　　　その者に対する診察日時場所の通知
期間：入院期間に制限はないが、入院後最初の3ヶ月目、6ヶ月目、以後6ヶ月
　　　ごとに定期病状報告が行われる。

　措置入院は、都道府県知事（政令市の場合には市長。以下、単に「知事」とする）の入院措置決定（精福法29条1項）によって、事実行為たる行政処分としてなされる強制入院である。入院費用は公費負担である。

　精神障害者またはその疑いのある者を知った者は、誰でも、その者について指定医の診察および必要な保護を知事に申請することができるが（精福法22条）、措置入院は、通常、通報を契機に行われる。精神保健福祉法の条文に基づいて、とくに警察官による通報を23条通報、検察官による通報を24条通報などと呼ぶ。このほかにも、保護観察所長や刑務所等の矯正施設の長等によるものがある（精福法25条～26条の3）。

　通報があると、措置診察が行われ、⑥都道府県職員の立会い（精福法27条3項）、⑦診察日時場所の通知（精福法28条1項）がなされる。後見人または保佐人、親権者、配偶者その他現に本人の保護の任に当たっている者は、この診察に立ち会うことができる。

　措置入院の実体要件としては、上記枠内の①～③である。

　①について、精神福祉保健法上の精神障害者の定義は広く（精福法5条）、ICD-10に依拠して診断されていれば通常はこの要件は満たされるが、③医療のための入院の必要性が要求されていることに鑑みれば、単なる知的障害等、治療可能性がない場合には措置入院は許されないと解すべきである。また、③については、本制度が行動の自由を剥奪する制度であることに鑑みれば、地域生活を維持し入院を回避するための合理的配慮を尽くしたうえで、入院以外に医療および保護を図るための手段がない場合を意味すると解するべきである[3]。

---

[3]　池原毅和『精神障害法』（三省堂、2011年）151頁参照。なお、精神科救急学会が示している非自発的入院の判断基準に関する「迅速な医学的介入なしには、この事態が遷延ないし悪化する可能性が高い」「医学的介入によって、この事態の改善が期待される」「入院治療以外に医学的な介入の手段がない」という要件も同趣旨と理解できる（精神科救急医療ガイドライン2015年版<http://www.jaep.jp/gl/2015_all.pdf>、2022年版も踏襲）。

②について、厚労省の告示*4によると、「他害」行為には、生命、身体、貞操、社会的法益だけでなく、名誉や財産に害を及ぼす場合も含まれているが、原則として刑罰法令に触れる程度であることが求められている。また、この要件は自傷他害の「おそれ」で足りるとしているが、91年国連原則の基準（「即時のまたは差し迫った危険」）に鑑みれば、現在の切迫した危険と解すべきである*5。

措置入院の措置がとられると、入院措置をとる理由や退院・処遇改善請求ができることについて患者に対して告知され（「措置入院決定のお知らせ」が渡される）、病院管理者は定期に病状報告を行う。

知事は、入院措置をとったときは精神医療審査会に審査を求めなければならず（精福法38条の3第1項）、措置入院者が自傷他害のおそれがないと認められるに至った場合は、入院者を直ちに退院させなければならない（精福法29条の4）。

措置入院については、その運用が適正に行われるよう、警察官通報を契機とした措置入院に関する標準的な手続を示した「措置入院の運用に関するガイドライン」が厚労省により設けられている*6。

(3) 医療保護入院

要件：① 精神障害者であること
　　　② 医療および保護のために入院の必要があること
　　　③ 任意入院が行われる状態にないこと
　　　④ ①～③について指定医による判定
　　　⑤ 家族等の同意
　　　⑥ 書面による権利告知
期間：入院期間は6ヶ月が上限であるが（最初の6ヶ月を経過するまでは3ヶ月）、更新することができる。

医療保護入院は、指定医の診察の結果、精神障害者であり、その医療および保護のため入院が必要であって、当該精神障害のために本人の同意に基づく入院を行える状態にないと判定された場合に、「家族等」のうちいずれかの者の同意があれば認められる（精福法33条1項）。

---

*4　昭和63年4月8日厚生省告示第125号「精神保健及び精神障害者福祉に関する法律第28条の2の規定に基づき厚生労働大臣の定める基準」。
*5　池原毅和『精神障害法』153頁。
*6　平成30年3月27日障発0327第15号「『措置入院の運用に関するガイドライン』について」。これによれば、都道府県等は、措置入院先病院に事前調査および措置入院に関する診断書の情報を提供することが適当であるとされている。

①および②は措置入院と同じであるが、医療保護入院については②がメインになるため、通院では足りずに入院でなければならない医療の必要性があることについて、とくに慎重に検討すべきである。また、「保護」のためだけに、入院医療の必要がないにもかかわらず漫然と入院をさせられていないかについても、注意すべきである。

　③の要件は、単に入院に同意しないというだけでなく、入院についての判断能力が低下しているために入院医療の必要性について説明を尽くしても理解できず、任意入院できる状態にないことと理解すべきである。そもそも、人には医療についての自己決定権が保障されているのであるから、障害のために自己決定できる状態にない場合には、まずは自己決定できるよう支援し、支援を尽くしてもなおできない場合にはじめて介入が許されると解すべきだからである[*7]。

　⑤「家族等」とは、「精神障害者の配偶者、親権を行う者、扶養義務者及び後見人又は保佐人」である（精福法5条2項）。2013年改正前は、同じ範囲の者が一定の順位に従って「保護者」とされ、医療保護入院は保護者の同意による入院であったが、改正により保護者制度は廃止され、「家族等」のうちいずれかの者の同意があれば入院が認められるようになった。法律上、「家族等」の中で優先順位はないが、後見人または保佐人の存在を把握した場合はその同意に関する判断を確認することが望ましいとされ、親権者についても原則としてその同意に関する判断を尊重することとされている[*8]。なお、本人に対して訴訟をした者など、欠格事由も定められており、2022年改正によって虐待をした者や心身の故障により意思表示を適切に行うことができない者も除外された（精福法5条2項各号、精福法施行規則1条。ただし、家族が患者から虐待を受けていると主張した場合には、当該家族は欠格事由に該当しないとされているため[*9]、当該家族の同意による医療保護入院が可能とされている）。保護者制度が設けられていた時代の裁判例であるが、同様の欠格事由に関して、調停事件係属中の者についても訴訟に準じて保護義務者となる資格を有しないとしたものがある（長崎家審昭49・11・18家月27巻9号113頁）。

　家族等がない場合またはその全員が意思を表示することができず、もしくは精福法33条1項の規定による同意もしくは不同意の意思表示を行わない場合には、患者の居住地を管轄する市町村長の同意をもって医療保護入院とすることができる（精福法33条2項）。病院は、市町村長の同意を依頼する前に家族等について調査

---

*7　池原毅和『精神障害法』159頁。
*8　令和5年11月27日障精発1127第6号「医療保護入院における家族等の同意に関する運用について」。
*9　令和5年11月27日付厚労省事務連絡「改正精神保健福祉法の施行に伴うQ&Aについて」。

しなければならず、とくに家族等が意思表示を行わないと扱う場合には、単に電話に出ないなど連絡がとれないだけでは不十分であり、同意または不同意の意思表示を行わない旨を明示していることが必要である。また、市町村の担当者は、入院の同意後、速やかに本人に面会等しなければならず、本人の意思を尊重したうえで退院に向けた相談支援につなげることとされている*10。

　緊急その他やむをえない理由があるときは、指定医に代えて特定医師に診察を行わせることができ、この場合に④以外の要件が満たされれば、12時間に限り入院させることができる（精福法33条3項）。

　医療保護入院をするにあたっては、患者および同意した家族等に対し入院措置をとる理由を含む権利告知がなされ、病院管理者は10日以内に同意書を添えて入院届を知事に提出する。

　同意した「家族等」が後日同意を撤回したり、退院を要求しても、医療保護入院患者は当然に退院にはならず、指定医の判断として退院にならない限り、退院請求手続を行うことになる*11。更新の際に当初同意した家族等が不同意の意思表示を行ったときは、別の家族等の同意を求めることができるとされている*12。

　入院時に入院期間は定められ、医療保護入院から6ヶ月を経過するまでの間は3ヶ月、6ヶ月を経過した後は6ヶ月を上限とし（精福法33条1項、精福法施行規則15条の6）、更新することができる（精福法33条6項）。なお、更新の際はみなし同意に関する規定があるが（精福法33条8項）、連絡が定期的に行われていない家族等については適用されない*13。

　なお、医療保護入院は、1987（昭和62）年以前は「同意入院」との呼称で呼ばれていたことがあり、患者の入院歴等に「同意入院」という文言が記載されていることがある。その語感から任意入院のことであると取り違えないよう注意が必要である。

---

*10 昭和63年6月22日健医発第743号、一部改正令和5年11月27日障発1127第4号「精神保健及び精神障碍者福祉に関する法律第33条第2項及び第6項の規定に基づく医療保護入院及びその入院の期間の更新の際に市町村長が行う同意について」別添「市町村長同意事務処理要領」参照。
*11 平成26年3月20日付厚労省事務連絡「『精神保健及び精神障害者福祉に関する法律の一部を改正する法律等の施行に伴うQ&A』の送付について」の別添同Q&A参照。
*12 令和5年11月27日障発1127第1号「『障害者の日常生活及び社会生活を総合的に支援するための法律等の一部を改正する法律の施行に伴う厚生労働省関係省令の整備及び経過措置に関する省令』の公布等について（通知）」。
*13 令和5年11月27日付厚労省事務連絡「改正精神保健福祉法の施行に伴うQ&Aについて」参照。

⑷　その他

(a)　**緊急措置入院**

　診察への職員の立会い、保護者に対する通知、2人以上の指定医の診察という手続（前記措置入院の要件④⑥⑦）がなくても、急速を要し、直ちに入院させなければその精神障害のために自身を傷つけまたは他人を害するおそれが著しいと指定医1名が認めたときに、72時間に限って行うことのできる知事の措置に基づく強制入院である（精福法29条の2）。

(b)　**応急入院**

　家族等の同意を得ることができなくても、急速を要し、直ちに入院させなければその者の医療および保護を図るうえで著しく支障があると指定医が認めたときに、72時間に限って行うことのできる強制入院である（精福法33条の6第1項）。さらに、緊急その他やむをえない理由がある場合は、12時間に限り、指定医に代えて特定医師による診察で入院させることができる（精福法33条の6第2項）。

3　処遇

⑴　処遇の内容

　精神保健福祉法上は、入院中の者について、その行動について必要な制限を行うことができるとされている（精福法36条。なお、本条に「処遇」という表題がついているが、処遇改善請求の対象となる処遇は行動制限に限られない）。具体的には、通信・面会の制限、隔離、身体的拘束、任意入院者の開放処遇の制限などがあり、これらについては厚労省により基準が定められている[14]（精福法37条）。

　患者からの相談としては、プライバシー確保に関わる事項、居室等の衛生環境、医療に関する不満等さまざまな内容があり、前記の例示以外にどこまでを「処遇」として精神医療審査会に改善請求すべきか迷う場合もあるが、病院職員に伝えるだけで改善される場合もあるため、まずは医師等病院職員と交渉するのがよいであろう。

⑵　弁護士等との連絡

　このように精神科病院管理者は一定の処遇を行うことができるとされている

---

[14] 昭和63年4月8日厚生省告示第130号「精神保健及び精神障害者福祉に関する法律第37条第1項の規定に基づき厚生労働大臣が定める基準」。

が、弁護士との通信に関する以下の行動を制限することはできない*15。
①　信書の発受
②　患者の代理人である弁護士との電話
③　患者の代理人である弁護士および患者またはその家族等その他の関係者の依頼により患者の代理人となろうとする弁護士との面会

⑶　隔離・身体的拘束

　身体的拘束および12時間を超える患者の隔離については、指定医が必要と認める場合でなければ行えず*16、12時間を超えない隔離についてもその要否の判断は医師によって行われなければならないものとされている*17。

　隔離や身体的拘束は任意入院患者も含むすべての入院患者に対して行われうるが、これらが行われた場合は、診療録に記載される。隔離が行われている場合は「原則として少なくとも毎日1回」、身体的拘束が行われている場合は「頻回に」診察を行うものとされている。

　精神保健福祉資料によれば、2004年と2022年を比べると、隔離されている患者数は7,673人から12,160人に、身体的拘束が行われている患者数は5,242人から10,903人に激増している。近時はこのような安易な隔離や身体的拘束の利用が問題となっており、弁護士としては厚労省基準が適切に守られているか確認する必要がある。また、建前としては隔離や身体的拘束中も弁護士との連絡（電話・手紙・面会等）は制限できないことになっているが、事実上連絡できない状態下に置かれている可能性は高いため、注意を要する。

4　人権保障のための制度

　精神保健福祉法は、上記のとおり強制入院制度を有しており、また、その閉鎖的な構造ゆえに過去に病院不祥事件が多発したことから、精神障害者の人権を保障するために以下の制度が設けられている。もっとも、これらの制度のうち、形骸化しているものもあるため、弁護士としては、積極的にこれらに意義を見出す

---

*15 昭和63年4月8日厚生省告示第128号「精神保健及び精神障害者福祉に関する法律第36条第2項の規定に基づき厚生労働大臣が定める行動の制限」。
*16 昭和63年4月8日厚生省告示第129号「精神保健及び精神障害者福祉に関する法律第36条第3項の規定に基づき厚生労働大臣が定める行動の制限」。
*17 昭和63年4月8日厚生省告示第130号「精神保健及び精神障害者福祉に関する法律第37条第1項の規定に基づき厚生労働大臣が定める基準」。

よう活用していくことも意識すべきである*18。

(1) 精神医療審査会
(a) 概要

　精神医療審査会は、都道府県（政令市の場合は市。以下、同じ）に設置され、次に述べる審査を行うこととされている。

　精神医療審査会の委員は、精神障害者の医療に関し学識経験を有する者（精神保健指定医である者に限る。以下、医療委員）、精神障害者の保健または福祉に関し学識経験を有する者（精神保健福祉士等。以下、保健福祉有識者委員）および法律に関し学識経験を有する者（弁護士会から推薦された弁護士が多いが、検察官や裁判官等の場合もある。以下、法律家委員）の中から任命され、5名で1合議体を構成する。法律上は、医療委員2名以上、保健福祉有識者委員1名以上、法律家委員1名以上としか定められていないが、医療委員が3名で合議体の過半数を占めている審査会が多い。

　精神医療審査会の事務局は、都道府県に設置された精神保健福祉センターが担っている。

(b) 退院・処遇改善請求とこれに対する審査

　精神科病院に入院中の者またはその家族等は、都道府県知事に対し当該入院中の者を退院させ（措置入院の場合）、または精神科病院の管理者に対しその者を退院させることを命じ（医療保護入院の場合）、もしくはその者の処遇の改善のために必要な措置をとることを命じることを求めることができ（精福法38条の4）、精神医療審査会は、このような退院・処遇改善の請求についての審査を行う（精福法38条の5第2項）。

　具体的には、患者や代理人が精神医療審査会に退院・処遇改善請求を行うと、特定の合議体に配点され、通常、医療委員1名と他委員1名によって現地意見聴取が行われる。ここでは、患者、主治医または院長の意見を聴取するほか、家族の意見を聴くこともある。弁護士は代理人として立ち会うことができる。さらに、合議体審査においても、弁護士は代理人として意見陳述を行うことができ、患者

---

*18 人権侵害に対する精神保健福祉法以外の手段として、行政訴訟（措置入院に対する取消訴訟、退院の義務付け訴訟）や人身保護法に基づく請求、弁護士会に対する人権救済申立て（身体的拘束に関する2021年9月8日付神奈川県弁護士会警告書<https://www.kanaben.or.jp/profile/gaiyou/torikumi/jinken/kankoku/pdf/20210908_jinkenkeikoku.pdf>）がある。ただし、行政訴訟は簡易迅速な実現可能性に欠ける、人身保護請求は同規則4条で使用自体に高いハードルがある、人権救済申立ては法的拘束力がないといったデメリットがあることに留意する。

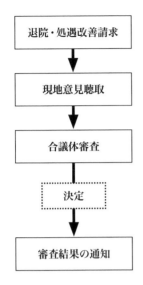

| 退院・処遇改善請求 |
| 現地意見聴取 |
| 合議体審査 |
| 決定 |
| 審査結果の通知 |

が代理人による意見陳述を求めた場合は、合議体は意見を述べる機会を与えなければならない。

　現在の精神医療審査会は、退院請求については約6％、処遇改善請求については約9％しか認容されず（令和4年度衛生行政報告例）、権利擁護機能が果たされているとはいいがたい。しかし、弁護士による請求事例に限れば、約16％について退院や入院形態変更が認められており[19]、また、審査の前に代理人が病院と交渉することにより退院に結びついたり入院形態変更になるケースも多いので、弁護士が代理人活動をする意義は大きい。

　むしろ、退院・処遇改善請求手続に関しては、「精神医療審査会運営マニュアル」[20]の中で代理人についても記載があり、代理人は本来予定された存在であるといえる。また、基本的な仕組みは裁判手続に類似しており、患者側の主張を法的に整理し（法律上のどの要件が問題であるか指摘する）、証拠を提出したり、合議体審査において意見を述べるなど、弁護士でなければ困難なことも多く、弁護士が代理人として活動すべき必要性は高いといえる。弁護士は、退院を求める患者に対しては積極的に受任し、代理人として活動することが期待されているのである。

　精神医療審査会には次頁のような「医療保護入院者による退院請求の審査手順案」が推奨されていることから、請求者代理人弁護士においても、このポイントを念頭に置いて主張・立証するとよい。

(c)　書面に対する審査

　精神医療審査会は、①措置入院の届出、②医療保護入院またはその入院期間の更新の届出、③措置入院者の定期の報告、④精福法38条の2第2項の規定による任意入院者に係る病状等の報告を知事が受けたときの審査会における入院の必要性に関する審査等についても審査する（精福法38条の3）。

　これらの書面には、診断名や現在の精神症状等のほか、入院を継続する場合には、病状または状態像の経過の概要や退院に向けた取組みの状況等が記載されている。医療保護入院届には、同意した家族等の同意書や権限証書（成年後見人の場

---

[19] 全国精神医療審査会連絡協議会NEWS LETTER No.49。
[20] 平成12年3月28日障第209号「精神保健及び精神障害者福祉に関する法律第12条に規定する精神医療審査について」別添。

医療保護入院者による退院請求の審査手順案

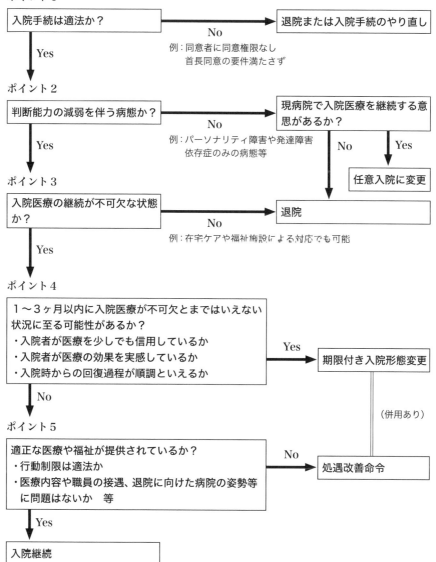

* 令和4年度厚生労働行政推進調査事業費補助金（障害者政策総合研究事業）「精神障害にも対応した地域包括ケアシステムの構築を推進する政策研究」<https://mhlw-grants.niph.go.jp/project/164062>における「6.精神障害者の権利擁護に関する研究——精神医療審査会に関する研究」図22に基づいて作成。

合は後見登記事項証明書である等）が添付されているはずであるので、これによって同意が適法になされているかを確認することができる。書面に対する審査においても、精神医療審査会は必要に応じて患者の意見を求めたり、診察したり、病院関係者の報告等を求めたり、診療録等の提出を命じることができる（精福法38条の3第3項）。

　書面審査によって入院が不要と判断されるケースはほとんどないため、権利擁護機能を果たしているとはいいがたいが、これらの提出書面やその添付資料は退院等請求の際の事前資料になるため、退院等請求の代理人としては、精神医療審査会運営マニュアルを参考にこれら事前資料についても開示を求めるとよい。

(2)　精神保健指定医と指定病院

　医療保護入院や措置入院に関しては、精神保健指定医による診察を受け、その判定に基づくことになっている。これは、これらの強制入院が精神障害者の意思に反して自由を制限するものであるというその重要性に鑑み、その判定を一定の臨床経験や研修等を受けた者に限定し、慎重に行わせる趣旨である。

　また、措置入院患者を受け入れられるのは国等の設置した公立病院と指定病院だけとされている。これは、公権力による強制入院であるから、受入先を公立病院とそれに準じて一定の水準・条件を満たした病院のみに限定した趣旨である。

(3)　報告徴収、改善命令等

　厚生労働大臣または知事は、必要があると認めるときは、病院管理者に対し、入院患者の症状または処遇に関し報告を求めたり、立ち入って検査等することもできる（精福法38条の6）。また、処遇が法に違反している等と認めるときは、その処遇の改善のために必要な措置をとることを命ずる等することができる（精福法38条の7）。

(4)　権利擁護機関との通信制限の禁止

　弁護士も含め、権利擁護機関との通信に関しては、以下の行動制限は禁止される[21]。これも入院している患者の権利擁護のためである。

①　すべての者に対する信書の発受の制限（刃物、薬物等の異物が同封されていると判断される受信信書について、患者によりこれを開封させ、異物を取り出したうえ

---

[21] 令和5年11月27日付厚労省事務連絡「改正精神保健福祉法の施行に伴うQ&Aについて」。

患者に当該受信信書を渡すことは、含まれない）

② 　都道府県および地方法務局その他の人権擁護に関する行政機関の職員ならびに患者の代理人である弁護士との電話の制限

③ 　都道府県および地方法務局その他の人権擁護に関する行政機関の職員ならびに患者の代理人である弁護士および患者またはその家族等その他の関係者の依頼により患者の代理人となろうとする弁護士との面会の制限

⑸ 　虐待の防止に関する規定

　2022年改正により、虐待の防止に関する規定が新設され、従事者への研修や患者への相談体制の整備、通報に関する規定や虐待状況等の公表等が定められた（精福法40条の２以下）。しかし、障害者虐待の防止、障害者の養護者に対する支援等に関する法律９条のような速やかな事実確認のための措置や一時保護等に関する規定はなく、過失がある場合の通報者の保護も不十分である（精福法40条の３第３項）。したがって、病院内虐待の相談を受けた弁護士としては、通報者を保護しつつ、自治体に対する職権発動を積極的に求める必要がある[22]。

5 　弁護士が関わるために

　精神保健福祉法上の退院等請求手続の代理人は、刑事訴訟法の国選弁護人や医療観察法の国選付添人と異なり、公費負担制度がないので、私選の代理人となる[23]。

　しかし、入院している患者には資力のない者も多いため、日弁連は、退院等請求手続の代理人活動を援助する制度を設けている。

　具体的には、日弁連が法テラスに委託して行っている事業で、「精神障害者に対する法律援助事業」と呼ばれている。退院・処遇改善請求手続の相談または代理人活動に使うことができ、精神障害等のために入院している依頼者が退院請求や処遇改善を求めて弁護士に相談する費用や、依頼者の代理人として活動する弁護士費用を、依頼者に代わって日弁連が立て替える制度である。この法律援助事業

---

[22] 令和５年11月27日障発1127第７号および同第12号「『精神科病院に対する指導監督等の徹底について』の一部改正について」参照。

[23] 国際法律家委員会からは、退院等請求手続において、弁護士等患者擁護者に対する予算措置がないことから、精神医療審査会は自由権規約９条４項の「裁判所（court）」としての「実質がない」と批判されている（国際法律家委員会編『精神障害者の人権─国際法律家委員会レポート』〔明石書店、1996年〕）。

には、法律相談と代理援助があり、受任に至らない時点の法律相談には法律相談援助の申込みを、退院請求等の代理人活動を行う場合にはその旨の申込みを行うこととなる。

　事前申請は不要であるが、窓口は所属弁護士会の地域を管轄する法テラスになる。申込書等必要書式はすべて日弁連ウェブサイト会員専用ページからダウンロードできるが、法律相談も代理援助も申込書に本人の署名をもらう必要があり、代理援助の場合はさらに契約書および重要事項説明書などもある*24。基準は法テラスと若干異なるが、資力要件も設けられている。

　なお、民事事件や家事事件の相談の場合には、障害のある者に対する法律相談として、法テラスの出張相談の対象となりうる。この場合は原則として所属弁護士会の地域を管轄する法テラスに対して事前申請が必要である。一般の法テラス対象事件と同様の資力要件も課される。

　精神保健福祉法の退院請求等に関して弁護士が弁護士に相談する場としては、各所属弁護士会の(精神)障害者に関する委員会がある。福岡県や宮崎県のように精神障害者の問題に特化した委員会をもつ弁護士会もあるが、多くは高齢者・障害者とセットになっている。

　全国的には日弁連が管理している高齢者・障害者の問題に関するメーリングリストがあるので、弁護士であればこちらに登録して質問することもできる*25。

6　退院支援

　医療保護入院患者については2013年改正により、措置入院患者については2022年改正により、退院促進に関する措置として、退院後生活環境相談員の選任、地域援助事業者の紹介および同事業者による相談援助、医療保護入院者退院支援委員会の開催などが設けられた(精福法29条の6および29条の7、33条の4および33条の5)。医療保護入院者退院支援委員会への出席など、弁護士としてもこれらの措置を活用できる場合がある*26。また、2022年法改正により、入院者訪問支援事業も導入され、入院者訪問支援員が患者の話を誠実かつ熱心に聴き、入院中

---

*24 日弁連ウェブサイト＞会員専用ページ＞書式・マニュアル＞法律援助事業関係＞委託援助業務利用における書式から必要な書式をダウンロードすることができる(本書巻末の「インターネット情報」参照)。
*25 「sil」というメーリングリストで、弁護士であれば、日弁連高齢者障害者権利支援センターに問い合わせて加入することができる。
*26 令和5年11月27日障発1127号第7号「措置入院者及び医療保護入院者の退院促進に関する措置について」参照。

の生活に関する相談と必要な情報提供を行うこととされた（精福法35条の2）。

　弁護士は、患者が積極的に退院を求める際に相談を受けることが多いため、「退院請求」に関する活動がメインになる場合が多いが、市町村や病院など患者の周囲の関係者が退院を進めようとするときに「退院支援」として相談を受けることもある。これはとくに、いわゆる社会的入院患者を含む長期入院によって自ら退院をあきらめてしまった患者について、退院させようとする場合（A）などに使われるが、患者が退院を望み、病院も退院相当と考えるものの、家族が反対していたり帰る家がないようなときに、支援者が退院に向けた環境調整をする場合（B）などにも使われる。AとBの混合のような場合もある。

　Aのように患者に対して退院する気にさせることは、退院を経験した精神障害当事者が仲間に働きかけるピアサポートが有効といわれているが、経済面の確保や環境調整がなされることによって退院意思が強まる場合もあり、弁護士が関わる意義は十分ある。とくにBの場合は、通常の退院請求と同様に弁護士が関われる範囲は広いため、積極的に受任するようにしたい。日弁連の精神障害者に対する法律援助事業は、精神保健福祉法上の審査請求を想定する制度であるが、将来の退院請求を予定して受任することができる*27。本章2(1)で記載したとおり、入院形態が任意入院であっても退院請求は可能と解釈すべきなので、同事業の代理援助を利用することは可能である。

---

*27 環境調整をし、結果として退院請求をしないで退院が実現した場合、活動内容に応じて同事業による報酬・費用の返還を求められる可能性があるが、弁護士の活動によって退院できたと評価できれば、同事業による報酬・費用の返還を求められない場合もある。

精神医療審査会の委員として

　精神医療審査会の法律家委員は、裁判所、検察庁、弁護士会からそれぞれ推薦される場合が多いが、機会があれば委員を務めるとよい。審査会内部の様子や流れを知ることは、患者の代理人として活動するうえでも参考になる。さらに、審査会委員は、患者の代理人活動と裏表の関係にあるといえ、請求者である患者の権利や適正手続保障のために法律家としての役割を十二分に果たすことができる。とくに、代理人がついていない請求者はまだ多いため、後記のとおり法律家として果たすべき役割は大きい。また、精神科医や精神保健福祉士等の他の委員と現地意見聴取に行くことで、精神医療関係者と患者や主治医との具体的なやりとりを間近で見ることができ、自分自身のスキルアップにもつながる。

　審査会としての権限を活用することは、とくに法律家委員に求められているといえる。審査会は、患者から直接現地で意見を聴取するだけでなく、病院関係者に対して報告を求めたり、診療録その他の帳簿書類の提出を命じることもできる（精福法38条の5第3項・4項）ほか、「当該患者の処遇、社会復帰への指導方法、その他当該患者への適切な医療の提供のために合議体が必要と認める措置がある場合には、その旨を都道府県知事に通知する」ものとされており、入院先病院関係者等と「協議する」こともできるから（精神医療審査会運営マニュアル。審査会委員は必読である）、患者の退院に向けた活動を積極的に行うべきである。

　医療面では、患者が入院してから現在までの経過として、順調に治療が進み回復しているといえるのか（主治医からの説明だけでなく、カルテや過去の退院支援委員会審議記録を見比べるなどして確認する）、仮に改善がみられないようであれば、主治医として今後の治療方針についてどのように考えているのか、その方針について医療委員は納得しているのか（標準的医療が行われているのか）、具体的な退院の見通しはいつ頃なのか、などは最低限確認したい。必要に応じて、主治医の回答を患者に伝えてさらに意見を聞くことも考えられる。多剤処方など具体的な治療法が気になる場合なども、医療委員の意見を聴くとよい。

　福祉・環境面では、患者の退院に向けた環境調整がどの程度準備されているのか、家族関係はどのようになっているのか、などについても相談員等に確認すべきである。家族との関係が膠着して退院への障壁となっている場合があったり、むしろ家族による権利侵害が疑われる場合もあるので、患者からの意見も確認する。とくに代理人がいない場合には、患者の退院に向けて支障となるものがないか、弁護士としての勘を遺憾なく発揮し、必要に応じて患者や相談員に退院に向けた助言をし、場合によっては法律相談を勧めることもありうる。

　患者からの意見聴取の際は、患者の意見を聴くことは当然であるが、患者が適正手続が保障されたと感じられるよう意識して丁寧に対応するべきである。また、「弁護士による権利擁護を受ける権利」があることはすでに事務局が告知しているはずであるが、日弁連の法律援助事業を知らないためにお金がないから頼めないなどと患者が誤解している場合もあるので、実質的に権利が保障されるよう弁護士としては配慮すべきである。

以上の現地意見聴取は、退院や処遇改善の請求がなされた場合に原則として必ず行うこととされているが、入院措置時、更新時および定期の入院の必要性に関する審査（いわゆる書面審査）においても、活用できるものである（精福法38条の３第３項）。したがって、書面だけでは入院の必要性を肯定できないような場合などには、審査会委員としては積極的に現地意見聴取を求めることが望ましい。

　合議体審査の際は、遠慮なく法的観点からの意見を述べるべきである。もっとも、法律上の入院要件の充足性を審査するという意識がなかったり、患者を退院させたり病院に対し意見を述べることに躊躇する委員も少なくない。しかし、１回の会議では理解や賛同が得られなくても、繰り返し法的な審査の場であること、法律やマニュアルにおいてはどのように定められているかについて、他の委員の理解を深めさせることも法律家委員には求められているといえる。感情的に対立しては多数決で負けるだけでなく、抜本的な解決にならないから、粘り強く審査会委員の意識改革をしていく姿勢で、審査会による審査の意義を説いていくべきである。また、合議体における審査の際も、請求者や主治医等から意見聴取等をすることができるので（精神医療審査会運営マニュアル）、実質的な審査を心がけてさまざまな審査会の権利や機能を活用しよう。

　具体的な審査ポイントについて、全国精神医療審査会連絡協議会（全精審連）では、本書145頁の図の審査手順を提案しているので、こちらも活用するとよい。これは医療保護入院の要件を念頭に置いたものであるが、医師にもわかりやすいように書かれているので、これを示しながらどこが問題になっているのか、争点整理や論点の明確化等にも使うことができる。

　そして、具体的な個別事案の審査結果の通知に際しては、現時点で退院が認められないとしても、今後どのような治療が期待できるから入院する必要があるのかについて、患者に対する説明の趣旨で理由の要旨は丁寧に記載すべきである。また、速やかな退院に向けて病院側はいかなる準備をすべきであるか、前記の「社会復帰への指導方法」等の必要な措置についても検討し、参考意見（附帯意見と呼ばれることもある）を積極的に活用して、病院側に伝えるべきである。

　さらに、精神医療審査会活動で問題となった事例や疑義事項に関する相談については、審査会事務局を通じて全精審連に問い合わせることができるので、審査会内の議論で意見がまとまらない場合は、こちらも活用できる。なお、全精審連のウェブサイト（https://zenshinren.com/）には、過去の質問と回答なども掲載されている。また、審査会委員でなくても、全精審連の会員になることはできる。当然と思っていた運用が他県では異なるということもありうるので、全国の審査会の動きについてもチェックするとよい。　　　　　（姜　乂江）

第11章

退院請求・処遇改善請求手続における代理人活動

1　初回相談への対応

　入院中の患者やその家族等から退院請求または処遇改善請求の相談を受け、これに応じる場合には、速やかに患者が入院する精神科病院に連絡をし、患者および病院に面会に行く日時を伝える。その際に患者の都合はもちろん、通常面談が必要となる主治医やソーシャルワーカーの都合を聴取して、それに合わせて日時を決めると便宜である。ただし、患者は人身の自由を制約され、弁護士に助けを求めていることに留意して、できるだけ速やかに面会するように努める。

　患者が代理人または代理人になろうとする弁護士と面会することを病院は拒むことはできない（精福法36条２項およびこの規定に基づく厚生省告示[*1]）。しかし、弁護士が病院に行くことになった後に患者や家族が要請を断ってくるなど、病院または家族が弁護士の面会に拒否的となって患者を説得していることが疑われるケースがある。このような場合には、できるだけ患者と直接話をして真意を確認する必要がある。電話の場合には、話している患者のすぐそばに病院関係者がいないかについても、留意する必要がある。また、電話で話しても患者の真意が確認できない場合には、病院に出向き、患者と面談することも検討する。

2　患者との面会

　病院関係者から先に話を聴いてしまうと患者の話を聴く際に予断が生じてしまうおそれがあるため、特段の事情がない限り、最初に患者と面会をする。

　患者と面会するに際して、病院関係者が立ち会おうとする場合があるが、患者

[*1]　昭和63年４月８日厚生省告示第128号「精神保健及び精神障害者福祉に関する法律第36条第２項の規定に基づき厚生大臣が定める行動の制限」。

が病院関係者に遠慮するなどして自由に話ができないことも考えられるため、病院関係者には立会人なくして面会できることを告げて、立会人がない状態で患者と面会するようにする。患者が保護室に隔離され、または身体的拘束を受けている場合があるが、そのような状態下で相談することは適切とはいえないし、患者の尊厳を損なうこともあるので、できるだけ当該行動制限を解くよう求める。ただし、易怒性や攻撃性が高まっているなど不安がある場合[*2]には、病院関係者に面会室のそばに待機してもらうことも検討する[*3]。また、そもそも患者がそのような行動制限について処遇改善を求める場合もあるので、その場合には、実際に行われている保護室の状況や身体的拘束の方法についても確認すべきである。

　患者との面談では、患者の要望内容を確認したうえで、次頁のチェックリストの聴取事項を参考に、できるだけ具体的かつ詳細に事情を聴取する。そのような聴取をしている中で、通常、患者の病状の程度は判明してくる。妄想に基づくと考えられる内容であっても無下に否定することは患者との信頼関係を損ねることにもなるので避けたほうがよい。他方で、妄想に基づくと考えられる内容に安易に同意する態度を示すことは、妄想に確信を与えることにもなるため、できるだけ避けるべきである。ただし、患者が訴えている内容が「妄想」であるかどうかについては、慎重に判断しなければならない場合もある[*4]。医師は家族や関係者の訴える事実だけを聞き入れ、患者の言い分に耳を貸さずに誤った事実を認定してしまい、結果として患者の言い分を妄想と断じてしまっている場合があるからである。

　患者と面談した時点で受任し、あるいは相談を継続する方針になれば、今後の活動予定を伝える。

　また、主治医等との面談に備え、患者の診療録その他看護記録、入院届等行政提出文書等医療情報の開示について説明して同意書をとりつけておくと便宜である。

[*2] 筆者の経験した例としては、双極性感情障害（躁鬱病）、統合失調感情障害、躁状態等の場合がある。ただし、特定の診断がなされても、時期によって症状（攻撃性等）は異なりうる。

[*3] もっとも、そのような患者との面談においては要望するまでもなく、病院関係者はそのような措置をとるのが通常である。

[*4] 筆者の経験では、診断名が妄想性障害や人格障害の場合において、対立する関係者の言い分のみに従った根拠薄弱な事実をもとに妄想を認定して、その他特段の精神症状がないままに上記のような診断名がつけられていたことがあった。

チェックリスト

1　要望事項
　□退院
　□入院形態変更（　　　→　　　　）
　□処遇改善内容（　　　　　　　　）

2　本人に関する事項
　・人定事項
　　住所
　　氏名
　　生年月日
　・家族関係、協力が得られる家族
　・主要な家族の連絡先
　　住所
　　氏名　　　　　　　　続柄
　　電話番号
　　面会頻度
　・収入状況（月額　　　　　　　　円）
　　□生活保護　　　　□障害年金
　　□その他（　　　　　　　　　　）
　　金銭管理者（　　　　　　　　　）
　・職歴

3　疾病歴
　・初発時期および症状
　・入通院歴（時期、病院、入通院の別、
　　入院形態の別）

4　今回の入院に関する事項
　・入院時期（　　　年　　月　　日）
　・入院形態
　　□任意
　　□医療保護（同意した家族等：　　）
　　□措置　　　□不明（告知なし）
　・診断名　　　　　　告知：有・無

・主治医
・担当PSW
・診療計画内容　　　　告知：有・無
・入院に至った経緯

5　治療状況
　・診察頻度
　・服薬状況
　　副作用
　・OT活動
　・外出・外泊
　・行動制限（過去および現在の隔離・拘
　　束）
　・退院協議状況

6　退院請求に関する事項
　・過去の審査請求の有無と内容
　・病識・病感
　・退院後の希望
　　住居
　　職業・収入
　・通院・服薬

7　処遇改善に関する事項
　・制限事項
　　□面会　　　□手紙　　　□電話
　　□その他通信・面会
　　□隔離　　　□拘束
　　□外出　　　□外泊
　　□治療に関すること
　　□その他（　　　　　　　　　　）
　・各制限時期
　・制限理由

3　主治医との面談

　面談においては、患者の要望を前提に、患者から聴取した事情の確認をするとともに、入院要件を満たしているかを意識しながら、疾病および治療の状況ならびに退院見込みについての意見を聴取する。精神医療審査会の審査においては主治医の治療方針を重視する傾向にあるので、退院等の請求をする場合には主治医に患者の要望を伝え、これを考慮してもらうよう努めるべきである。そのためには、主治医との面談で意見交換をして、主治医の考える退院阻害要因等の問題点の把握に努める。なお、主治医が精神保健指定医でない場合は、指定医である上司の判断を仰ぐ場合もあるので、退院についての実質的な判断権が誰にあるのか注意したほうがよいケースもある。

　また、「妄想」かどうかについて慎重な判断を要するケースでは、患者の訴えを妄想と認定した根拠事実を確認する。もとより、その根拠が客観的な資料に基づくものではなく、根拠薄弱な場合には、反対事実を提示するなどして妄想認定を反駁するようにする。

　なお、面談の際の主治医との意見交換により、精神医療審査会への請求を経ることなく、患者の要望が実現することがある。そのような結果こそが最良といえるため、それを念頭に主治医との面談に臨むべきである。

　患者の要望が退院である場合には非自発的入院（医療保護入院または措置入院）の要件を検討確認するために、主治医に事情聴取する。主治医の考える問題点として、病識病感の欠如およびそれに基づく怠薬のおそれ、現実検討能力（現状に即して退院後の生活についての現実的に可能かつ相当な検討をする能力）の欠如といった患者の精神症状に関連するもの、家族の反対、退院後の生活環境の未整備といった患者の社会環境に関連するものが挙げられることが多い。このうち後者のみを理由として患者の意に反する入院を継続するのは問題である（いわゆる「社会的入院」の問題）。このような場合には、この点に関する病院としての取組状況やそれに対する問題点等について事情を聴取し、意見交換するべきである。

　また、患者の入院形態が医療保護入院の場合には、医療保護入院者退院支援委員会の対象として同委員会の審議がなされている場合があるので、その有無および状況を確認する。

　患者の要望が処遇改善の場合には、問題となっている行動制限に関する基準（第10章3参照）に沿って、主治医に行動制限に至った原因および理由を聴取し、意見交換をする。基準のない処遇に関することでも、患者の要望を代弁して、で

きる限りその要望実現に努めるべきである。例えば、外出外泊がしたいという要望がある場合には、外出外泊が社会との関係を維持回復するために重要であることに鑑み、その確保に努める。

4　精神科ソーシャルワーカー等との面談

精神科ソーシャルワーカー（以下、「PSW」）は精神障害者の社会復帰のために助言、指導、訓練等の援助を行う（詳細は第15章2⑴参照）。とくに患者の入院形態が医療保護入院の場合は、精神保健福祉士その他の一定の要件を備えた医療従事者が退院後生活環境相談員に選任されている。病院によっては「相談員」「ワーカー」などと呼ばれ、精神保健福祉士等の資格を有していない者もいるが、ここでは主に患者の環境調整や家族との連絡を行う者をPSWとあわせて「PSW等」とする。

PSW等は、患者の退院支援の中心的役割を果たし、必要に応じて院外の機関との調整を行っており、そのため患者の家族との関係、退院に向けた取組状況、退院阻害要因等患者の社会環境を具体的に把握しているため、そのことを念頭にPSW等と面談をする。PSW等に対する事情聴取で把握できた退院阻害要因の中には、病院側の人員体制上の問題で手つかずになっていたり、PSW等の考えを推進することが退院にとって有意義であるのに、主治医の方針と異なるなどの理由によってそれがなされていないなど、弁護士が調整することが可能で、かつ適当なものもある。患者を取り巻く具体的状況の把握とともに、そのような事由の有無および内容をチェックする。

5　家族等関係者との面談

患者本人や病院関係者との面談により判明した親族等のうち、患者の帰住先となりうる入院前に同居していた家族等との面談等を検討する。

ただし、そのような家族等の中には、これまでの患者の疾病の歴史において患者の対応に疲弊しきって患者の退院に拒否的な反応を示す人も少なくない。このような家族等の場合には、そのような歴史を体験していない弁護士が説得活動をしても奏功しない場合が多く、かえって家族等との関係を損ねることになりかねないことに留意する。ただし、この説得活動が家族等の心理に影響を与えて将来の退院場面において社会復帰に良い方向で作用しうることも忘れてはならない。

6　受任判断とその後の活動

　患者との面談内容、病院関係者に対する聴取等の結果、患者の病状が良くない
など退院等の請求が認められそうにない場合がある。しかし、意思に反して入院
させられている患者の適正手続の保障（精神医療審査会の審査を受けるという手続的
利益）は看過できない。また、精神医療審査会の審査を受けた結果、患者の請求が
認められなかった場合でも、第三者機関である精神医療審査会の「現形態入院継
続相当」の判断によって、患者の治療意欲（アドヒアランス）が向上することもあり
うる。したがって、患者の請求が認められそうになくても、比較的短期間のうち
に頻回の審査請求を繰り返しているなど特段の事情がない限り、できるだけ審査
請求代理人活動を受任するようにする。

　受任の時期は、初回面会時、医師や家族の意見を聴いた後の２回目の面会時、
または患者の病状等の状況を一定期間見守った後の時期等が考えられる。最初に
医師と面会して意見交換した結果、比較的速やかに退院や処遇改善になるケース
等、初回面会後に退院等請求をする必要がなくなることは珍しくないので、この
点も留意する。また、法律援助事業に基づく法律相談には回数制限（原則として３
回）があることも念頭に置く。

　受任することが決まれば、受任手続をする。精神科病院に入院中の患者から私
選で受任することも可能であるが、資力に乏しく、または資力を有していても現
に自由に取り扱える金銭を有していない場合が通常であるため、その場合は精神
障害者に対する法律援助事業を利用して受任する。患者が被後見人等の場合、法
律援助事業を利用する契約を後見人等が取り消しうるかが問題となるが、人身の
自由という一身専属的権利に関わるものであり、精福法も後見人等の意向とは関
係なく患者自身が退院等の請求をすることができるとしていることからして、後
見人等は法律援助事業を利用する契約の取消しはできないと考えるべきである。
もちろん、受任の際には後見人等の同意をとりつけておくことが円滑であるの
で、その交渉をすることになるが、安易に退院に反対する後見人等がいることも
現実であり、その場合には本人の意思の尊重義務（民法858条、876条の５第１項）の
違背であることを指摘して交渉して、どうしても応じない場合には、必要に応じ
て解任の職権発動を求めるなどの方法を検討する。

　受任に至る場合には、患者に対して審査請求に関する手続と精神医療審査会の
審査結果が出されるまでの見込期間を説明しておく。請求後は精神医療審査会の
委員が病院に赴き意見聴取する手続を経て、合議体で審査をすることになるが、

直近で同様の意見聴取がなされているなどの場合には現地意見聴取がなされないこともある。精神医療審査会の審査結果が出されるまでの期間は概ね請求書を提出してから1〜2ヶ月程度である。

　患者の希望が退院の場合には、請求が認められるように退院阻害要因を解消することに努める。

　このうち病識や現実検討能力が不十分な場合にこれらの獲得にどの程度踏み込むかは悩ましいところである。というのも患者の現在の考えを否定することにもなりかねず、場合によっては信頼関係の喪失にもつながるからである。他方で、本人が病院関係者に対して不信感を抱いていて、病院との関係が膠着しているために治療意欲が阻害されているような場合には、病院外の第三者たる弁護士が介入することにより治療意欲等が改善されるケースもある。結局は、患者の病状の内容および程度を勘案しながら慎重に対処していくほかないであろう。

7　環境調整

　帰住候補先が家族のいる自宅であれば、受入れの可否および時期等について家族と協議する。家族が拒否的で受入れが困難な場合は、調整可能性、患者の希望等を踏まえて、家族と別居することも検討する。

　別居を検討する場合や帰住先の候補となる家族がいない場合には、社会復帰後の帰住先についてはグループホーム等の住居・施設（第15章5(2)参照）を検討する（病院側でも同様の選択をしている場合も多いであろう）。

　その他障害年金、生活保護等の公的給付の受給手続等が必要な場合は、PSW等と協議したうえで、その手続をとる場合もありうる。

　患者の病状が軽くないように見えても、適切な医療福祉サービス等の支援を受け、上記のような環境調整をすることによって退院に結びつく場合があるので、そのことを念頭に置く。

　病院が環境調整に消極的で、弁護士で調整することが必要な場合には、市町村設置の基幹相談支援センターや地域移行支援を行っている指定一般相談支援事業者に相談するとよい。ただし、精神障害者を取り扱っていなかったり、精神障害問題に詳しくないセンターや事業所もあり、そのような場合にはさらに相談先を探索する必要が出てくる。

8 請求書・意見書の作成提出等の代理人活動

　退院請求は、入院中の患者が口頭（電話）で請求の受理を求めるときは、それも認めるとされているが、原則として書面で行う。請求書の中に理由も含めてすべて書く方法もあるが、請求書の「請求の理由」として「別紙意見書のとおり」と記載して、別途意見書を作成する方法もある〔精福法書式２、３〕。本来は請求にあたって必要な事項が記載されていればそれで受け付けられるべきであるが、一部の審査会事務局は、所定の書式を用いないと請求として受け付けないという取扱いをしているところもあるため、書き直しを求められる場合もある。

　請求書等を記載するに際しては、根拠となる非自発的入院の要件該当性を中心に検討する。具体的には、①入院者に精神疾患（精神障害）があるか、②入院形態に応じた入院要件は満たされているか、という点が挙げられる。その際には患者の病状に関する事情および患者を取り巻く社会・生活環境に関する事情をできるだけ詳細かつ具体的に記載して精神医療審査会の委員を説得できるよう努める。できれば診療録等の開示を受け、客観的な状況について把握すれば説得的になる。

　上記ポイントのうち、①については、精神保健福祉法による非自発的入院が認められる大前提であり、もしもこの点にわずかでも疑問があるのならば、患者の精神疾患の内容や診断根拠について、入念な確認をする。具体的には前述したような「妄想」かどうかに慎重な判断を要するケースがあるが、このようなケースでは、妄想と認定した根拠に対する反対事実を提示するなどして妄想認定を争う。

　また、②については、各入院形態に応じ、当該入院形態の根拠となっている具体的要件を明らかにし、当該患者について本当に各入院形態の法的な要件を満たしているといえるかを検討しなければならない。

　そして、患者に精神疾患があるとしても、これについて治療を受ける意思がある場合には、通院や任意入院で足りるとして、退院や任意入院への形態変更が認められることもある。

　退院後の生活の見通しがついていれば、通院治療の前提状況が整っていることになるので、その見通しについて記載する。その見通しが客観的かつ合理的なものであればより有力な根拠となる一方で、患者が一方的に述べている見通しに疑念のあるものは、現実検討能力に欠けると評価されるおそれがあり注意を要する。その前提として必要な場合は環境調整も検討するが、必要となる環境調整の内容によっては長期間を要することもあるため、そのような場合は迅速な審査を受ける利益と比較考量する。その他患者の社会復帰に際して必要な事項のうち代

理人がしようとしていること（例えば、債務整理、公的給付の受給手続の援助等）を記載することも有用である。

　精神医療審査会は、請求を認容する場合でも即退院とするのではなく期限を付したうえ他の入院形態へ移行することが適当という意見をとる場合（例えば、「1ヶ月をめどに任意入院に移行するのが適当」というもの。本章11における③参照）もあるため、そのことも念頭に置く。患者の病状が退院可能な状況にあり、病院もそのことを認識しているのに、環境調整が遅々として進んでいないケースもあり、そのようなケースでは審査結果を病院に対して通知する際に「速やかな環境調整」を附帯意見とするよう要望したうえで、環境調整の期間を考慮して、「1ヶ月をめどに任意入院へ移行」という意見とするなどの活用が考えられる。附帯意見についてはとくに制限はなく、精神医療審査会によっては、患者、家族等または病院に対する附帯意見を異ならせることができる場合があるので、実情に即して、それぞれに対して別の意見を付すべきことを要望することも検討する。

　現地意見聴取の際に代理人は出頭して意見を述べることができるため、請求書等の提出の際には日程調整要望を記載しておくとよい（ただし、自治体によっては積極的に代理人との日程調整をしない場合がある）。

　請求書等は精神医療審査会事務局を担う精神保健福祉センターに提出し、提出後も患者の状況や関係者との接触を踏まえて適宜補充書を提出する。

　また、請求書等提出後に精神医療審査会は、患者、病院管理者、入院に同意した家族に対して書面による意見聴取をするため、これに対する意見書をできる限り閲覧するようにし（請求者が患者であって弁護士である代理人がいる場合は当該代理人は閲覧可能である*5）、それらの内容によってはさらに補充書の提出を検討する。

　なお、意見を述べるにあたっては、精神医療審査会の役割を理解しておくとより効果的であるから、第10章4(1)やコラム「精神医療審査会の委員として」を参照するとよい。

---

*5　精神医療審査会の資料は非開示が原則となっているところ、「精神医療審査会運営マニュアル」（平成12年3月28日厚生省障第209号「精神保健及び精神障害者福祉に関する法律第12条に規定する精神医療審査会について」別添）は、国連の「精神疾患を有する者の保護及びメンタルヘルスケアの改善のための諸原則」の第18原則で患者の記録等について患者および代理人に開示が認められている趣旨を尊重し、代理人弁護士が意見を述べるうえで必要とする資料の開示を認めている。精神医療審査会事務局が行政機関個人情報保護法による手続を履践することを要求することがあるが、そのような手続を履践することは迅速かつ円滑な請求手続を阻害しかねないため、上記趣旨を根拠とするなどして粘り強く交渉すべきである。

9 意見聴取への立会い

現地意見聴取が開催される場合には事前に日時が指定される。現地意見聴取には精神医療審査会から医療委員1名、非医療委員1名が派遣されることが多い。これら委員が患者、主治医（病院管理者）、家族等から事情および意見を聴取する。

代理人としては、できる限り患者に対する聴取の際に付き添うようにする。患者は疾病の影響や緊張等のために、うまく意見や事情を述べることができないこともある。また、精神医療審査会の委員が請求を認容するための積極的事情に関する質問をしないこともある。そのような場合に補充して患者に質問し、あるいは意見を述べる。

意見聴取への立会いの結果、あらためて主張すべき事項または補充すべき事項について検討し、必要があれば補充意見書を提出するとよい。また、それまでの活動によって明らかになった問題点について、公平中立な立場にある精神医療審査会が患者や病院に指摘すべきと考えられる事項については、審査会に審査結果に附帯意見をつけることを要望する。例えば、患者は自宅への退院にこだわり、病院側はグループホームへの退院を勧めている場合において、合理的に考えてグループホームへの退院が適当と考えられる場合には、審査会の患者に対する結果通知の附帯意見において「グループホームへの退院を積極的に検討してください」という附帯意見を付すよう要望する場合が考えられる。

10 精神医療審査会における意見陳述

代理人は審査会には出頭して意見を述べることができるので、その要否を検討する。患者も出頭して意見を述べることができるので、患者が希望する場合、患者に対する現地意見聴取で不足が生じている場合、現地意見聴取後に患者の状態や意見に変更が生じている場合等は患者の出頭についても検討する。

審査会の開催日は事前に決まっているので、出席の有無にかかわらず、あらかじめ（遅くとも意見聴取日までに）審査会事務局に日程を確認しておくとよい。意見陳述に出頭する場合には、審査会にその旨伝え、患者が出頭する場合にはあらかじめ病院と調整しておく。

審査会では、今までの活動および意見聴取で明らかになった事情を踏まえて患者の希望に沿った意見を述べる。患者が出頭する場合にはあらかじめ意見陳述の方針や分担等を協議しておくとよい。とくに請求が認められる余地が十分あると

考えられる場合は、審査委員の疑問にその場で答えるためにも出席することは有用である。また、現地意見聴取に参加していない委員にも患者の状態を見せたい場合には患者の出席は有用である。

11 審査の結果通知

通常、審査会の開催日から数日内で関係者に審査の結果通知が送付される。

退院請求に対する審査の結果としては、

① 引き続き現在の入院形態での入院が適当と認められること

② 他の入院形態への移行が適当と認められること

③ 合議体が定める期間内に、他の入院形態へ移行することが適当と認められること

④ 入院の継続は適当でないこと

⑤ 合議体が退院の請求を認めない場合であっても、当該請求の処遇に関し適当でない事項があるときは、その処遇内容が適当でないこと

の5つの内容が想定されている (厚労省「精神医療審査会運営マニュアル」より)。

処遇改善請求に対する審査の結果としては、患者が審査を請求する処遇についての適否が判断される。審査結果を受けた場合には、患者に会いに行ってその内容を説明するようにする。

上記①の「現形態入院継続適当」という判断がなされ、患者の退院請求が認められなかった場合であっても、これに対する不服申立てに関する手続等については法律上定められていない (ただし、この不服申立てを認めるべき方法として、行政不服審査法に基づく審査請求[6]、義務付訴訟等が提唱されており、このうち医療保護入院について行政事件訴訟法3条2項1号の義務付訴訟を行うことができるとした裁判例〔東京地判平20・9・17〕がある)。したがって、審査結果に不服がある場合には、上記義務付訴訟等をする方法のほかは、精神保健福祉法に規定がない以上、再度、精神保健福祉法に基づく退院請求を申し立てるしかない。しかし、審査会は一定期間内の同様の請求に対しては、書面審査のみで前の審査結果と同様の結論を出すことが通例であり、状況が変わらないままに退院請求することについては消極に考えざるをえない場合が多いであろう。

また、患者の希望が認められない場合でも、審査会の入院が適当という結果を

---

[6] 大谷實『精神保健福祉法講義〔第3版〕』(成文堂、2017年)。

患者が受け入れ、治療意欲の向上につながる場合もあるため、そのような視点を
もちつつフォローするとよい。

　患者の退院要望が認められる場合のうち一定の期限を付して入院形態を変更と
いう結果の場合は、審査会が付した期間内に病院が退院調整をすることになる。

　なお、退院請求手続の具体例として第12章を参照してほしい。

COLUMN

精神科病院出張相談

　精神科病院には通常、公衆電話が設置されており、精神保健福祉センターや法務局の電話
番号が掲示されていることが多い。弁護士会の電話番号が掲示されているところは少ない
が、弁護士会や法テラス（時には個別の法律事務所もある）の連絡先を調べて電話をかけてくる
患者は増えている。

　このような入院中の患者からの電話に対して、すぐに弁護士を派遣する制度が「（精神保
健）当番弁護士」と呼ばれるものである。刑事の当番弁護士制度にならったものであるが、
近年増え続けている。主に退院請求や処遇改善請求等の相談に限定したところが多い。

　他方、弁護士（会）の側から定期的または不定期に精神科病院内で法律相談を行うケース
も増えている。この場合は、精神保健福祉法上の相談に限らず、一般の民事事件や家事事件
を扱ったり、医療観察法上の相談も含まれることが多い。

　入院中の患者の相談内容としては、退院請求を含む精神保健福祉法等の医療に関する相
談も約4分の1はあるが、過半数は民事・家事事件であり、また、医療従事者が患者に法的
問題がある可能性を認識していながら、弁護士につなげられていないという統計もある。し
たがって、潜在的には法律相談のニーズは高いといえ、弁護士（会）としては積極的に病院に
赴くことが望まれる。このような病院内法律相談会を開くには、病院との連携が不可欠であ
り、院長を中心とする医師や精神保健福祉士との接点を見つけるのが効果的である。

　いかなる制度を作るにも、病院側の理解があったほうがよりよく機能するが、残念ながら
日本の精神科病院は未だ弁護士の役割に対する理解が不十分であるために消極的な場合も
ある。しかし、弁護士が積極的に関わることで、患者の権利擁護に対する医療者側の理解も
高まるであろう。例えば、医療観察法では付添人として弁護士が法的に位置づけられてお
り、弁護士の役割に理解のある医療関係者が増えているので、医療観察法病棟に限定して法
律相談を試行することも考えられる。日弁連の法律援助事業や法テラスの出張相談を活用
して、精神科病院内の患者の法的ニーズに応えていきたい。　　　　　　　（姜 文江）

第 **12** 章

シミュレーション
退院請求手続

1 精神病院からの電話

2017年10月2日、A弁護士の事務所に「かつて子どもの交通事故の件でお世話になった」というX氏から電話があった。

X 先生お久しぶりです。その節はお世話になりました。

A こちらこそご無沙汰しています。今日はどうしましたか？

X 実は今、精神病院から電話しています。前にお願いしたときに少しお話したと思いますが、私は若い頃に統合失調症に罹り、今でも薬を飲み続けているのですが、1ヶ月ほど前にまた症状が悪くなり、妻に病院に連れてこられて入院になったのです。症状はすぐに治まったので、主治医に退院したいと言っているのですが、なかなか退院させてくれません。先生のお力でなんとかしてもらえませんか？

A どちらの病院にいらっしゃるのですか？

X ○○市のα病院です。

A 申し訳ないですが、私はこの種の相談を受けたことがありませんので、今すぐに良い方法を思いつきません。調べてみますので、明日、もう一度電話をもらえませんか？[*1]

X わかりました。

A弁護士は、○○県の精神医療審査会の委員をした経験があり、精神医療の問題に詳しい先輩弁護士Bに聞いてみることにした。

[*1] 代理人となろうとする弁護士との通信を制限することはできないので、患者側からはもちろん弁護士側から電話をすることも可能であるが、直接患者に取り次いでくれない病院もあるので、患者からかけ直してもらうほうが確実である。

A　B先生、実は私の元依頼者が、統合失調症で精神科病院に入院されていて、退院したいと申し出ているのに主治医が退院させてくれないと言っているのですが、こんな場合、どのような対応をしたらよいのですか？　私、こんな相談を受けたのは初めてで、よくわからないんです。

B　その元依頼者は、おそらく強制入院になっていますね。精神保健福祉法に措置入院と医療保護入院という強制入院の規定があります。

A　そのような入院になっていた場合には、どうすれば退院できるのでしょうか？

B　病院側が精神症状が落ち着いて退院が可能と考えれば、その方は退院できます。しかし、その様子では、病院は未だ退院は無理と考えているのでしょうね。そんな場合には、県の精神医療審査会に退院の審査請求をして、審査会が退院相当という判断をすれば退院できますよ。

A　その審査請求をするのに書式等はありませんか？　どんなことを書けばいいのかよくわからなくて……。

B　書式は後でお送りしましょう。書式を参考にしてもらったらある程度わかると思いますが、まずはその方の入院形態を確認して、そのような強制入院をするための要件があるかどうかを検討することになります。例えば、医療保護入院の場合には、「精神障害により医療及び保護の必要性があること」、「任意入院によることができないこと」という要件がない場合には、それ以上の医療保護入院を継続できないことになります。

A　その要件を考える際のポイントは何でしょうか？

B　医療と保護の必要性については、まずはその方の精神疾患の内容と状態が問題になると思います。妄想や幻覚があって、そのせいで問題行動を起こしているようでは、退院とはなりにくいでしょうね。また、任意入院可能という判断においては自らの意思で入院すべきかどうかを決定する能力、つまり同意能力が必要ですが、妄想や幻覚に左右されて入院を拒絶しているような状態だとこの同意能力が欠けていると判断されてしまうことが多くなります。

A　なるほど。電話で話した感じでは、妄想や幻覚があるようには思いませんでしたが……。

B　現時点で妄想や幻覚がない場合でも、病状が不安定だったり、病識がなかったり、拒薬したりしていると退院させないこともあります。とにかく、本人と面会して、確認してみることが必要です[*2]。

A　病識がないとどのような問題があるのでしょうか？

B　精神疾患の特徴として、自分が病気であることの認識が欠けていたり、不十分だったりすることがあります。そのような場合には、患者さんには病気を治療しようとする動機はなく、したがって、自発的医療に切り替えると服薬をしなくなり、病状が再発するという経過を辿ることがよくあります。そのため、病識がないと退院は時期尚早と判断されることが多くなります。

　　ただ、患者さんが服薬を嫌うのは、薬の副作用が原因となっている場合もあります。また、病識がなくても、薬を飲まないと調子が悪くなるといった程度の認識でも足りるという意見もありますので、その点はよく考えたほうがよいと思います。

A　わかりました。さっそく面会に行こうと思いますが、いきなり病院に行ってスムーズに面会できるのでしょうか。病院とは反対の意見の患者が弁護士を呼んだということなので……。

B　患者の依頼によって代理人となろうとする弁護士との面会は制限されません。

　　ただ、病院に行く際には、主治医や精神科ソーシャルワーカー等の相談員とも面会して、病院の意見や患者さんをめぐる状況を聴いてみることをお勧めします。そういう人と面会するためにも面会日を調整するとよいと思います。

A　すみません、B先生、精神科ソーシャルワーカーとは、どんなことをされている方なのですか？

B　精神科の患者さんの生活上の問題や福祉に関する援助支援をしていて、患者さんの家族や社会復帰に関する情報に詳しい人です。この世界ではPSWという略称を使うことが多いですね。患者さんが退院するためには退院した後の環境を調整することが必要となるので、その調整をする役割を担っています。医療保護入院の要件判断においても在宅生活と通院の環境が整っているかがポイントになることが多いので、その点をよく調べたほうがよいと思いますよ。

A　はい、調整して面会に行ってみます。ところで、患者さんが審査請求を希望する場合には、費用面についてはどうしたらよいのでしょうか？　元依頼者は

---

*2　患者との会話においては、患者の話し方、話す内容、その他外見的兆候も患者の病状等を知るうえで参考になる。会話が脈絡なくあちこちに飛ぶような症状は連合弛緩といい、思考の流れが悪くなっている症状である。社会人であれば当然ある礼節が保たれていない場合には、対人関係上の能力が低下していることがある。そのほか、呂律が回らない、体を小刻みに動かす、じっとしていられない、顔面が引き攣るなどの状況がみられる場合には、抗精神病薬の副作用の可能性がある。また、頻繁に水分を補給する場合は、やはり副作用によって口渇が出ている可能性がある。

今は働いていないので財産があまりないと思われるのですが。

B　日弁連の法律援助事業を利用することができますよ。また、相談だけで終わった場合についても同事業で援助を受けられます。詳しくは、日弁連の会員専用サイトを見るか、委託を受けて窓口になっている法テラスに問い合わせてみてください。

A　わかりました。ありがとうございました。またお教えいただくと思いますので、よろしくお願いします。

　A弁護士は翌日、X氏の電話連絡を受け、その電話の際に主治医と面会できる日時を病院側と調整した結果、翌々日に面会に行くことにした。また、法テラスに問い合わせて、相談に行った際の手続、受任の際の必要書類等を確認した。

2　病院での面会

　面会当日の10月6日、A弁護士は病院の受付で弁護士であることを名乗り、X氏との面会の予約があると告げた。面会の順序について問われたので、X氏、主治医、PSWの順で面会したいと申し出た。

　A弁護士が面会室で待っていると、担当PSWが入ってきてX氏との面会に立ち会わせてほしいと言ってきた。しかし、A弁護士は、まずはX氏と2人だけで話したいと思っていたので、その旨を伝えた。すると、担当PSWはあっさり承諾して面会室を出て行き、入れ違いに病院職員に連れられたX氏が入ってきた。

⑴　X氏との面会

X　すみません、わざわざ来ていただいて。

A　このような病院に来るのは修習生のとき以来ですが、ここの病院は新しくてきれいですね。

X　数年前に立て替えて昔に比べれば随分きれいになりました。ですが、やっぱり早く家に帰って家族と暮らしたいです。

A　Xさんは、確か奥さんと2人のお子さんがいらっしゃいましたね。前回ご相談いただいたときと家族状況やお住まいは変わっていませんか？

X　はい、変わっていません。

A　お住まいは持ち家でしたっけ？

X　借家です。

A 現在のお仕事は何でしょうか？

X 現在は無職です。ですが、少し前までハローワークで職業訓練を受けていました。パソコンを習っていました。その後は休職中です。

A それでは無収入ということですか？

X 障害年金をもらっています。2ヶ月で13万円くらいです。

A ご家族の収入は？

X 妻は建設会社の事務をしていて手取りで15万円くらいでしょうか。あと娘が派遣で働いていて食費として月に3万円を入れてくれています。

A それではなんとか暮らしていけるくらいでしょうか？

X そうですね。ぎりぎりですが。

A 奥さんは面会にいらっしゃいますか？

X 1週間に1回くらい来ています。ときどきは娘も一緒に来てくれています。

A 息子さんは？

X 息子は結婚して家を出ています。

A 奥さんには退院したいことを相談していますか？

X 妻は主治医の判断に従うという考えです。

A 主治医が退院可能と言えば、家には帰れるということですね？

X それは問題ないと思います。

A ちなみに、Xさんの入院は医療保護入院ですか、措置入院ですか？

X 医療保護入院です。

A どういう経緯で入院になったのでしょうか？

X 職業訓練でワープロソフトの使い方等を習い、その後、就職を探していたのですが、なかなか仕事が見つからず、焦っていました。そんなときにあの大水害がありました。私はあそこの出身で、昔の友人等のことが心配になって、あれこれ考えていると眠れなくなり、だんだん頭がこんがらがってきて、わけがわからなくなり、保健所職員に病院に連れてこられました。頭がこんがらがってからはあまり覚えていません。

A あぁ、鬼怒川の氾濫……。あれは甚大な被害が出ましたからね。そうですか、それがきっかけで……。入院になったのは何日ですか？

X 9月17日です。

A 治療はどんなものでしたか？

X 最初の1週間ほどは保護室に居ました。少し落ち着いたということで、保護室を出て、外から鍵のかかる個室に入り、それから1週間ほどで夜間だけ鍵を

かけられ、今は鍵はかけられていません。もうすぐ大部屋に移ると言われています。

A　薬は飲んでいますか？

X　前の退院から薬を飲んできましたが、ときどき飲み忘れることはありました。通院が長くなってくると油断して飲み忘れが多くなりました。考え込むようになってからは薬は飲んでいないと思います。薬が途切れたことも病状悪化の原因の一つなんでしょうね。今後は油断しないようにしたいと思います。

A　何回か入院したということですが、最初に入院したのは何歳のときですか？

X　30歳のときです。すでに今の妻と結婚して子どもたちも生まれていたのですが、会社が倒産して仕事がなくなって、求職しているときでした。いつも同じですが、考え込んでいて、そのうち頭がごちゃごちゃとしてきてわけがわからなくなるのです。

A　そのときはどのくらいの期間入院したんですか？

X　1ヶ月半くらいだったと思います。

A　次はいつ入院したのですか？

X　36歳の頃です。職場の人間関係のことで悩んでいて、いろいろ考えていたら入院になりました。そのときは3ヶ月ほど入院しました。

A　その後の入院の時期と期間についても教えてください。

X　44歳の頃に4ヶ月くらい、49歳の頃に6ヶ月くらい。それから3年後が今の入院です。

A　主治医は今度の入院期間はどのくらいと言っていますか？

X　ここに渡された紙*3を持ってきています。推定される入院期間が3ヶ月と書いてあります。

A　3ヶ月ということはあと2ヶ月余りですね。それまで待ちきれないということですね？

X　はい。この年になると就職を探すのも簡単ではありませんので、早く退院して、少しでも早く仕事を見つけたいのです。

A　それでは、病院側にも事情を聴いて、退院の交渉をしてみましょう。それでだめなら精神医療審査会に退院請求をしてみましょう。そのために、この委任状に署名をお願いします〔精福法書式1〕。この書面は、私に精神医療審査会に対する審査請求の一切の権限を委任し、医療情報等Xさんの個人情報を私に開

---

*3　入院診療計画書のこと。

示することを了承するというものです。

X　わかりました。退院請求の結果が出るまでどれくらい時間がかかるのでしょうか？

A　1〜2ヶ月だと思います。2ヶ月かかるとなると推定される入院期間と同じくらいになりますが、放っておけば入院が長引くこともあるかもしれないので、請求する意味がないわけではないと思います。

X　ところで先生、私には先生にお支払いする費用がないのですが……。

A　このような請求の場合には、お金のない方に費用の手立てをする制度がありますから大丈夫ですよ。先ほどお話しになったXさんの資産状況であれば、審査は下りると思います。後になって財産があることがわかったり、手続終結時に何らかの大きな資産を得ている場合には、弁護士費用を返さないといけない場合もありますが、そうでなければ負担は生じません。これが申込書*4です。本日はさしあたり今日の相談分の申込みをしておきますが、後日、審査請求が必要になったら審査請求用の申込書*5も記載してください。

　A氏がX弁護士から申込書の記載事項を聴取して記載し、最後にX氏に自署欄への署名を求め、これに応じてX氏が署名した。

X　よろしくお願いします。

A　それでは病院に事情を聴き、退院交渉をしてみます。ただし、お話しになった状況では、病院はすぐに退院を認めてくれないように思います。そのときには奥さんにも話を聴いて、退院請求の話をしにまたここに来ます。来るときにまた連絡しますね。

X　はい。お願いします。

⑵　主治医との面会
　X氏との面会が終わると、主治医は診察室にいるということで、A弁護士は病院職員に案内されて診察室を訪れた。

---

*4　日弁連の精神障害者に対する法律援助事業書式5-1（本書巻末「インターネット情報」の中の日弁連の法律援助事業の書式参照）。なお、初めて相談に行く際に経験のある弁護士が同行した場合は、その弁護士についても報酬を請求できる（同書式9）。
*5　日弁連の精神障害者に対する法律援助事業書式4-2。

A　今日はＸさんの依頼で来ました。弁護士のＡです。お忙しいところ、お時間をいただいてありがとうございます。

　　さっそくですが、Ｘさんは退院したいと言っています。いかがでしょうか？

主治医　隔離を解除してまだ間もないので、もう少し様子をみる必要があると思います。

A　さっき会ったときの感じでは、Ｘさんに幻覚や妄想があるようには思えませんが、入院の際の状況はどうだったのでしょうか？

主治医　警察と保健所の職員に付き添われて病院に来ました。興奮していて支離滅裂でした。大水害がどうのと言っていましたが、会話としては成り立ちませんでした。当然のことながら入院の同意はできませんでしたし、入院を勧めてもそれに対する応答はありませんでしたので、医療保護入院としました。

　　それから４〜５日すると薬の効果が出てきて落ち着いてきました。その後の経過も順調で、今の状態になりました。

A　今の状態であれば退院できるように思うのですが、難しいのでしょうか？

主治医　もう少し休養が必要だと思います。それにＸさんの場合、調子がよくなったように見えていても、症状が悪化したこともあります。前回入院では、退院してすぐに病状が悪化して再入院になりました。

A　前回の入院は６ヶ月くらいだったと聞いていますが。

主治医　正確には２ヶ月強で退院したのですが、３日後に再入院になりました。通算すれば６ヶ月程度の入院です。

A　なぜ再入院することになったのでしょうか？

主治医　そもそも退院が早すぎたのだと思います。Ｘさんが早く退院したいと言って奥さんも了承したため、退院を許可しましたが、実際はもう少し休養が必要と考えていました。外の環境は刺激が多く、それが病状悪化の一要因だと思います。

A　先生の見立てでは、今回Ｘさんの入院期間はどのくらいとお考えですか？

主治医　順調に行けば３ヶ月もあれば退院できると思います。ただし、前回のことがあり、家族が若干不安を覚えているようです。

A　わかりました。別の質問ですが、Ｘさんは他の患者さんとはうまくいっていますか？

主治医　現在のところ、とくに問題はないと思いますよ。

A　Ｘさんは年齢的に就職が難しいので、早く退院して就職活動がしたいと言っています。

主治医　ただ、無理は禁物です。前回のことを考えれば、かえって入院が長くなることもあります。

A　Xさんの希望がありますので、審査会に退院請求してみることになりそうです。お手数おかけしますが、よろしくお願いします。

主治医　そうですか。わかりました。

　次に、A弁護士はPSWと面会して、妻や娘が週1回程度面会に来ていること、退院については家族が不安を覚えており、じっくり治療をしてほしいという希望をもっていることを確認した。病院は、X氏と家族との意見を聴きながら退院時期を決めるという考えであるとのことだった。

　A弁護士は、X氏の妻に電話をかけ、退院についての意向を確認した。妻は、X氏が退院して家に戻ってくるのはかまわないとは述べるものの、前回のことがあり、少し退院が早いのではないかという意見だった。A弁護士は、X氏が早く退院して仕事を見つけたいと言っていると伝えたが、妻は、どうせ簡単に仕事は見つからないし、そうであれば、仕事をし始めて病気が再発しないようにもう少しじっくりと治療をしてほしいという考えだった。退院のめどはどのくらいだと思うか聞いたところ、おそらく半年もかからないとは思うが、主治医に任せるという意見であった。

　A弁護士は、妻の意見を変えるのは難しいと考えたので、それ以上の説得はせずに、精神医療審査会について説明したうえで、X氏は審査会に退院請求したいと考えていると告げた。これに対して妻は、「そんなに早く退院して、夫のためになるかわかりません」と反対するような発言をした。

3　退院請求の準備

　10月9日、面会での話を踏まえ、A弁護士はB弁護士に電話相談をした。

A　B先生、やはりXさんは現時点でとくに幻覚や妄想はないようで、話していても特段の問題は感じませんでした。ただし、主治医は、現時点での退院は時期尚早と考えているようです。前回入院の際、退院直後に再発したことが理由のようです。しかしXさんの希望もありますので、退院請求をしようと思います。退院請求の書面については送っていただいた書式でイメージはつかめましたが、実際の手続がどのように進んでいくのか教えていただけませんか？

B　都道府県の精神保健福祉センターに退院請求書を提出すると、通常は、患者さん、病院、家族に書面による意見聴取を行います。簡単にいえば、書面のひな形を送って、それぞれの立場からの意見を書いて提出することを求めるという手続です。そのうえで、精神医療審査会の委員が病院に赴いて患者さん、主治医、家族等から事情と意見を聴きます。その結果を審査会に報告し、審査会の合議で結果を出します。ただし、審査会によっては、入院直後の請求や請求から6ヶ月を経過しない場合の再度の審査請求については、現地意見聴取に行かずに判断することもありますし、あまりにも直近の再度の審査請求の場合は、書面による意見聴取を行うこともせず、判断することがあります。精神疾患をおもちの方の中には、精神症状の影響で退院請求を頻発させてしまうこともあるからです。その患者さんにはそのような事情はありませんか？

A　9月17日に入院していて、入院からそれほど時間が経っていません。

B　入院から1ヶ月くらいということですか。油断していると精神医療審査会が現地に意見聴取に行かず、現形態入院相当の意見を出すかもしれません*6。入院から間もないため、精神症状が治まっていないという推定が働くのと、仮に精神症状がある程度治まっていても入院期間が未だ長期に至っていないため、早期退院の可否については主治医の判断を尊重しようとする傾向があるからです。A先生のケースのように入院から短期しか経過していない場合は、意見書で精神症状が治まっていることを客観的に示すことに加え、退院を急ぐ必要があることを述べる必要があると思います。もちろん、退院してすぐに住むところがあるか否かは重要です。このような点について指摘したうえで、まずは精神医療審査会委員に現地意見聴取に来てもらう必要があります。

A　ご本人には家族がおり、時期尚早という意見ももっていますが、受入れ自体は拒んでいません。ですから退院しても行き場がないということはありません。退院を急ぐ必要性について、ご本人は年齢的に考えて早く就職したいという希望が強いため、これを強調するしかありません。

　精神症状が治まっていることを客観的に示すにはどんな方法がありますか？

B　カルテを閲覧して、患者さんの病状や日常の様子からアピールできるポイントをピックアップするのはどうですか？

---

*6　精神医療審査会によっては、入院後3ヶ月以内の請求は、現地意見聴取をせずに現形態入院相当と審査する運用をしているところがある。また、当該請求受理以前6ヶ月以内に意見聴取を行っている場合においても、意見聴取をせずに審査することがある（精福法38条の5第3項但書。「精神医療審査会運営マニュアル」）。

A　なるほど。そのほかに注意すべきことはないでしょうか？

B　代理人は現地意見聴取に立ち会って意見を言ったり、患者さんのアピールできるポイントを指摘することができます。請求書に立会い希望と記載しておけば、現地意見聴取の日程調整をしてくれるかもしれませんが、日程調整するかどうかは審査会によるので、事前に確認したほうがよいでしょう。また、審査会に出頭して意見を述べることもできますが、この日は審査会委員の予定を調整して事前に確定しているので、代理人を含めた日程調整はおそらく無理だと思います。A先生の予定が合えばよいですが、そうでない場合には現地意見聴取の結果を踏まえて補充して意見書を出したらよいと思います。

A　わかりました。ありがとうございました。

　A弁護士は病院に電話し、10月14日にX氏に面会に行くこと、面会の前に医療記録を閲覧したいことを申し出た。

4　医療記録の閲覧と再度の面会

　10月14日、A弁護士は病院に行き、X氏の医療記録を閲覧した。その際、委任状の提出を求められたため、X氏との面会の際に取得した委任状を病院に提示した。

　医療記録によると、病状の推移はX氏との面会の際の陳述内容と同様だったが、入院直後は「水害の被害を受けた人を助けるために自分が行かなければならない」と話していたようだった。

　10月1日からはレクリエーションに参加し、ビデオ鑑賞やゲームをしている。ただし、これは自発的に参加したわけではなく、職員に促されてのようである。10月9日には近所の公園に職員同伴で外出をしていた。職員や他の患者との間で問題があるような記載はない。

　前回入院については、退院3日後に妄想めいた発言をしたとして妻に病院に連れられ、医療保護入院になったという記載がある。

　なお、10月7日（面会日翌日）にX氏は4人部屋に移動していた。

A　こんにちは、Xさん。調子はどうですか？

X　先生に来てもらった翌日に大部屋に移りました。その後もとくに問題はありません。早く出たいです。

A　主治医と交渉してみましたが、やはり無理は禁物で、もう少し様子を見たほうがよいというお考えのようです。ですから精神医療審査会に退院請求をしようと思います。

X　よろしくお願いします。

A　退院請求をするのに1つお伺いしますが、主治医は、Xさんは前回入院で退院後の3日後に再入院になったことがあると言っていました。このときはどういう状況だったのでしょうか?

X　あぁ……、前回入院のときも仕事を辞めざるをえませんでした。その仕事は自分に合っていると思っていたので、早く退院して会社に話をしに行こうと思い、主治医の先生にお願いして少し早めに退院させてもらいました。でも、退院した翌日すぐに会社に行きましたが、再就職はできませんでした。それで悩んで眠れなくなり調子を崩しました。

A　今回はどうするつもりですか?　早く就職がしたいということでしたが。

X　前回とは違ってすぐに行くべき職場はありませんので、大丈夫だと思います。

A　でも、やはり焦り過ぎは逆効果になるのではないでしょうか?

X　そうかもしれません……。ですが早く就職したいですし……。

A　奥さんも病気がぶり返すことを心配しておられます。

X　そうでしょうね……。無理をしないように心がけます。

A　もし退院できたとしても、最初は自宅で休養して徐々に馴らしていったほうがよいかもしれませんね。

X　そうですね……はい。

A　では、Xさんの退院請求について予想される展開を説明しますね。

　精神医療審査会が退院請求を受理したら通常1ヶ月程度で精神医療審査会の委員がXさんに事情と意見を聴きに来て、家族や病院の意見も聴き、そのうえで審査が行われます。ただし、入院から間もない場合には、Xさんの意見等を聴きに来ることなく請求を認めない審査をすることもあるようです。まずは、現地に来て意見を聞いてもらえるように、私のほうからお願いをします。

　もし、審査会が現地に来るようでしたら、日程調整がうまくいく限り、私も立ち会おうと思います。また、これも日程次第ですが、審査のときにもできれば出席して意見を述べたいと思います。

X　審査会が現地に来るかどうかはいつわかるのですか?

A　退院請求を出してから私が審査会に様子を聞いてみます。それがわかればお

伝えしますし、審査会から直接お知らせがあるかもしれません。

X　わかりました。よろしくお願いします。

　A弁護士はX氏に対して、精神障害者に対する法律援助事業の援助申込書*7、重要事項説明書*8および個別契約書*9の説明をして、署名・押印をしてもらった。

5　退院請求手続

　10月20日、A弁護士は、請求書および意見書〔精福法書式2、3〕*10を作成して、○○県精神保健福祉センターに発送した。

　10月23日、A弁護士は精神保健福祉センターに電話し、現地意見聴取の実施に関する運用を聞いた。すると、入院から3ヶ月以内の場合は書面だけで審査することがあるということだったので、あらためて現地意見聴取を実施してほしい旨要望した。そして、現地意見聴取を実施する場合にはどのくらいの時期になるかを聞いてみたところ、1ヶ月程度のうちに実施しているとのことだった。現地意見聴取にはぜひ立ち会いたいと要望したところ、委員の日程調整の問題があるため確約はできないが、できるだけ調整してみるとのことであった。また、精神医療審査会の開催日を聞くと、まだ審査を担当する部会*11が決まっていないが11月27日か12月4日の午後3時になりそうだと言うので、A弁護士は両日の日程を確保しておいた。

　11月5日、精神保健福祉センターからA弁護士に電話があり、現地意見聴取を実施することになったとの報告を受けた。そして、日程は11月24日から27日の間で調整したいので、その間のAの予定を聞かせてほしいとのことだった。また、精神医療審査会の開催日は12月4日午後3時に決まったということで、A弁護士は精神医療審査会にも出席して意見を述べることを伝えた。

---

*7　日弁連の精神障害者に対する法律援助事業書式4-2。
*8　日弁連の精神障害者に対する法律援助事業書式3。
*9　日弁連の精神障害者に対する法律援助事業書式2-1。
*10　患者にこれら書面を見せて確認するかどうかは、患者の精神疾患の状況を踏まえて検討する。病識がまったくなく病状も重い患者の場合は、客観的に記載した書面を見せることは当該患者との信頼関係を損ねることにもなりかねないが、他方で病識がある患者の場合には、そのような問題は生じにくいので確認を求めたほうがよい。なお、本事例では請求書と意見書を分けたが、意見書〔精福法書式3〕の内容を請求書〔精福法書式2〕に書いて1通で出すことも可能である。
*11　精神医療審査会には退院請求等を審査する部会があり、部会の数は当該審査会の審査件数等の事情によって異なる。例えば、人口150万人余の福岡市は部会が3つある。

A弁護士は、さっそくX氏に電話をして、現地意見聴取が実施されることと予想される時期を報告した。

　11月12日、精神保健福祉センターから現地意見聴取の日程が11月24日午後3時と決まったとの電話があった。

　11月24日、A弁護士は現地意見聴取に先立ちX氏と打ち合わせをするために早めに病院に出向き、審査委員からの質問への回答要領[*12]についてアドバイスをし、その後の病院や家族とのやりとりについて確認した。それによると、病院から未だに具体的な退院の話はなく、妻は病院の判断に従うとの考えのままということであった。

(1)　精神医療審査会委員による現地意見聴取

審査委員C（以下、C）　こんにちは。まずお伺いしますが、審査についてのご希望は何ですか。

X　早く退院したいです。

C　請求の内容は退院ということですね？

X　はい。早くここを出て働きたいと思っています。

C　それではご事情を伺います。最近は眠れていますか？

X　はい。

C　入院になった頃はどうでしたか？

X　いろいろなことを考えて眠れなくなっていました。

C　現在、睡眠薬は飲んでいますか？

X　はい。

C　食欲はどうですか？

X　普通です。

C　現在は個室ですか、大部屋ですか？

X　大部屋です。4人部屋です。

C　ご自分の病気の名前は何ですか？

X　統合失調症と言われています。

C　どんな症状なんですか？

X　私の場合には、いつも頭がごちゃごちゃしてきて眠れなくなって病気になります。

[*12] 基本的に訴訟における尋問と同様に考えてよい。

C　他の人には見えないものが見えたり、聞こえないものが聞こえてくることは
　　ありますか？

X　声が聞こえることはありました。

C　今はそれはありませんか？

X　ほとんどありません。

C　ほとんどないということは、少しはあるのですか？

X　声のイメージのようなものはたまにあります。

C　それは幻覚なのでしょうか？

X　わかりません。

C　現在のお薬はどうですか？

X　問題ないと思います。

C　今回はどんな経緯で入院になったのですか？

X　あの大水害が起こって、あの地域は私の出身地ですので、テレビを見ている
　　うちに気になってきて、いろいろ考えていると眠れなくなって頭の中が変に
　　なってしまいました。薬を飲むのを少しさぼり気味だったのも関係しているか
　　もしれません。

C　ご家族は面会に来ていますか？

X　はい。妻が来てくれていますし、ときどき娘も来てくれます。

C　ご家族とは退院のことについてお話し合いをされていますか？

X　妻は主治医の方針に従うとのことです。

C　奥さんはご自宅に帰ることについて、どのようなご意見をおもちなのでしょ
　　うか？

X　とくに聞いていませんが、主治医の先生が退院と言えば反対はしないと思い
　　ます。今までもそうでした。ただし、前回、退院してから３日後に再入院になっ
　　たことで、今回はそのことを心配していると思います。

C　前回入院のときは、なぜ３日ももたずに病状が悪くなったと思いますか？

X　焦り過ぎたのかもしれません。前の職場に再就職したくて、一刻も早く行っ
　　て再就職をしたいと思い、無理をして退院してしまったのが悪かったのかもし
　　れません。

C　今回はそのような無理や焦りはないのですか？　先ほどは早く就職したいと
　　おっしゃっていましたが。

X　代理人のＡ先生にもそのことを言われました。でも今回は大丈夫だと思いま
　　す。

C　なぜ大丈夫だと思うのですか？

X　……自分の病状のことはわかっているつもりです。

C　現在、収入はありますか？

X　障害年金が２ヶ月で13万円ほどあります。

C　家族でほかに収入のある方はいらっしゃいますか？

X　妻が月15万円ほどの収入があります。娘も食費として３万円を入れてくれています。

C　ご自宅での生活にとくに不自由などありませんでしたか？

X　いえ、暮らしは楽ではありませんが、どうにかやってきました。少しでも余裕のある生活がしたいので、早くここを出て働きたいのです。職業訓練を受けたりしてなんとか就職しようとしていましたが、なかなか就職できませんでした。この年になるとなかなか就職口もなくて。

C　どんな仕事に就きたいのですか？

X　職業訓練でパソコンを習ったので、それを活かした仕事ができたらと思っています。

C　それでは事務系ですか？　今まで事務のお仕事はされたことはあるのですか？

X　今までは接客関係が多いです。事務はしたことがありません。

C　精神障害者枠の仕事を探していますか？

X　できたら一般で就職したいのですが、精神障害者枠でも仕方ないと思っています。

C　退院したら通院はどうしますか？

X　前から通っているこの病院に通院しようと思っています。

C　先ほど薬を飲むのをさぼっていたというようなことをおっしゃっていましたが、どうしてさぼっていたのですか？

X　病気が出ないのが長くなってくると、つい油断してしまいました。

C　病気が出た頃はどのくらいさぼっていたのですか？

X　飲んだり飲まなかったりでした。

C　今は大部屋ということですが、他の患者さんとトラブルはないですか？

X　ありません。

C　社会生活で、他人との関係がうまくいかずに病気が出たことはありませんか？

X　それはあると思います。

C　どんな方とうまくいかなかったのですか？

X　職場の人との人間関係がうまくいかずに、病気が出たことはあります。

C　最近、主治医とは退院に向けた話をしていますか？

X　今のところその話は出ていません。

C　OT（作業療法）には参加していますか？

X　はい。

C　何をしていますか？

X　カラオケや農作業をしています。

C　外出はありますか？

X　1週間に1回あります。

C　同伴者はいますか？

X　最初の頃は病院職員でしたが、今は妻が付き添ってくれています。

C　外泊はありますか？

X　今のところしていません。

C　私からは以上です。

審査員D（以下、D）　今回入院になった経緯について、水害が起こったことが原因でいろいろ考えて頭がごちゃごちゃしたということをおっしゃっていましたが、具体的にはどんなことを考えたのでしょうか？

X　声が聞こえてきたのです。罵るように「なぜ行かないんだ！バカ！」とか、私をバカにするような声が。

D　先ほど、今でも声のイメージがあるということをおっしゃっていましたが、その声とは、今の話のような声でしょうか。

X　……わかりません。……そうかもしれません。

D　終わります。

　立ち会った精神保健福祉センターの職員がA弁護士に意見等がないか質問した。

A　それではXさんに補足して質問します。Xさんは今でも声が聞こえるようなことをおっしゃっていますが、ここに入院したときはどうでしたか？

X　入院した頃はもっとひどかったです。

A　入院していない頃にも声が聞こえることはあったのですか？

X　調子があまり良くないときにはそんなこともありました。

A　仕事をしているときにもそのような声が聞こえることがあったのですか？

X　それはあります。

A　それが原因で入院になったことはありますか？

X　あります。

A　それでは、逆に声が聞こえてきたのに入院にならなかったことはありますか？

X　それもあります。

A　入院にならないための対処法はありますか？

X　事前に調子が悪いと言って病院に行ったことはあります。

A　それと、前回入院時に再発した話が出ましたのでもう一度聞きます。今回も前回と同じように、退院した後に病状が悪化したりはしないのでしょうか？

X　おそらく大丈夫だと思います。

A　この前、私と話したときにはそんな言い方はしてなかったと思いますが。

X　焦り過ぎや無理は禁物なので、もし退院しても、しばらくは休養を続け、徐々に馴らそうという話をしました。

A　今の気持ちはそのような話とは違うのでしょうか？

X　いえ。早く就職したい気持ちは強いですが、前回みたいに焦って調子が悪くなると元も子もないので、もう少しゆっくりしたいと思っています。

A　以上です。

D　補足して伺います。仮に任意入院になったら、どうしますか？　すぐに帰りたいですか？

X　早く退院したいのはやまやまですが、少し様子を見ようとは思っています。あまり早く退院すると妻も心配するみたいですし。

D　わかりました。以上です。

　X氏に対する現地意見聴取は終了した。

　現地意見聴取において、X氏がまだ幻聴があるかのような発言をしたため、A弁護士はこれをフォローするための補足の意見書〔精福法書式4〕を起案して提出した。

⑵　精神医療審査会

　12月4日、精神医療審査会の開催日がやって来た。

審査会事務局　今日は、代理人であるＡ先生に来ていただいていますので、Ｘさんの件についてご意見等を伺いたいと思います。

Ａ　Ｘさんの状況を見ていただいているのでおわかりだと思いますが、Ｘさんの病状は落ち着いています。本日も面会して、この点は変わりありませんでした。補足意見書にも書きましたが、Ｘさんには若干の幻聴があるかもしれませんが、それに影響されて問題行動を起こすようなものではなく、その点をもって医療保護入院を継続する理由とはならないと思います。

　医療保護入院を継続するのであれば、当然のことながら法律上の要件を満たしていなければなりませんが、Ｘさんの場合、先ほど述べた病状からして同意能力があり、かつ入院すること自体に同意するような発言もしている以上、任意入院が行われる状態にないとは言えません。

　よって、法律上、医療保護入院の継続は許されないと思います。

Ｃ　しかし、過去の経緯から今退院すると病状が悪化するおそれがあり、心配だと思います。Ｘさん自身は早く就職したいとおっしゃっていますが、そうなってしまうと、かえって希望の実現が遅れることになってしまう。もう少し様子をみたほうがよくないですか？

Ａ　Ｘさんは、そのようなことも理解されています。現地意見聴取のときに、任意入院になっても、もう少し様子をみるとおっしゃっていました。

Ｃ　ですが、Ｘさんのご希望の様子からは、任意入院になった途端に退院すると言い出さないでしょうか？

Ａ　もし任意入院に変更ということであれば、私も関与して主治医の意見も聞きながら、Ｘさんにあまり焦らないように注意したいと思います。

Ｃ　そうですか。わかりました。

6　審査結果

　12月8日、精神保健福祉センターからＡ弁護士の事務所に封書が届いた。Ｘ氏は「任意入院に形態変更するのが相当」という審査結果だった。

　Ａ弁護士はさっそくＸ氏に電話をした。

A　審査会の結果が届きました。任意入院に変更ということです。

X　ありがとうございます。

A　また病院に行って話しますが、現地意見聴取のときにおっしゃっていたみたいに、少し様子をみながら退院しましょうね。

X　はい。妻とも相談しながら退院したいと思います。本当にお世話になりました。

　12月11日、A弁護士はα病院に行き、主治医にX氏の様子を聞いた。すると、とくに問題なく任意入院を継続しているということであった。また、退院の適切な時期を聞いてみると、年内には退院してよいという意見であった。

　A弁護士はX氏と面会した。

A　前に面会した場所とは違いますね。病棟を移ったのですか？

X　あれからすぐに任意入院に切り替わりました。それで鍵のない病棟に移りました。

A　やっぱりこちらの病棟のほうがよいですか？

X　それはそうです。やはり鍵がかかる閉鎖病棟は嫌です。なんだかんだ言って閉じ込められているのですから。

A　そうですよね。主治医の先生からは、退院についてどのように聞いていますか？

X　年内には退院できると聞いています。

A　電話でも言いましたが、焦って早く退院して、前回みたいに病状が悪化すると元も子もないですから、ゆっくり焦らずにいきましょう。このままいけば、正月を自宅で過ごせそうですね。奥さんは何とおっしゃっていますか？

X　主治医の先生に年内に退院と言っていただいたので、妻はとくに反対していません。

A　今回の再発は薬を飲まなかったことも原因の一つと思いますから、油断せずに服薬したほうがいいですね。

X　はい。

A　それと、いろいろ考えて眠れなくなったら注意信号ですね。すぐに病院に行ったほうがよいでしょうね。

X　はい。いろいろありがとうございます。本当にお世話になりました。

事務所に戻ったＡ弁護士は、今回のケースで世話になったＢ弁護士に結果報告の電話をした。

Ｂ　なるほど。幻聴めいた発言に対してフォローをして、審査会にも出頭されたということですね。当初、審査員はどういう意見をもっていたのでしょうか？

Ａ　過去の経緯からして、今すぐ退院とするのは心配という意見でした。Ｘさんが就職したいと言って任意入院に切り替わったら、途端に退院すると言い出さないかと心配しているようでした。

Ｂ　任意入院に形態変更するときには、患者さんがどのような反応をするかを考慮しますからね。

Ａ　それで、私が今後も関わって注意しますと言いました。どれくらい関わり続けなければならないのかわからないので、少し勇気が必要でしたが。

Ｂ　しかし、その発言は審査員の心を動かしたと思いますよ。弁護士である代理人がそのように言ってくれるのであれば、審査員としても安心ですから。いずれにせよ、Ａ先生が熱心に活動されたからこそその結果だと思います。ご苦労様でした。

Ａ　ありがとうございます。先生にいろいろ教わって、本当にためになりました。先生のご助言がなかったら、何をやってよいのかもわかりませんでしたから。ありがとうございました。

Ｂ　いえいえ、お役に立ててよかったです。それじゃあ、今度、お祝いに一杯やりましょうか。

Ａ　そうですね、ぜひ。そのときには、精神医療の問題で弁護士に何ができるか、先生のご経験を含めて、いろいろ教えてください。楽しみにしています！

当事者の特性と
支援者・支援制度

第 **13** 章

未成年者の場合

クライアントが精神障害のある未成年者である場合でも基本的には成人と同様の弁護活動になるが、未成年の場合は、発達途上であること、少年事件においては統合失調症よりも発達障害[*1]のある少年が取り上げられる場合が多いことなどから、児童のライフサイクルと発達障害を意識した少年事件の取扱いについて、ここでは記載する。

1 乳幼児・児童と精神障害

12歳前後頃までの子どもと弁護士の接点は、子ども自身が事件の主体になる場面よりは、離婚や子の面接交渉などで親の代理人として、あるいは子どもの手続代理人として、家事事件において関わる場面が多いであろう。

この年齢期の子の特徴としては、心身ともに発育・発達の途上にあるということ、言語だけでなく行動観察など多角的な視点でコミュニケーションをとる必要があること、養育者からの影響を受けやすいため子ども個人だけでなく家庭環境にも配慮すべきこと、などが挙げられる。そのため、親の離婚や離婚に至る前の同居時の不仲な状態、離婚後の片親との生活（親自身も経済的・身体的に苦しいため、精神的に余裕がなくなることも多いであろう）、再婚（親にとっては幸せであっても、子どもにとっては親を奪われるという感覚は否定できない）など、子どもの置かれている状況に配慮しつつ、単純に一つの事象のみを取り上げて病的であると判断するのではなく、多面的・総合的に子どもの生活実態を把握したうえで、教育関係者や児童心理の専門家など医療機関以外の専門家にも意見を伺うべきである。

具体的には、子どもとの面談のほか、家族からの聴取も重要であるが、家族自

---

*1　本書では発達障害者支援法における発達障害の定義を念頭に置いてこの用語を使用しているが、ICD-11では広汎性発達障害については呼称が自閉スペクトラム症に改められている。

身が客観的に子どもを観察できていない場合もあったり、また、家庭内の様子と家庭外の様子で異なることもあるので、幼稚園・保育園・小学校などの子どもが通っている施設に関わる関係者からの聴取も有効である。資料としては、乳幼児期には健康診査（1歳6ヶ月児と3歳児の法定健診のほか、3〜4ヶ月児、9〜10ヶ月児、5歳児の健診や2歳児歯科検診などがある）の記録、幼稚園・保育所などに入所していればその施設内の記録や連絡帳などがあろう。学齢期になれば、小学校で行われる健康診断、作文や絵、通信簿（成績表）、連絡帳などが参考になろう。

　医療機関以外の相談可能な専門機関としては、市町村の児童福祉、母子保健等の担当部局、福祉事務所、児童相談所、保健所、児童家庭支援センター、療育センター（児童福祉法上の機能は施設によって異なる）等がある。

2　思春期と精神障害

　一般に、統合失調症、うつ病、パニック障害、社会恐怖（社会不安障害）、強迫性障害、摂食障害の発症は思春期からが好発年齢であるとされており、注意を要する。もっとも、この時期は、対人関係が広がり、不登校、家庭内暴力、校内暴力、ひきこもり、自殺企図、摂食障害、非行等が精神障害と関係なく起こる時期でもあり、通常の発達過程の出来事なのか、病気の症状の現れなのかは、専門的な判断を要する。また、子ども自身も何が問題なのかわからなかったり、トラブルの存在、トラブルの原因、病的症状などを隠すこともある。したがって、子ども本人だけでなく、身近な人からも、問題となっている出来事だけでなく、さまざまな家庭内・家庭外のエピソードを聴き取りながら、違和感があれば医療機関や心理の専門家に相談するのがよいであろう。

　子どもに関する精神障害としては、司法の場面や教育現場等、社会ではむしろ発達障害のほうが耳にする機会が多いかもしれない。発達障害と一言でいっても、多種多様な分類、障害があるため、当該障害の特性や対応については、それに応じた専門書を調べたり、主治医等専門家の意見を聴くのがよいが、弁護士としてはその前段階である「気づき」や「違和感」など、アンテナを広く張っておくことも大切である。人とのコミュニケーションに障害があったり、想像力が極端になかったり、読み書きや言語に特異な偏りが見られたり、感覚過敏であるなど、親や関係者が戸惑ったエピソードなどを聞くと症状に関わる事実が出てくることもある。もっとも、幼児期〜思春期〜青年期にかけて、子どもも発達・成長し、周囲の働きかけや配慮によって環境が本人に適合していれば障害は薄まり診断が

つかなくなることもありえ、逆に理解されずに不適応を起こすと自閉傾向が強まり、こだわりが増し、周囲との軋轢も増えて悪循環を来すなど、加齢と環境の適合性によって臨床像は変化し、診断名も変わりうる[*2]。したがって、弁護士としては、受任した事件の内容にもよるが、少年事件における処遇に関わるような場合は、自ら対象児童の発達障害について掘り下げて調べ、今後の対策を考えることになる。一般の家事事件等で発達障害が疑われる子どもに会った場合には、家族関係等周囲の人間関係全体をみて、当該児童が生きづらさを感じているのか、関係者が困っているのか等によって、必要に応じて専門機関への相談や受診を勧めるのがよいであろう。

　この時期の資料としては、学校の成績表や健康診断結果、本人の書いた作文等が考えられる。相談先としては、前記1で述べた機関のほか、通学先の担任教員、部活動の顧問教員、保健養護教員、スクールカウンセラーなどが考えられる。

3　少年事件

　ここでは、一般の少年事件を念頭に置いて解説するが、一般論に関する詳細は、少年法に関する文献や少年事件に関する実務書を参照されたい[*3]。検察官送致の対象となる重大事件については、本項のほか、次項も参照されたい。なお、2022年4月1日施行の改正少年法により、18歳および19歳の少年は「特定少年」とされ、原則逆送の対象となる罪種が拡大したほか、保護処分や刑事手続についても特例が設けられた。本稿では、必要な範囲で改正点に言及するにとどめる。

　また、障害のある少年事件という視点で結果が重大な過去の事件を振り返ると、典型的な統合失調症よりも自閉スペクトラム症のある場合の事件のほうが散見される。自閉スペクトラム症については、認知の偏りがあり、コミュニケーションの障害があるために動機がわかりにくかったり、独特のこだわりがあったり、反省を表明しにくいなどの特徴があり、実務上、少年との信頼関係構築や、少年審判、公判における主張・立証に苦労することも少なくない。このため、以下では自閉スペクトラム症を含む発達障害を念頭に置いて解説する。

[*2]　浜井浩一・村井敏邦編著『発達障害と司法─非行少年の処遇を中心に』(現代人文社、2010年) 49頁。
[*3]　「少年事件ビギナーズ ver.2.1」(現代人文社、2023年)、福岡県弁護士会子どもの権利委員会編『少年事件マニュアル─少年に寄り添うために』(日本評論社、2022年) など。

⑴　捜査段階

　弁護士が関わる少年事件の典型例は、まず、捜査段階で被疑者として逮捕・勾留された場合である。基本的には通常の刑事事件の捜査段階と同じである。

　もっとも、少年については、「少年の心理、生理その他の特性に関する深い理解をもって当たること」（少年警察活動規則3条2号）とされ、さらに、「少年警察活動推進上の留意事項について（依命通達）」（令和5年7月28日警察庁乙生発第6号）においては、少年被疑者の取調べを行うときには「やむを得ない場合を除き、少年と同道した保護者その他適切な者を立ち会わせること」とされているので*4、これを根拠に取調べへの立会いを求めることができる。

　少年は、成人と比較しても捜査官による誘導に従って供述調書が作成されることが少なくない。少年審判手続においては伝聞法則の適用がないため、少年の真意と異なる供述調書が作成されないように注意が必要である。発達障害を有する少年については、とくにこの傾向が強い場合がある。動機が今ひとつ理解困難な事例などで、捜査官の独断的な思い込みに基づいて誘導がなされ、表向きは理路整然とそれらしい「動機」が語られた供述調書が作成されることも珍しくない。重大事件では、そうした調書の一部が捜査官からマスコミにリークされ、あたかも少年本人が語ったことのように大々的に報道されることすらある。弁護人としては、かかるリスクを十分に考慮したうえ、事実関係に争いのない事案であっても黙秘を選択することを考慮するなど、取調べ対応にはとくに注意を要する。

　また、少年の場合は家裁送致後に鑑定請求をすることを見越して、捜査段階で早期に鑑定に向けた準備活動をすることが望ましい。捜査段階の鑑定は検察官主導で弁護人が関わりにくく、少年の場合は捜査段階で鑑定がなされてしまうと、家裁送致後に別途鑑定請求をしても認められにくいからである。とくに後述する逆送対象事件の場合は、裁判員裁判も視野に入れたうえで、早期に障害について専門家から助言を得て準備をすることが望ましい。

　具体的には、自閉スペクトラム症などの発達障害が疑われた時点で、細かく少年とのやりとりを接見メモとして記録化する。それをもとに臨床心理士や元調査官など少年特有の障害に理解ある専門家に見てもらって助言を得て、今後の弁護活動の方針を立てる。とくに、一般的な感覚からすると不合理な考え方を有していたり、認知の仕方が独特であるなど、弁護人が違和感を抱いた会話、エピソードなどを具体的に記録化することが望ましい。鑑定請求が必要と思われる場合に

---

*4　警視庁／県警によっては少年警察活動要綱や少年警察活動規程等の中で明記している場合もある。

は、その接見メモ自体を報告書化したり、専門家の助言や意見に基づいて新たな視点で質問してその回答を得て障害の重症度を調べるなど、鑑定請求する際の資料となることを意識して準備する。

なお、典型的な精神疾患で治療が必要であることが明らかな場合は、勾留または勾留に代わる観護措置を取り消させ、勾留または勾留に代わる観護措置ではなく治療につなげるべきことは成人と同様である。

⑵　少年法と責任能力

そもそも、少年法における犯罪少年において責任能力が必要かという問題については、必要説・不要説ともそれぞれ学説・裁判例があるが、裁判例を見ると、必要説に立っても医療的措置がとられていることを踏まえて審判不開始とされることが多く、結局、当該少年にどのような保護処分がふさわしいか、という実質的な検討がなされているといえる*5。

したがって、付添人としても、少年の精神障害について、どこでどのような手当てがなされるのがよいのかについて検討し、適切な処遇（少年法上の不処遇の場合の入院対応を含む）を主張すべきであろう。

⑶　鑑定請求

少年法においても、鑑定を行うことができる（少年法14条）。

鑑定は責任能力の有無に限らないので、障害の内容・程度、それが事件に与えた影響、事件発生の機序、障害のある当該少年に対する望ましい処遇など、広い意味で精神鑑定を行ってもらうとよい。そのためには、早期に捜査段階から鑑定請求に向けた準備を行い、付添人も鑑定事項の作成に関与できるよう裁判所とも交渉し、少年の処遇を決するにあたって有意義な鑑定を行わせることをめざすべきである。

なお、鑑定を行っている間も、付添人としては環境調整などできる準備をしておくことはいうまでもない。

⑷　処遇の選択肢

責任能力がないといえる程度に精神疾患が重篤で、すでに適切な医療機関に入

---

*5　家庭の法と裁判21号（2019年）の特集「少年事件と責任能力、医療観察法」において、各論文における脚注も含め、近年の多数の裁判例が指摘されている。

院しているような場合には、審判不開始を求めてそのまま入院を継続させることも考えられるが、弁護人や付添人が選任されてから入院先を探そうとする場合には、児童思春期を対象とした精神科病棟は限られていること、また、そもそも非行の原因と疾患との関連性を踏まえて医療機関への入院が根本的な治療や解決になるのかという視点も必要であることから、緊急的な場合でなければ安易に医療機関へ入院させることについては慎重に検討すべきである[*6]。

　審判が開始された少年については、児童福祉法の規定による措置を相当と認めた場合、検察官へ送致する場合、不処遇にする場合(少年法23条1項・2項)のほか、保護観察所の保護観察に付すること(少年法24条1項1号)、児童自立支援施設または児童養護施設に送致すること(同項2号)、少年院に送致すること(同項3号)の保護処分のうち、いずれかをすることとされている。

　少年院には、第1種から第5種までの5種類がある(少年院法4条1項)。

　このうち、第3種が2014年改正前の医療少年院に相当するものである[*7]。東日本少年矯正医療・教育センター(東京都昭島市)と京都医療少年院(京都府宇治市)がこれに該当し、法律上病院の性質を有する施設となっており、児童精神科の医師もいる。これに対し、宮川医療少年院(三重県伊勢市)は、名前は「医療少年院」となっているものの上記の第三種の少年院ではなく、しかし発達障害児を受け入れているなどの特性がある。中津少年学院などその他の少年院でも発達障害児を受け入れているところもある。

⑸　方針選択と付添人活動

　付添人としては、責任能力は法律上の問題として配慮しつつも、少年の精神障害の内容・程度、治療や教育など少年の成長に必要なもの、現実に少年の置かれている養育環境、家族の障害についての理解と協力の可能性、今後考えられる社会資源等さまざまな要素を検討し、少年法に基づく各処遇のほか、入院や施設入所なども視野に入れながら、少年にとっての最善の利益[*8]を検討していくことになろう。また、可能な限り具体的に、少年の将来に必要な処分を求めていくことが望まれるが、付添人だけで判断することには限界もあるので、関係者と可能な

[*6] 特集「少年事件と責任能力、医療観察法」家庭の法と裁判21号における安藤久美子論文参照。
[*7] 第三種少年院の現状については、上記特集号における遠藤季哉論文参照。
[*8] 児童の権利に関する条約3条1項「児童に関するすべての措置をとるに当たっては、公的若しくは私的な社会福祉施設、裁判所、行政当局又は立法機関のいずれによって行われるものであっても、児童の最善の利益が主として考慮されるものとする」。

限り情報共有し、意見交換して検討すべきである。

　例えば、通常の付添人活動でも調査官と意見交換をする場合があると思われるが、被疑者段階から精神疾患が認められ医療記録を入手していたなど早期に精神障害について情報を入手できた場合には、少年鑑別所の鑑別技官と面談して意見交換をするのも有意義である。また、校医やスクールカウンセラーが関わっていたり、通院歴があって主治医がいる場合には、当該専門家の意見を聴くことも考えられる。家族が少年の精神障害についてどのように受け止め、どのように考えているかを知ることも重要である。とくに家族が障害に気づいていない場合には、学校関係者や支援者等を探し、家族への接し方についても注意すべきである。発達障害のある者については、発達障害者支援センター（児童については児童発達支援センター）が各県にあるので、家族で当該センターに相談に行って対応について学ぶといったことも考えられる。

　以上を踏まえて、在宅（保護観察処分）をめざす場合には、在宅でも当該障害に対応できるという主張ができるよう、環境調整を行うことになる。具体的には、障害について本人や家族が相談できる通院先医療機関や支援者・機関等を確保したり、学校や勤務先などに障害について理解を求めることなどが考えられる。

　これに対し、犯情の重さなどから、精神障害の疑われる少年について少年院送致が見込まれる場合には、少年の障害特性についてとくに配慮してもらうよう、付添人としては意見を述べ、審判官に理解してもらうべきである。

4　検察官送致の対象事件

　ここでは、これまでの一般的な少年事件に対して、次に述べる重大事件を念頭に置いた対応について解説する。被疑者段階、家裁送致段階で対象となる被疑事件、保護事件がこれに該当する場合には注意されたい。

⑴　法の構造

　少年法20条では、いわゆる逆送事件について定められており、「死刑、懲役又は禁錮に当たる罪の事件について、調査の結果、その罪質及び情状に照らして刑事処分を相当と認めるときは、決定をもつて、これを管轄地方裁判所に対応する検察庁の検察官に送致しなければならない」（1項）、「前項の規定にかかわらず、家庭裁判所は、故意の犯罪行為により被害者を死亡させた罪の事件であつて、その罪を犯すとき16歳以上の少年に係るものについては、同項の決定をしなければな

らない。ただし、調査の結果、犯行の動機及び態様、犯行後の情況、少年の性格、年齢、行状及び環境その他の事情を考慮し、刑事処分以外の措置を相当と認めるときは、この限りでない」（2項）とされており、本条に基づく検察官送致を一般に「逆送」と呼んでいる。

　つまり、「故意の犯罪行為により被害者を死亡させた罪の事件であつて、その罪を犯すとき16歳以上の少年に係るもの」については「刑事処分以外の措置を相当と認めるとき」以外は原則逆送、それ以外の「死刑、懲役又は禁錮に当たる罪の事件」については「刑事処分を相当と認めるとき」に逆送するとされており、いずれの場合も、刑事処分とそれ以外の措置のどちらが相当かという点が問題となる。

　なお、2022年4月1日施行の改正少年法により、18歳以上の少年は「特定少年」とされ、特定少年については、「死刑又は無期若しくは短期1年以上の懲役若しくは禁錮に当たる罪の事件であつて、その罪を犯すとき特定少年に係るもの」についても原則逆送の対象となった（少年法62条2項2号）。

(2) 付添人活動

　精神疾患のあることが明確で、かつ治療が有効である場合には、入通院先の医療機関を探し、早期治療の有効性と、逆送された場合の未治療期間が生じることによるデメリット等を主張していくことになろう。

　発達障害児の場合は、一般的には責任を問える状態である場合が多いので、処罰はやむをえないと考えられやすい。しかし、当該障害が犯行態様や犯行動機に与えた影響等によっては、少年に責任非難を認めるのが酷である場合もありうるし、その責任を負わせるにあたって、刑務所よりも少年院で考えさせるほうが真の責任のとり方であるといえる場合もありうる。したがって、まずは、責任非難をなしうる程度か、当該少年に有効な処遇は何か、という視点から、当該発達障害が犯行態様等にどのように影響したのかという、犯情の評価をすべきである。そのうえで、少年にふさわしい措置を求めていくことになろう。

　いずれにしても、「調査の結果」とされていることから、調査官がキーパーソンになるので、まずは調査官に刑事処分以外の処分（〔医療〕少年院送致など）が少年にとって有効かつ必要であることを理解してもらうよう努めるべきである。このことは、特定少年の場合であっても異なるものではない。

　また、仮に逆送され裁判員裁判になると、少年審判と異なり公開法廷で裁かれることになるので、少年のプライバシーも公にされ、少年自身も知らなかった家庭の事情が明らかになるなど、手続面の特性から本人に不利益をもたらす場合も

ある。とくに特定少年の場合、起訴後は少年法61条による推知報道の禁止が適用されなくなる（少年法68条）ため、実名で報道される事案が出てくるようになっている。審理期間も長期化されるので、そのこと自体が少年の更生意欲や更生の機会の妨げになることもありうる。公開法廷や長期間の拘束が少年の障害を増悪させることも考えられる。このような裁判員裁判自体からもたらされる少年へのデメリットも調査官には伝えるべきであろう。

　なお、逆送され、かつ、責任能力に問題があり医療観察法の手続に至った少年のケースは本稿執筆時では見当たらないが、逆送による未治療期間の長期化、医療観察法対象者となることによるラベリング効果、同法の入通院機関が少ないために家族と離されることによる少年へのデメリット等に鑑みると、一般的には、未成年の場合はとくに医療観察法手続は不適当であり、速やかに通常の医療を受けさせるべきであるといえる。したがって、仮に医療観察法の適用まで見越して裁判所が逆送に積極的な場合には、直ちに（任意）入院できる医療機関を準備するのがよいであろう。

5　逆送された場合

⑴　少年法55条に基づく送致（いわゆる55条移送）

　刑事処分以外の措置を求めたにもかかわらず逆送された場合は、少年法55条に基づく家庭裁判所への送致を求めることになる。

　この場合は、「保護処分に付するのが相当であると認めるとき」になるので、保護観察処分や少年院送致処分が相当であることを主張していくことになる。

　もっとも、本条の解釈として、平成19年度司法研究報告書『難解な法律概念と裁判員裁判』（司法研修所編、法曹界）によれば、少年法55条の保護処分相当性の判断は、同法20条の刑事処分相当性の判断と表裏の関係にあり、とくに同法20条2項の原則逆送事件において保護処分を選択するには、凶悪性や悪質性を大きく減じるような「特段の事情」が必要であると解釈したうえで、基本的には逆送したという家庭裁判所の判断を尊重し、「特段の事情」に関する判断要素が変化した場合などに保護処分相当性が認められるにすぎない、という考えを示している。

　しかし、このような限定した解釈に対しては強い反対意見があり、法文上の記載からも、立法の経緯からも、このように限定的に解する必要はない。弁護士としては、現場の裁判官が上記司法研究報告書の理解を前提とする可能性があることを念頭に置きつつ、理論的に解釈論についても主張する必要がある[*9]。

⑵　社会記録の取扱い

　一般的には、少年の今後の処遇をきめ細かく検討するために、社会記録の検討は有用であるといえる。

　しかし、上記のような55条の解釈の差異があるため、社会記録の取寄せについても裁判所は消極的になりがちである。また、付添人としても、社会記録の内容によっては、公開の法廷で明らかにされることにより、かえって少年のプライバシーが害されるデメリットのほうが大きかったり、あるいは、少年すら知らなかった家庭の事情や出生の秘密が出てくることにより、少年の情操に対する悪影響が生じる場合もありうるので、社会記録をそのまま証拠とすることに躊躇する場合もある。

　そこで弁護人としては、社会記録について取調請求する必要性があると思われた場合であっても、その範囲を検討し、社会記録全部の取調べが適切ではない場合、あるいは、請求しても採用されない可能性がある場合には、臨床心理士や元家庭裁判所調査官等の少年の特性に造詣のある第三者専門家による鑑定（情状鑑定）や、かかる専門家を情状証人として申請することが考えられる[10]。このような第三者専門家の探し方については、裁判所を通じて探す、公益社団法人家庭問題情報センター（Fpic）[11]や対人援助専門職ネットワークを通じて紹介してもらう、所属弁護士会の子どもの権利に関する委員会に問い合わせる、などの方法がある。

　なお、社会記録自体が膨大ですべてを取り調べるのが事実上困難な場合や、一部のみ証拠としたい場合には、報告書の形をとって証拠調請求することもある。

⑶　裁判員裁判対象事件についての留意点

　障害のある少年の事件が裁判員裁判の対象になる場合には、以上の注意点のほかに、さらに、裁判員裁判特有の注意点がある。

　すなわち、一般に裁判員裁判においては、弁護人としては、刑事裁判の基本である立証責任や証明の基準について裁判員に対しわかりやすく説明する必要があ

---

[9] 日本弁護士連合会「裁判員制度の下での少年逆送事件の審理のあり方に関する意見書」（2008年12月19日）<http://www.nichibenren.or.jp/library/ja/opinion/report/data/081219_3.pdf>、日本弁護士連合会「少年逆送事件の裁判員裁判に関する意見書」（2012年1月19日）<http://www.nichibenren.or.jp/library/ja/opinion/report/data/2012/opinion_120119_4.pdf>などが参考になる。
[10] 武内謙治編『少年事件の裁判員裁判』（現代人文社、2014年）に多数の裁判例が報告されている。
[11] <https://fpic-fpic.jp/>

るが、少年事件の場合には、さらに少年法の趣旨（少年法は、少年の健全な育成を期し、非行のある少年に対して性格の矯正および環境の調整に関する保護処分を行うことを目的としており、また、注*8で述べたとおり、児童の権利に関する条約では、児童の最善の利益を主として考慮すべきことが謳われている）についても理解してもらう必要がある。これに加えて、少年に障害がある場合には、その障害の特性についても理解してもらわなければならない。このように、障害のある少年については、当該事件の内容とは別に、前提とすべき知識も多く求められるため、プレゼンテーション（冒頭陳述、最終弁論等）の方法についても丁寧に準備しなければならない。

　また、裁判員裁判においては、逆送事件における一般的な留意点である公開の法廷で行われるという問題点も、より大きくクローズアップされることになる。すなわち、本来少年事件においては、裁判公開の要請よりも少年の保護が優先されるため、審判は非公開で行われ、検察官の関与も限定的であり、被害者の傍聴も制限されているが、逆送事件においてはこれが逆になり、裁判員裁判の対象となる少年の事件については、とくに社会的にも耳目を引く事件である場合が多いため、公開の要請が強く働く。したがって、少年のプライバシーをどのように保護し、少年の情操に及ぼす悪影響をどれだけ回避するか、慎重に検討しなければならない。また、多数の裁判員や多数の傍聴人を前にして、少年が落ち着いて対応するということも、とくに障害がある場合には困難を伴うので、あらかじめ予想される少年の反応についてフォローの方法を考え、適時に適切に対応することが求められる。

6　児童福祉法による措置

　児童福祉法上は、精神障害のある児童については、療育の指導や居宅生活の支援が用いられる可能性があるほか、家庭で障害が手に負えないなど、保護者のない児童または保護者に監護させることが不適当であると認められる児童については要保護児童として保護措置の対象となる可能性がある。弁護士としては、誰から相談を受けるかという点にもよるが、基本的には、家族への疾病教育の試みなども踏まえて、当該児童にとって最善の利益を考えるべきである。

7　精神保健福祉法上の注意点

　未成年者も精神保健福祉法上の入院の対象となる。

ここで、任意入院における「同意」とは、民法上の法律行為としての同意と必ずしも一致するものではなく、患者が自らの入院について積極的に拒んではいない状態をいうものと解されている*12。したがって、親権者の同意を得ることなく本人の同意だけで任意入院をすることは可能である。

　これに対し、医療保護入院における「同意」は、これまで親権の共同行使（民法818条3項）を前提に、両親がいる場合には原則として両名の同意が求められてきた。しかし、2013年の法改正により、条文上は親権を行う者のいずれかの同意があれば入院できることとなった。もっとも、これは本来の親権の共同行使の原則との関係で問題があることから、厚労省も通知によって「原則として父母双方の同意を要する」としている*13。また、2022年法改正により、児童虐待を行った者は医療保護入院の同意権者の欠格事由とされた（精福法5条2項4号、精福法施行規則1条1号）。なお、未成年者は、結婚していても医療保護入院の同意をすることができない（精福法5条2項6号）。

8　未成年者の今後の生活のために——障害年金への配慮

　障害年金には、無拠出制と呼ばれる初診日において20歳未満であった者についての特例があり、成人してから障害年金を申請する場合に、所定の保険料を納めていなくても、未成年（20歳未満）の時期に初診日が認められれば障害年金を受給できる可能性がある（国民年金法30条の4）。これに関し、精神疾患の発症が20歳未満であったことが後の事後的診断によって確認されたとしても、当該診断日が20歳になった後の日である場合には、「その初診日において20歳未満であった者」との要件を満たすものと解することはできないとされている*14。そこで、未成年の時期に精神疾患の発症が疑われる場合には、受診してその記録を残しておくことが、当該未成年者にとっては将来の障害年金受給の選択肢を確保することになるので、本人や家族にその旨の助言をするのが望ましい。

---

*12 令和5年11月27日障精発1127第5号「精神科病院に入院する時の告知等に係る書面及び入退院の届出等について」。
*13 令和5年11月27日障精発1127第6号「医療保護入院における家族等の同意に関する運用について」。
*14 最判平20・10・10民集229号75頁。

第 **14** 章

家族との関係

1　家族の役割

(1)　本人と家族との一般的な関係

　従来の日本における家族関係では、家族がそれぞれ互いに支え合い日常生活を送るものと考えられていた。そのため、精神障害のある人の場合、自立して生活するだけの十分な収入を得ることが困難であることや、家族と離れて生活するために必要な生活能力を習得できていないなどの理由から、成人しても家族と同居して生活している人が少なくなく、障害のない人と比して家族との関係が密接な場合が多い。したがって、精神障害のある人にとって最も身近な支援者となるのが家族であり、経済的な支援や日常生活での支援において、重要な役割を担っていることが多い。

　具体的な役割として、食事の支度などの家事全般や清潔保持等の身の回りのことなど、日常生活を過ごすために必要な生活能力を十分に有していない場合に、家族が本人の日常生活を支えるため本人に寄り添い日々支援していることがある。また、生活費の管理や家賃の支払いなど日常生活を過ごすために必要な金銭管理が適切に行えない人の場合には、家族が本人の財産を管理し、必要な対応をしていることも多い。さらに、精神障害のある人は十分な収入を得られていないことが多く、家族が本人に代わり精神科病院の医療費などを負担する場合も少なくない。

　他方、本人が家族とは離れて地域で生活している場合であっても、本人の住居の賃貸借契約における保証人となっていたり、家賃を負担するなどして支援していることも多い。さらに、本人が第三者へ暴行した場合や、住居を損傷させた場合などの損害賠償について、原則は本人が責任を負うことになるが、本人に責任能力がない場合であれば、家族が本人を監督する立場にあるとして、損害賠償を求められる場合もある。また、連帯保証人という立場で賠償責任を負う場合や、

現実には法的義務はないものの道義的責任から、家族が本人に代わり賠償している場合もある。

　以上述べてきた家族と精神障害のある人との関係は、後に述べる精神保健福祉法上の保護者制度が廃止された現在においても、何ら変わりはない。そこで、現在でも、家族が本人の日常生活を支えるために重要な役割を担っていることが多く、本人の支援策を検討する際には、まずは家族と連絡をとり、支援方法について協議すべきである。

⑵　精神保健福祉法上の家族

⒜　**改正前の医療保護入院と保護者制度の廃止**

　精神科病院の入院形態のうち、医療保護入院については、2013（平成25）年の精神保健福祉法の改正で大きく変更されたが、この改正前においては、家族が本人に対する「保護者」になることが定められていた（旧精福法20条1項）。

　そして、この「保護者」の具体的な役割としては、

・医療保護入院における同意をすること（旧精福法33条1項）

・本人に対し治療を受けさせること（旧精福法22条1項）

・医師の診断が正しく行われるための協力をすること（旧精福法22条2項）

・治療を受けさせる際に医師の指示に従うこと（旧精福法22条3項）

・退院後本人を引き取ること（旧精福法41条）

などの義務が課されていた。

　しかし、上記「保護者」に対する規定に対しては、従前より、保護者となった家族に対し過重な負担を強いるものである、との批判がなされていた。このため、2013年の精神保健福祉法改正において、上記「保護者」制度は廃止され、家族に対して課されていた上記義務も消滅した。

⒝　**医療保護入院における家族の役割**

　精神保健福祉法上の「保護者」制度は廃止されたが、医療保護入院という入院形態は存続しており（精福法33条）、改正後の医療保護入院では「家族等のうちいずれかの者の同意」が入院時に求められている（精福法33条1項）。

　このため、本人が医療保護入院により入院することとなる場合、家族は入院が予定されている病院から、入院に対する同意を求められる。

　ここで、上記同意を求められる「家族等」とは

・配偶者

・親権を行う者

- ・扶養義務者
- ・後見人または保佐人

を指すこととされている（精福法5条2項）。ただし、以下の者を除くとされている（同条）。

- ・行方の知れない者
- ・当該精神障害者に対して訴訟をしている者またはした者ならびにその配偶者および直系血族
- ・家庭裁判所で免ぜられた法定代理人、保佐人または補助人
- ・当該精神障害者に対して配偶者からの暴力の防止および被害者の保護等に関する法律第1条第1項に規定する身体に対する暴力等を行った配偶者その他の当該精神障害者の入院および処遇についての意思表示を求めることが適切でない者として厚生労働省令で定めるもの*1
- ・心身の故障により当該精神障害者の入院および処遇についての意思表示を適切に行うことができない者として厚生労働省令で定める者
- ・未成年者

　医療保護入院の同意をしたか否かにかかわらず、上記「家族等」は退院・処遇改善請求をすることができる（精福法38条の4）。また、医療機関は、本人が退院する場合や医療保護入院から任意入院に切り替える場合に、同意した家族から事前に許可を得ること等は法律上求められていないが、医療機関としては、同意した家族の意向を事前に確認したうえで対応をするのが通常である。

　なお、医療保護入院における入院費用については、入院契約（連帯保証契約を含む）をした者が支払い、同意をしたか否かとは関係がない*2。

(3)　医療観察法上の家族

　医療観察法においても家族が「保護者」となる旨の規定があり（医観法23条の2第1項）、上記規定は、2013年の精神保健福祉法の改正後も存続している。

　保護者になる者は、原則として次の順位のとおりである。

　①　後見人または保佐人

---

*1　児童虐待防止法、高齢者虐待防止法、障害者虐待防止法における各虐待を行った者およびこれに準ずる者であるが、詳しくは精福法施行規則1条参照。

*2　池原毅和編著『精神保健福祉の法律相談ハンドブック』（新日本法規、2012年）。なお、平成26年3月20日付厚労省事務連絡「精神保健及び精神障害者福祉に関する法律の一部を改正する法律等の施行に伴うQ&A」は事務管理構成について指摘している。

② 配偶者

③ 親権を行う者

④ 扶養義務者のうちから家庭裁判所が選任した者

医療観察法上の「保護者」の役割としては、

・付添人選任権（医観法30条1項）

・審判期日へ出頭すること（医観法31条6項）

・審判において意見陳述をしたり資料提出をすること（医観法25条2項）

・退院許可の申立てをすること（医観法50条）

など、本人の利益となる行為をしうると規定されていることから、従前のまま維持されているのである。

　なお、医療観察法においては、医療費は国費により支払われることとなっている。ただし、身体科の受診や精神保健福祉法の入院をした場合は自己負担となる。

2 本人と家族との関係に問題がある場合

(1) 家族と連絡をとる際の留意点

　これまで述べてきたとおり、精神障害のある人を支えるうえで、家族が重要な役割を担っている場合が多く、本人と家族が密接な関係にあることも多い。

　しかし、場合によっては、本人と家族との関係が不適切である場合もあり、家族の対応が本人にとって不利益になっている場合もある。具体的には、

・従前より本人と家族との折り合いが悪く、本人が家族へ悪感情を抱いており、精神状態の悪化の原因となっている場合

・家族の障害への理解が乏しいため、不必要に本人の行動を制限したり本人の意向を考慮しない場合

・現在の病状であれば十分退院できるのに、退院することに反対の意向を示し、退院することを妨げている場合（ただし、反対する理由は確認すべきである）

・本人が受給する障害年金などを搾取する等の虐待行為に至っている場合

・本人の財産や相続分に関し利益相反関係にあって適切な財産管理が期待できない場合

などがある。

　以上の場合には、家族に本人に対する支援を期待することはできず、むしろ家族との関わりを避けるべき場合もあるため、家族への連絡や関わり方などについては、本人や関係機関と協議するなどして慎重に対応すべきである。

⑵　家族から依頼を受ける際の留意点

　また、家族から私選による刑事事件や医療観察法事件の依頼を受ける場合でも、退院の時期や場所について本人と家族の意向が異なる場合や、本人の財産活用について家族が本人と異なる見解を主張する場合などもある。

　このような場合、弁護士としてはあくまで本人の利益を最優先に考え対応すべきであり、家族に対してもその旨伝えるべきである。家族の主張に相当な理由があり、とくにそれが本人の利益につながると客観的に考えられる場合には、本人の理解度も考慮し、弁護士としては本人との信頼関係を損なわないよう注意しながら、家族との関係を取り持つことも場合によっては必要になろう。家族と意見が合わないといって辞任する場合でも、結局他の弁護士が受任することも十分考えられるので、本人のためになるかどうかについては慎重に検討すべきである。

3　家族会など家族への支援について

　以上のとおり、精神保健福祉法が改正され「保護者」制度が廃止された後も、家族にかかる負担は大きい。ただ、本人にとって家族は、精神的な面も含め重要な役割を担っていることも事実であり、適切な関係が維持されるべきことは明らかである。他方で家族は、これまで病気のために不合理な行動をとる本人の対応に追われて疲弊したり、本人から暴言や暴力を受けて傷ついている場合もある。そこで、家族が本人との関係を良好に保てるようにすべく、家族への支援が受けられる機関を紹介することも検討すべきである。

　そのような家族に対するサポートの一つとして、同じ境遇にあり悩みを抱える家族同士で集い分かち合う場となる家族会に参加することを勧めることが考えられる。家族会にはいくつかの種類があり、医療機関を基盤として形成される「病院家族会」、保健所が事業として形成している「保健所家族会・家族教室」、地域ごとに結成されている「地域家族会」、さらに都道府県や全国で結成されている「連合会」などがある。いずれの家族会も、地域ごとに形成されており、医療機関や保健所などの行政のウェブサイトにおいて連絡先が示されている。

第15章 福祉制度の使い方

1 福祉の分野に関する弁護活動

　障害者に対する弁護活動をする場合、福祉の話を避けて通ることはできないといっても過言ではない。とはいえ、弁護士にとって福祉に関する法律は司法試験の必須科目ではなく、障害についての理解度や障害のある人とのコミュニケーションのとり方についても福祉の専門家にはかなわない。もちろん、自ら福祉の分野を勉強し、専門資格を取得するほどまでに修得する弁護士もいるが、多くの弁護士にとっては、福祉分野に精通する専門家と連携を図るのが近道である。

　そこで、本章では、〈連携〉に焦点を当てて、そのために弁護士としてできることを紹介したい。

2 関係機関との連携

(1) 精神保健福祉士／PSW

　精神障害者に関わる福祉の専門家として特徴的なのが、精神保健福祉士である。

　精神保健福祉士は、精神保健福祉領域で働くソーシャルワーカーの国家資格で、登録者数は全国に約9.7万人いる（2022年3月末現在）。なお、精神科などで働くソーシャルワーカーはPSW（Psychiatric Social Workerの略）と呼ばれ、国家資格化される1997年より前から存在するが、精神保健福祉士の有資格者とは限らない。ここでは精神保健福祉士を含めてPSWとして説明する。

　PSWは、精神障害者からの社会復帰に関する相談に応じ、助言、指導、日常生活への適応のために必要な訓練その他の援助を行う。医療職ではなくソーシャルワークの専門職であり、医師の指示を受けるものではない。治療（医療モデル）ではなく生活支援を担う（生活モデル）ことから、関係他職種との連携を保つことが

義務づけられており、精神障害者の社会復帰支援をする弁護士としては、まずは担当のPSWに連絡をとって、情報交換と意見交換をするのがよい。

　なお、保健福祉の領域では未だ弁護士は珍しく、相手が弁護士というだけで威圧感を抱いたり、日弁連法律援助事業はもとより法テラスの法律相談に関する知識が不十分な者も少なからずいるため、柔和かつ丁寧に接するよう心がけるべきであろう。

　精神保健福祉士は、医療機関では、「地域連携室」「相談室」などの名称の部署に配置されていることが多い。医療機関以外では、障害者相談支援事業所、自治体の精神保健福祉相談員、障害福祉サービス事業所などにも従事している。弁護士と関わる領域では、医療観察法事件における精神保健参与員や社会復帰調整官（保護観察所）、また、精神医療審査会の精神保健有識者委員などとしても活躍しており、最近では矯正施設での採用の動きもある。

⑵　医療機関のPSW・ワーカー

　精神障害者が医療機関に入院している場合や、過去に入通院していた患者について問い合わせる場合には、担当のPSWや「ワーカー」と呼ばれる相談員（MSWと呼ぶこともある）を窓口にするとよい。医療機関によっては必ずしも精神保健福祉士が相談員となっているとは限らないが、入院している精神障害者の退院支援は、基本的には、病院のワーカーによる環境調整に頼ることが多いからである。もっとも、病院を経営する法人グループ内の連携にとどまり、外部の地域援助事業者との連携が不十分な病院は多い。また、必ずしも退院支援に積極的ではなく動きが鈍いワーカーもおり、そのような場合の環境調整は、弁護士において、地域の障害者相談支援事業所などと連携をとって積極的に進める必要がある。

　なお、措置入院者と医療保護入院者については、主に精神保健福祉士が退院後生活環境相談員となって退院支援を担うこととされ（精神法29条の6、33条の4）、地域援助事業者の紹介もなされる（精福法29条の7、33条の4）。医療保護入院者については、入院期間更新の前に退院支援委員会が開催されるため、従前の退院支援委員会の経過なども尋ねてみるとよい。

⑶　行政（市町村担当課、市町村福祉事務所）

　障害者に関しては、各自治体に障害福祉課などの名称で担当部署が通常設けられている（高齢者とセットになっていることも多い）。そこで、そこに相談して、行政担当者を関わらせると、さまざまな制度について知識が得られたり各方面の支援

が得られやすい。すでに精神障害者福祉手帳を取得していたり、福祉サービスの認定が下りていれば、担当者が決まっていると思われるが、そのような手続が未了の場合には、まずは相談窓口に行くことになろう。

⑷ 過去につながりのある福祉事業所

　未治療の場合などは別として、以前から精神科に通院している場合には、通院先病院とは別に外部のデイケアや作業所に通所していたり、グループホームなど障害関連の住居に住んでいたなどの事情から、障害福祉に関連する事業所とつながりがある者もいる。

　このような場合には、当該精神障害者について親身に相談に乗ってくれたり、今後の支援についても協力が得られやすいので、関係者には連絡をとるとよい。

⑸ 相談支援事業所

　相談支援の窓口としては、市町村のほか、指定特定相談支援事業者が障害福祉サービス等の利用や社会資源を活用するための支援、社会生活力を高めるための支援、ピアカウンセリング、専門機関の紹介、入居支援、居住支援のための関係機関によるサポート体制の調整等の一般的な相談支援を行っている。

　また、指定一般相談支援事業者は、地域移行支援（入院している精神障害者に対する住居の確保その他の地域における生活に移行するための活動に関する相談等）と地域定着支援（居宅で単身等で生活する障害者に対する地域生活を継続していくための常時の連絡体制の確保や、障害の特性に起因して生じた緊急の事態等における緊急訪問や緊急対応等）を行っている。そこで、入院中の精神障害者の退院については、この地域移行支援として相談することが考えられる。

⑹ 保健所、精神保健福祉センター

　精神保健福祉相談員がおり、精神障害者について相談に乗ってくれる窓口がある。各地域により活動には濃淡があるが、支援者の手がかりがないような場合には、相談に行くとよい。

　また、就労についての相談なども、このような窓口を経由すると就労支援事業所など関連機関を紹介してくれる。

3 キーパーソンの確保——後見制度の利用

　以上の専門機関と異なり、家族は最も身近な支援を期待できる存在であり、実際に将来の生活を委ねられる家族も多いが、他方で精神障害者の問題行動を一手に引き受けて苦労をし続けたという側面も有しているため、複雑な関係に立つことが多いことは、すでに第14章で述べたとおりである。そこで、家族に「キーパーソン」としての役割を期待することが困難な場合には、成年後見制度の利用も検討したい。

　精神障害者の病状には波があり、事理弁識能力を欠く「常況」にあるとはいえない場合も多いため、成年後見人だけでなく、保佐人や補助人の活用も視野に入れたうえで、精神障害者の今後の人生に付き添う人として、成年後見制度の利用は有効である。とくに、病院のワーカーや行政など関係機関が本人の支援について熱心とはいえず、弁護士として事件が終了した後の本人の支援に不安が残る場合には、関係機関にカンファレンスの開催を呼びかけたり、問題が生じたときに本人のために動いてくれる人として、後見人等がいると心強いといえる。そこで、本人の同意が得られる場合には、成年後見の開始申立て等についても検討すべきである。

　成年後見制度の利用にあたってハードルとなるのが、財産のない精神障害者についての、①後見人等の成り手と、②その報酬の原資の確保である。

　①については、地域によっては精神保健福祉士や社会福祉士が第三者後見人として就任してくれる場合もあり、また、社会福祉協議会などが法人後見をしていたり、市民後見人が育成されている地域もあるので、当該地域の後見制度に精通した弁護士や弁護士会委員会（高齢者障害者支援センター等）に相談するとよいであろう。

　②については、国と都道府県も費用を一部負担することとして、市町村地域生活支援事業の必須事業として成年後見制度利用支援事業が設けられている。この事業の対象とされれば、成年後見人等の報酬が補助されることになる。もっとも、市町村によっては、成年後見制度利用支援事業を利用するためには、市町村長申立てをしたケースでなければならない等の要件が課されていることもあるため、申立前にあらかじめ市町村に確認しておいたほうがよい。なお、成年後見等の申立てにかかる弁護士費用については法テラスが利用できる[*1]。

4　生活費の調達方法

　精神障害者を勾留や強制入院から解放するためには、在宅の社会生活ができるという見通しをもたせることが関係機関への説得につながる。そのためには、生活費をどのように工面するかが一つのハードルとなる。

⑴　障害年金

　精神障害者の生活の原資としては、障害年金*²が最も一般的といえ、病院も年金の取得には協力的である。したがって、まだ年金を受給していない場合には、障害年金の受給について、まずは病院のPSW等ワーカーに相談するとよい。

　精神疾患を有していることに争いがないにもかかわらず障害年金を取得できない場合は、初診日の認定に支障があるなど、法律的な要件の問題に関わることもあるため、病院から否定的な回答があった場合には、その理由を確認し、法的に争う余地がないかどうか検討する必要がある。

　要件としては、主に以下の3点がある。

①　初診日における公的年金加入の有無に関する要件
②　保険料納付に関する要件
③　障害の程度に関する要件

　障害の程度により、障害基礎年金は1級および2級に分かれる。障害厚生年金（および障害共済年金）では、障害の程度は1級から3級までに分かれる。

　2023年度の障害基礎年金の年額（67歳以下の場合）は、1級で993,750円、2級で795,000円である（子の加算分を除く）。

　なお、患者によっては、障害年金を受給することは精神障害者であることを前提とするため、その取得を嫌がる場合もあるので、障害年金の申請をする場合にはまず本人の意思を確認し、拒否する場合にはその理由を丁寧に聴き取り、本人の今後の生活を踏まえて一緒に考えるという姿勢が重要である。

⑵　生活保護

　障害年金と並んで生活のセーフティーネットになるのが生活保護制度である。

---

*1　ただし、本人が申立人となって成年後見申立てをする場合は、本稿執筆時（2024年2月末）は法テラスは利用できない。
*2　障害年金については詳しくは適宜文献を参照されたいが、インターネットでは「障害年金.com」<http://www.shogai-nenkin.com/towa.html>などがある。

とくに家族による支援が得られず、就労も困難な場合は生活保護を利用する必要性は高くなろう。

　生活保護は、世帯を単位として（世帯単位の原則。生活保護法10条）、困窮のため最低限度の生活を維持することのできない者に対して行われる（同法12条～18条）。したがって、あえて単純化していうならば、勾留や強制入院によって行動の自由が制限されていた資産の乏しい精神障害者が、釈放ないし退院して家族から独立して単身生活を始めようとする場合は、直ちに就労できる状況にない限りは、生活保護を活用できるといえる。

　生活保護の受給については、日弁連の法律援助事業を活用して弁護士が申請に同行することができる。生活保護は本人申請が原則とされているため（生活保護法7条参照）、一般には弁護士が代理人として申請することが認められていないが、勾留や鑑定入院、措置入院、医療保護入院等、法的に外出が自由にできない状況下にある場合には、例外的に申請が認められた例もあり、行政と交渉して申請すべきである。なお、入院中であれば医療機関のPSWに相談し、通報してもらうなどの方法も考えられる。

　もっとも、国費による身体拘束中は生活費の負担もないため、生活保護の必要性自体が認められない場合もある。しかしながら、例えば医療観察法における鑑定入院中は、入院医療費は国費負担であっても日々の日用品雑費等を請求されるため、生活保護の必要性があるといえる。また、法的な期限の関係で退院（釈放）が予定されているなど国費による身体拘束の終了が合理的に予測される場合には、あらかじめ生活保護の受給の見通しをつけておくことによってその後の手続が円滑に進み、また、生活保護受給の見通しがついているという事実自体が本人の受けている手続の中で有利な事情になることも多いため、具体的に本人の状況を説明し、身体拘束終了日に保護決定が出るよう行政と連携ができるとよい。なお、生活保護の決定は原則として申請から14日以内に通知することとなっているため（生活保護法24条5項）、この程度の期間は余裕をみて準備しておくとよい。

⑶　家族に対する請求

　婚姻関係にありながら協力が見込めない配偶者に対しては婚姻費用の分担請求を、それ以外の扶養義務のある親族であれば扶養義務の履行を求めることが考えられる。

5 医療・福祉サービス

　精神疾患は、多くの場合、一定期間の治療で完治することはなく、定期的な服薬など、医療の継続が望まれることが多い。また、これに伴う精神障害による生活への支障を低減させるため、福祉サービスも求められる。このような精神障害者の特性に合わせて、以下のような制度が法律上認められている。

　これらについての詳細は前記の関連する福祉機関に問い合わせるとよいが、弁護士としてもあらかじめ単語を頭に入れておくと、関係者との話が進みやすいので参考にされたい。

(1) 医療費
(a) 医療費の負担
　措置入院および緊急措置入院については公費負担とされているが（精福法30条）、それ以外の医療費については自己負担であり、一般の医療保険の対象とされている。本人の意思に基づかない医療保護入院についても、事務管理が成立する余地があると解されているが[*3]、病院が家族と医療費の支払いについて別途契約して支払いを求めているケースが多いであろう。

(b) 自立支援医療（精神通院医療）
　上記の医療保険一般の原則に従うと、長期通院患者の負担は莫大なものになるため、この負担を軽減する制度が設けられており、それが自立支援医療の精神通院医療と呼ばれるものである。

　精神保健福祉法5条1項に規定する精神障害者またはてんかんを有する者で、継続的な通院医療が必要とされる者は、障害者総合支援法に基づき自立支援医療の対象となり、医療費の負担が重くならないように1ヶ月あたりの医療費の上限が設定される。上限額は所得や状態によって異なるが、「重度かつ継続」に該当する場合は、障害年金のみの収入であれば月5,000円以下となる場合が通例で、世帯収入が多い場合でも月20,000円が上限となる。

　申請の窓口は市町村であり、決定は実施主体である都道府県や政令指定都市が行う。支給決定を受けると医療保険の自己負担部分に公費から補助が出ることになり、市町村を経由して自立支援医療受給者証と上限管理票が交付される。自動更新はされないので、有効期間を確認する必要がある。

[*3] 第14章の注[*2]参照。

その他、各自治体による障害者医療費助成事業によりさらに助成されることもあるので、各自治体に問い合わせてみるとよい。

(c) 高額療養費制度

療養の給付やその他の療養に要した費用につき支払った一部負担金の額が著しく高額であるとき、高額療養費が支給される（健康保険法115条、国民健康保険法57条の2）。

所得によっては前記(b)の自立支援医療による負担部分をカバーすることにもなる。入院費、治療費が高額となった精神障害者は、この高額療養費制度を利用することになろう。また、入院前や直後等に限度額認定証を発行してもらえれば、そもそもの請求が限度額までとなるので、医療機関のPSWに確認しておくとよい。

(d) 地方自治体独自の医療費補助制度

地方自治体によっては、適正医療の普及を図るため、独自に医療費を補助する制度を設けているところもある。そこで、入通院先医療機関のPSWや患者の住所地を管轄する行政に相談するのもよいであろう[4]。

(2) 福祉サービス

2005（平成17）年に成立した障害者自立支援法の施行に伴い、いわゆる三障害（身体障害、知的障害、精神障害）の区別がなくなって共通して同じ福祉サービスを受けられるようになり、精神障害者も市町村を単位として障害者自立支援法に基づく障害福祉サービス等を利用することになった。そのため、それまで自治体の補助金により運営されてきた小規模作業所や、精神保健福祉法に規定されていた精神障害者社会復帰施設（援護寮や授産施設等）もすべて自立支援法に定めるサービス事業所に移行している。その後自立支援法は改正され、2013（平成25）年4月1日からは、障害者総合支援法が施行されている。次頁の表のサービスのほか、就労定着支援などもある。

障害福祉サービス等を利用するためには、市町村（または委託を受けた相談支援事業者）に申請を行い、居宅介護（ホームヘルプサービス）や共同生活援助（グループホーム）等の給付を利用する場合は、障害支援区分の認定を受けなければならない。自立訓練や就労支援等の訓練等給付を利用する場合は、基本的に障害支援区分の認定は必要ない。

---

[4] 例えば、神奈川県（3政令市も協調）では入院医療費援護金制度という援助が行われている。

在宅の精神障害者が主に利用できる障害者総合支援法上の障害福祉サービス

居宅介護（ホームヘルプサービス）	自宅で、入浴、排泄、食事の介護等を行う
短期入所（ショートステイ）	自宅で介護する人が病気の場合などに、短期間、夜間も含めた施設で、入浴、排泄、食事の介護等を行う
行動援護	自己判断能力が制限されている人が行動するときに、危険を回避するために必要な支援、外出支援を行う
自立生活援助	一人暮らしに必要な理解力・生活力を補うため、定期的な居宅訪問や臨時の対応により日常生活における課題を把握し、必要な支援を行う
共同生活援助	夜間や休日、共同生活を行う住居で、相談、入浴、排せつ、食事の介護、日常生活上の援助を行う
自立訓練（生活訓練）	自立した日常生活または社会生活ができるよう、一定期間、生活能力の維持、向上のために必要な支援、訓練を行う
就労移行支援	一般企業等への就労を希望する人に、一定期間、就労に必要な知識および能力の向上のために必要な訓練を行う
就労継続支援A型（雇用型）	一般企業等での就労が困難な人に、雇用して就労の機会を提供するとともに、能力等の向上のために必要な訓練を行う
就労継続支援B型（非雇用型）	一般企業等での就労が困難な人に、就労の機会を提供するとともに、能力等の向上のために必要な訓練を行う

厚生労働省ウェブサイト<http://www.mhlw.go.jp/stf/seisakunitsuite/bunya/hukushi_kaigo/shougaishahukushi/service/naiyou.html>より。

⑶　精神障害者保健福祉手帳

　精神保健福祉法45条以下の規定により、精神障害者は都道府県知事に精神障害者保健福祉手帳の交付を申請できる。

　精神障害者保健福祉手帳は、何らかの精神疾患により、長期にわたって日常生活または社会生活への制約がある人を対象としている。

　手帳により全国一律に受けられるサービスは、①NHK受信料の減免、②所得税・住民税の控除、相続税の控除、自動車税・自動車取得税の軽減（手帳1級）、③自立支援医療申請について診断書の提出が省略される、④障害者雇用枠を活用できる、⑤生活保護の障害者加算（手帳2級以上）、などがある。

　地域や事業者によっては、鉄道・バス・タクシー等の運賃割引、携帯電話料金の割引、上下水道料金の割引、心身障害者医療費助成、公共施設の入場料等の割引などが受けられる。

障害は重いほうから1級、2級、3級に分けられるところ、障害年金にも類似のランク分けがあるので関連があるように思われるが、制度が異なるので相互に関係はない。ただし、障害年金を受給していれば、その証書等により手帳申請や更新時の診断書料は不要となる。

手続は、精神科の医療機関で代行してくれる。

⑷　地域活動支援センター

障害者総合支援法に基づき都道府県が行う事業で、精神障害者の日中活動をサポートする。施設により活動内容は異なるが、創作的活動または生産活動の機会の提供、社会との交流等を行っている。

⑸　日常生活自立支援事業

社会福祉協議会が行っている本事業は、日常生活上の判断に支障がある精神障害者等について、定期的な訪問による生活変化の察知を通じて福祉サービスの利用援助を行ったり、日常的金銭管理等を行うものである。

本事業の対象者は、「判断能力が不十分な者」であり、原則として後見相当の契約締結能力がない者については対象外とされることが多いが、そこまで至らない程度の障害があって、本事業の契約内容について判断しうる能力を有している者は利用できる。後見制度を利用しない精神障害者の単身生活を支える制度として有用である（併用も可）。

刑事書式１

弁護士とは

弁護士は、＿＿＿＿さんの「権利を守る」ためにいます。つまり、弁護士は、＿＿＿＿さんを助けて守る人です。

これから、＿＿＿＿さんがどうするべきか、弁護士が一緒に考えます。
弁護士に相談したいことがあるときには、近くの警察官などに、「弁護士と会いたい」と言ってください。なるべく早く会いにきます。

2

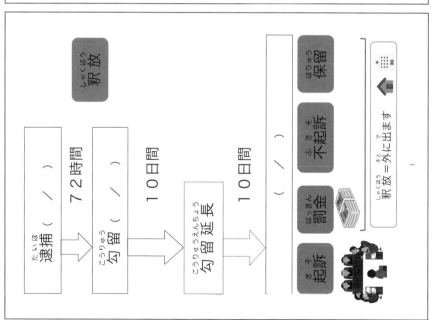

逮捕（　/　）

72時間

勾留（　/　）

10日間

勾留延長

10日間

（　/　）

釈放

起訴　罰金　不起訴　保留

釈放＝外に出ます

1

刑事書式１

さんの権利について

○秘密交通権
接見室（今いる部屋のことです）で話したことを、警察官や検察官に伝える必要はありません。
また、＿＿＿＿さんが、警察官や検察官に伝えたくないことについて、弁護士が勝手に検察官に伝えることはありません。

○黙秘権
取調べで、話したくないことは話さなくてよい、ということです。

○署名押印拒否権
供述調書（取調べのときに作る書類で、＿＿＿＿さんが話したことが書いてあるもの）に署名や指印をしなくていい、ということです。

4

弁護士に話をするときの注意点

□ わからないことについては、「わからない」と言ってください。
覚えていないことについては、「覚えていない」と言ってください。
私が言ったことが間違っていれば、「違う」と言ってください。

□ 同じことを何回か聴くことがありますが、それは＿＿＿＿さんが間違ったことを言っているからではありません。

□ 本当のことを話してください。
弁護士に本当のことを話すことは、＿＿＿＿さんにとって、とても大事なことです。
また、＿＿＿＿さんが想像した話は、話さなくて大丈夫です。

3

刑事書式１

これからの取調べでどうするか

これからの取調べでは、次のことを守ってください。

・わからない質問には「わかりません」と答えます。
・忘れたことがあったら「忘れました」と答えます。
・言いたくないことは、「黙秘します」と答えます。

・取調べのときには、絶対に自分の名前を書きません。
また、指にインクをつけて印を押すこともしません。

6

しゃべらない

これからの取調べでどうするか

これからの取調べでは、最初に「黙秘します」と言って、その後は何も話しません。

事件以外のことを聴かれても、ずっと黙ってください。

きっと大変だと思います。

でも、話したいと思っても、次に弁護士が来るときまでは我慢してください。

弁護士が来たときに、つらかった気持ちを教えてください。そのうえで、これからのことを決めましょう。

5

215

刑事書式２

上　申　書

○○年○月○日

○○地方裁判所　御中

弁護士　□□□□

1　上申の趣旨

　　当職が○○年○月○日に当番弁護士として接見した被疑者△△△△（○○警察署在監）につき、未だ弁護人が選任されていないため、御庁におかれては、職権で同人に弁護人を付されたい。

2　上申の理由

　　当職が当番弁護士として被疑者に接見したところ、同人は、接見時には今後の国選弁護人選任の手続等の説明を受け了解していたにもかかわらず、後日、一転して特段の理由なく国選弁護人請求を拒絶した。同人が接見時に落ち着きがなく体を触り続けたり、たまに独語をつぶやいている様子をあわせて考察すれば、同人に何らかの精神疾患の存在が疑われる。

　　このような事情からすると、同人には正当に自己の権利を主張し、防御をなしうる能力に欠ける疑いが存するといえ、同人が刑事訴訟法37条の４に規定された精神上の障害その他の事由により弁護人を必要とするかどうかを判断することが困難である疑いがある被疑者であって弁護人を付す必要があると認められることから、本件では職権で弁護人を付すのが相当と思料される。

　　なお、同人に職権で国選弁護人が付される場合は、当職が同人の国選弁護人に就任することを承諾しており、その旨日本司法支援センター○○地方事務所にも連絡済みである。

以　上

カルテ開示請求書

○○年○月○日

○○病院　御中

△△△△代理人　弁護士　□□□□

　下記のとおり、カルテ開示を請求いたします。

記

1　患者名
　　△△△△（フリガナ）
　　○○年○月○日生

2　開示を求める範囲
　　○○年から○○年の間に、△△△△氏が受診した際に作成されたカルテのすべて。

3　開示方法
　　コピーの送付
　　（送付先）
　　〒○○○-○○○○
　　○○県○○市○○○○○○○　□□□□法律事務所
　　　　電話　○○○-○○○-○○○○
　　　　FAX　○○○-○○○-○○○○

添付書類

1　委任状

以　上

同 意 書

○○病院　御中

　私は、弁護士□□□□（○○弁護士会登録、○○法律事務所所属）が、自己の事件について利用する範囲において、自分に関する医療情報一式を医療機関から直接取得・利用することに同意します。

　○○年○月○日

　同意者　〒○○○-○○○○　○○県○○市○○○○○○○○
　　　　　△△△△

以　上

刑事書式5

事件名　○○被疑事件
被疑者　△△△△

申　入　書

○○年○月○日

○○地方検察庁　検察官　○○○○殿
○○警察署司法警察職員　○○○○殿

弁護人　□□□□

　上記被疑者に関し、下記の点を申し入れます。必ずご対応ください。

記

第1　申入れの趣旨
　　　上記被疑者の今後の取調べや実況見分（以下、「取調べ等」といいます）において、以下の事項を求めます。
　1　精神障害を抱えている被疑者に対し、その障害特性に十分な配慮をすること。
　2　取調べ等に際し、弁護人および心理や福祉の専門家の立会いを実施すること。
　3　取調べ等につき、その「全過程」をビデオ録画ないし録音すること。

第2　申入れの理由
　1　取調べ等に十分な配慮が必要なこと
　　　被疑者は、従前より、統合失調症と診断されており、精神保健福祉手帳2級を取得しています。
　　　このような精神障害を抱えている場合、コミュニケーションにおいて、比喩表現などの会話を使えなかったり、理解できなかったり、統一的な思考が難しくなり、自分の思っていることを表現することができないなどの特徴があります。
　　　その結果、質問の意味がわからなくても、肯定する反応を示したり（黙従反応）、誘導に乗ったりしてしまう可能性があります。そのため、質問者との関係性や質問者の態度が極めて大きな意味をもつことを理解していただければと思います。とくに、被疑者にストレスを与えるような質問方法は慎んでください。
　　　このような障害特性を理解しないまま供述調書を作成すると、結果として間違った結論につながってしまうおそれが非常に高いといえます。あわせて、終局処分にあたっての被疑事実に関する判断においても、被疑者の供述に徒に引

きずられることなく、あくまで客観的な証拠のみに基づいてご判断ください。

　また、2016年4月から施行されている障害を理由とする差別の解消の推進に関する法律（障害者差別解消法）は、行政機関等は、「その事務又は事業を行うに当たり、障害を理由として障害者でない者と不当な差別的取扱いをすることにより、障害者の権利利益を侵害してはならない」と規定し、また、「その事務又は事業を行うに当たり、障害者から現に社会的障壁の除去を必要としている旨の意思の表明があった場合において、その実施に伴う負担が過重でないときは、障害者の権利利益を侵害することとならないよう、当該障害者の性別、年齢及び障害の状態に応じて、社会的障壁の除去の実施について必要かつ合理的な配慮をしなければならない」と規定しています（同法7条）。当然、警察署や検察庁もこの行政機関に該当し、障害のある人にして不当な差別的取扱いをすることは禁止され、合理的配慮の提供が義務づけられているところです。

　この観点からも、取調べ等において、本人の障害特性に配慮した対応が法的に要求されるところです。

　以上のことから、被疑者の取調べ等に関し、十分な合理的配慮を尽くされますよう、お願いいたします。

2　取調べ等への立会いが必要なこと

(1)　弁護人の立会いについて

　弁護人の立会いは、黙秘権（憲法38条1項）や弁護人依頼権（憲法34条）を実質的に保障するためのものとして認められるべきです。本来、弁護人の取調べ等への立会いは、黙秘権の実行を担保したり、弁護人の有効な援助を受けるために、必要不可欠なものです。それに加えて、障害のある人の場合には、黙秘権を実行できなかったり、取調べでの質問の意味がわからないことがあるなど、よりいっそう弁護人立会いの必要性が高いといえます。

　また、このような障害による不利益が生じているのであれば、それに対して前記の合理的配慮の提供として、弁護人が立ち会うことが認められるべきです。

　これらの事情を十分に踏まえて、弁護人が立会うことができるよう強く希望いたします。

(2)　心理・福祉の専門家の立会いについて

　また、心理・福祉の専門家の立会いも不可欠です。弁護人はあくまでも本人の権利の実効性を担保するために立ち会うのに対し、心理・福祉の専門家が立ち会う必要性は、本人の心理的安定や、実際に必要とされる配慮を具体的に求めるということにあります。

　このような立会いは、前記の障害者差別解消法で定められている合理的配

　慮の提供として実施されるべきです。

　　日本弁護士連合会は、2006年3月1日、知的障害のある男性が誤って逮捕・起訴された事件について、同種の人権侵害行為が起きないよう、知的障害のある被疑者の取調べの可視化と、被疑者を補助する立場にあり、かつ、被疑者に取調べの発問等の意味を十分に理解させることができる者の立会いを認めるなどの措置をとることを、検事総長および警察庁長官に対して警告しています。また、2012年9月14日には、「知的障がいのある被疑者等に対する取調べの立会いの制度化に向けた意見書」を発表するなど、障害のある被疑者に対する取調べ等への立会いについては、非常に強い要請があります。

　　このような動きの中で、実際にいくつかの地方検察庁では、障害のある被疑者の取調べに際し、第三者の心理や福祉の専門家が立ち会うなどの試みが行われているところです。このような趣旨は、精神障害の人の場合でも異なることはありません。

　⑶　小括

　　以上のことから、①弁護人および②福祉の専門家について、取調べ等への立会いの実施を求めます。

3　取調べ等の可視化が必要なこと

　　適正な取調べ等のために、取調べ等の可視化（全過程の録画・録音）は必要不可欠です。

　　最高検察庁の2019年（平成31年）4月19日付依命通知（以下、「本依命通知」といいます）により、一定の事件は録画・録音すべきこととされているところ、本件は裁判員裁判対象事件であり、本依命通知の対象に該当します。

　　弁護人は現時点で、本件については公判請求をすべきではないと考えておりますが、少なくとも公判請求がなされた場合、取調べ等における被疑者の供述の任意性・信用性が重要な争点となる可能性があります。

　　本件においては、本依命通知別添1「取調べの録音・録画の実施対象事件等」第1「取調べの録音・録画の実施対象事件等」2項所定の録画・録音の除外事由のいずれにも、該当する事情は存しません。すなわち、本件において、録画・録音を行うことで、取調べ等の真相解明機能が害されるおそれがあることは、具体的には論証されません。また、取調べ等を録画・録音することで、関係者の身体、名誉、プライバシー等の保護やその協力確保に支障が生じる可能性も、何ら考えられません。したがって、本件は、いかなる意味からも、取調べ等全過程の録画・録音が必要な事件です（もし、例外事由該当性があり、実施対象とはならないと検察官において主張されるのであれば、例外事由該当性について、書面をもって具体的に論証するよう求めます）。

刑事書式5

　　また、上記録画・録音がなされる場合には、当然のことながら、それが「全過程」であることが必要です。一部の録画・録音では、当該供述が、捜査官の誘導等がなく、任意になされたものであるか否かの事後的検証はなしえません。取調べ等の開始から終了まで、全過程の録画・録音を求める所以です。

　　さらに、以上の取調べ等全過程の録画・録音の必要性は、検察官の取調べ等だけではなく、警察官の取調べ等においてもそのまま当てはまります。

　　なお、本依命通知においては、「逮捕・勾留中の被疑者で、精神の障害等により責任能力の減退・喪失が疑われる者」も対象にしております。この点からも、本件においては、取調べの録音・録画は不可欠です。

　　よって、検察官において、取調べ等の「全過程」を録画・録音され、併せて、司法警察職員に対し、警察における取調べ等についても「全過程」を録画・録音されるよう指揮されることを求める次第です。

　　　　　　　　　　　　　　　　　　　　　　　　　　　　　以　上

刑事書式6

申 入 書

○○年○月○日

○○拘置所　所長　○○○○　殿

弁護士　□□□□

　当職は、被告人△△△△の○○被告事件の弁護人を務めている弁護士です。

　被告人は現在、○○拘置所で勾留されております。

　被告人は、本件事件前から、双極性障害の診断を受け、通院治療をしていました。向精神薬や睡眠薬を処方され、これを服用していました。具体的には、○○を○mg、○○を○mg処方されていました。また、本件で勾留されてからも、勾留先の○○警察署で、同様の処方を受け、服薬していました。

　ところが、○○年○月○日に○○拘置所に移送されてから、被告人は、別の薬を処方されるようになったと話しています。そして、その結果、ほとんど眠ることができない状態になっているとのことです。

　このような状態が続けば、被告人について、精神状態だけでなく、身体にも重大な影響が生じるおそれがあります。被告人の年齢（○歳）に照らせば、重篤な身体症状が生じることも否定できません。

　そのため、被告人に対して早急に専門医による診察を実施して、適切な精神薬を処方していただくよう申し入れます。早急にご対応ください。

以　上

事件名　殺人被疑事件
被疑者　△△△△

意　見　書

〇〇年〇月〇日

〇〇地方検察庁　検察官　〇〇〇〇　殿

弁護人　□□□□

　上記被疑者に対する殺人被疑事件について、弁護人の意見は以下のとおりである。

第１　終局処分に対する意見
　１　意見の趣旨
　　　被疑者についての処分は、不起訴処分とし、速やかに釈放するのが相当である。
　２　意見の理由
　⑴　被疑事実について
　　　　被疑事実のうち、被疑者が被害者の頭部付近を殴打したことは争わないが、当該行為に及んだ当時、被疑者に殺意はなかった。それは、以下の点からも明らかである。
　　　　……。
　　　　よって、本件では殺意は認められず、傷害罪が成立するにとどまる。
　⑵　被疑者の訴訟能力および責任能力について
　　ア　事件前の状況
　　　　……。
　　イ　接見および面会時の状況（資料〇）
　　　　……。
　　ウ　鑑定医の意見
　　　　本件においては、被疑者に対する起訴前本鑑定が実施されている。
　　　　……。
　　　　このように、本件においては、鑑定医も、被疑者には認知症があり、訴訟能力および責任能力を欠く旨の意見を述べている。
　　エ　小括
　　　　以上のとおりの状況に照らせば、被疑者が認知症を患っており、現在訴訟能力を有しておらず、また、犯行時に心神喪失の状態であったことは明

－1－

らかである。

　(3)　まとめ

　　　よって、被疑者については、傷害罪が成立するにとどまるうえ、訴訟係属に
　　必要な訴訟能力を欠いていること、および、犯行における責任能力がないこ
　　とが明らかであり、不起訴処分とするのが相当である。

第2　医療観察法の申立てに対する意見

　1　意見の趣旨

　　　本件においては、心神喪失等の状態で重大な他害行為を行った者の医療及び
　　観察等に関する法律(以下、「医療観察法」という)の申立てを行わないこととす
　　るのが相当である。

　2　意見の理由

　(1)　傷害罪の場合

　　ア　はじめに

　　　　本件においては、前述のとおり、傷害罪が成立するにとどまる。また、傷
　　　害の結果も、全治○日という比較的軽微なものである。

　　　　このような場合の医療観察法の申立てについて、法は、検察官が「当該行
　　　為の内容、当該対象者による過去の他害行為の有無及び内容並びに当該対
　　　象者の現在の病状、性格及び生活環境を考慮し、その必要がないと認める
　　　とき」には、申立てをしないことを認めている(医療観察法33条3項)。すな
　　　わち、検察官は申立てについて裁量権を有しているのである。

　　　　本件においては、以下のとおり医療観察法の申立ての必要がないことが
　　　明らかであるから、申立てを行わないのが相当である。

　　イ　対象行為の内容、過去の他害行為

　　　　本件の対象行為は……。

　　　　よって、頭部付近を殴打したといっても、たまたま被害者の頭部に当た
　　　ってしまったにすぎない。また、被疑者は過去にこのような他害行為をし
　　　たことはない。

　　ウ　現在の病状——治療可能性がないこと

　　　　被疑者はアルツハイマー型認知症である可能性が高い。アルツハイマー
　　　型認知症については、現在、認知機能を完全に回復させるような治療は開
　　　発されておらず、あくまでも進行の抑制のための治療薬等が存在するにと
　　　どまる。

　　　　よって、被疑者の認知症による認知機能の低下は、治療不可能な状態に
　　　あり、このような認知症に対して、医療観察法による治療を受けさせる必

　　　要がないことは明らかである。なお、殺人未遂行為を行った対象者がアル
　　ツハイマー型認知症に罹患していたという事案において、医療観察法による
　　る医療における治療可能性がないことを理由に、医療を行わない旨の決定
　　がなされた事案も存在する（東京地決平25・7・29刑集67巻9号881頁）。
　エ　性格
　　　被疑者は、……。
　オ　生活環境──社会復帰環境が整っていること
　　　また、被疑者については、不起訴釈放後の社会復帰に向けた生活環境が
　　整っている。
　　　……。
　　　以上のように、本件においては、被疑者について、再犯防止を含め、社会
　　復帰に向けた環境が整っている。
　　　ここで、医療観察法の申立てがなされ、入院決定となった場合には、そ
　　こからさらに長期間入院することになる。しかし、高齢で自立歩行なども
　　困難な現在の被疑者の状況を踏まえれば、退院時に1人での生活ができな
　　いことは明らかであり、施設等に入れなければ暮らしていくことはできな
　　い。入院医療が必要なくなっても、円滑に適切な施設を用意することがで
　　きなければ、被疑者は身体的に不自由な状態で社会に放り出されることに
　　なるか、退院後の施設を探すために社会的入院を強いられることになって
　　しまう。これでは、早期の真の社会復帰がよりいっそう遠のくことになる。
　　また、退院する頃には現在よりもいっそう認知機能が大幅に低下している
　　ことが予測され、その時点で受け入れてくれる施設が見つかる保証もない。
　カ　以上のとおり、被疑者にとって、現在時点において社会復帰のために必
　　要な環境が整っているうえ、逆にこの機会を逃せば、被疑者に必要な施設
　　への入所が困難になる可能性もある。あえて医療観察法による治療を行う
　　よりも、現時点で釈放して施設へのスムーズな入所を果たしたほうが、被
　　疑者の社会復帰に資することは明らかである。
(2)　殺人未遂罪の場合
　　　また、仮に、被疑者の殺意を認定し、対象行為を殺人未遂罪とする場合に
　　も、本件では、医療観察法の申立てを行うべきではない。
　ア　法の趣旨
　　　条文上は、対象行為が殺人未遂罪の場合に、原則的には医療観察法の申
　　立てをすることとしている。
　　　しかし、「対象行為を行った際の精神障害を改善し、これに伴って同様の
　　行為を行うことなく、社会に復帰することを促進するためにこの法律によ

刑事書式7

る医療を受けさせる必要が明らかにないと認める場合」には例外的取扱い
を認めている（医療観察法33条1項）。この規定は、保安処分であるとの批
判を受けて修正されたものであり、修正者の意図は、医療の必要性が認め
られる者をすべて対象とするのではなく、その中でも本法による手厚い専
門的な医療を必要とするなど配慮が必要な者だけを対象とした点にある。
したがって、手厚い医療の必要性が明らかにない場合には、検察官は申立
てをしてはならないことになったのである。

イ　本件において、被疑者が対象行為を行った際の精神障害は認知症であ
り、前記(1)ウにおいて述べたとおり、この被疑者の認知症に対し治療可能
性はなく、医療観察法による医療を受けさせる必要性が存在しないことは
明らかである。

よって、本件では医療観察法の申立てを行うべきではない。

(3)　小括

このように、本件においては、傷害罪であっても殺人未遂罪であっても、あ
えて医療観察法による治療を行う必要がないことは明らかである。

これまで述べてきたように、被疑者に適切な医療を施す必要があることは
確かである。しかし、決して医療観察法の手続に乗せることが必要なのでは
ない。被疑者に必要なのは、適切な施設に入所し、症状の悪化を抑制し、健や
かな余生を過ごさせることであって、その環境はすでに整っている。本件で
医療観察法の申立てを行うことは、むしろ被疑者の社会復帰を阻害すること
にもなりかねない。

本件で医療観察法の申立てを行うべきでないことは明らかである。

第3　まとめ

以上のとおり、被疑者については、不起訴処分としたうえ、医療観察法上の申
立てを行わず、速やかに釈放するのが相当である。

以　上

令和○年 (わ) 第○○号　○○被告事件等
被告人　△△△△

情状鑑定請求書

○○年○月○日

○○地方裁判所　刑事部　御中

弁護人　□□□□

　上記被告人に対する頭書事件について、以下のとおり情状鑑定を請求する。

第1　鑑定すべき事項
1　本件各犯行当時における、被告人の精神障害（知的障害、パーソナリティ障害および発達障害を含む）の有無および程度。
2　上記被告人の精神障害が、本件各犯行時の事理弁識能力およびそれに従って行動を制御する能力に与えた影響の有無および程度。
3　被告人の人格について、精神医学的、心理学的にみて、どのような特徴がみられるか。
4　上記特徴は、どのように形成されたものと推測できるか（生物学的要因、環境的要因等）。
5　上記特徴は、本件各犯行に至る経緯や動機形成にどのように関連しているか。
6　その他、矯正または治療上、参考となるべき事項。

第2　請求の理由
1　被告人の特徴および検査の必要性
⑴　被告人は、○○年○月○日に前刑で○○刑務所を満期出所後、同年○月○日に警察によって逮捕されるまでの間、住居侵入、窃盗、強盗致傷の罪を重ねて犯した。
　　被告人は、複数の服役経験を有している。過去幾度も刑務所等で更生の機会が与えられながら、今回、出所後短期間で重大な犯罪を行ったものである。
　　被告人のこれまでの前科および本件各公訴事実に鑑みると、被告人には根深い犯罪傾向があるとも考えられる。
⑵　しかし他方で、被告人には、以下のような特異な成育歴、生活歴、行動傾向等が認められる。
　　　・幼少期に両親から虐待を受けていた。

－1－

・小学校高学年の頃から、家出や窃盗を繰り返していた。

・……。

(3)　このような被告人の特徴に鑑みれば、被告人の犯行について、何らかの精神障害（知的障害、パーソナリティ障害および発達障害を含む）の影響が考えられる。

そこで、弁護人は、この間、精神科医Ａと臨床心理士Ｂに対して、被告人の人格が精神医学・心理学の観点からどのような特徴があるかについて、一件記録の検討を依頼し、その意見を聴取した。聴取した結果は添付の報告書のとおりである。

(4)　Ａ精神科医およびＢ臨床心理士の意見によれば、……。

2　量刑判断のために精神・心理の専門家が関与する必要性

(1)　［客観的データの提供］

(2)　［前提となる専門知識の提供］

(3)　［中立的視点の提供］

(4)　［被告人の全人格的人物像の理解に資する情報の提供］

(5)　……

3　検査項目とその必要性

頭書の鑑定事項を明らかにするため、必要と思われる検査項目について、主なものは以下のとおりである。なお、詳細は添付の聴取報告書を参照されたい。

(1)　問診

家族歴、生活歴、犯罪歴、物質使用歴、現病歴、犯行前後の行動等

(2)　医学的検査

脳波、MRI、SPECT

(3)　心理検査

ア　WAIS−Ⅲ（ウェイス・スリー）

成人向け知能検査

イ　AQ（Autism-Spectrum Question）

成人の自閉症スペクトラムをスクリーニングするための自記式検査

ウ　……

4　当事者鑑定ではなく正式鑑定の必要性

……。

第3　鑑定人候補者について

鑑定人の選任は、［裁判所に一任・○○医師を推薦］する。

ただし、精神医学のほか心理学の知見も必要と思われるので、これらの知見

刑事書式8

に造詣の深い精神科医または臨床心理士を選任されたい。可能であれば、精神科医および臨床心理士の共同鑑定が望ましい。時間をいただければ弁護人において候補者探しに協力することは可能である。

以　上

添付書類
1　聴取結果報告書（A医師）
2　聴取結果報告書（B臨床心理士）

刑事書式９

令和○年（わ）第○○号　○○被告事件
被告人　△△△△

申　入　書

○○年○月○日

○○地方裁判所　第○刑事部　御中
○○地方検察庁　検察官検事　○○○○　殿

弁護人　□□□□

第１　申入れの趣旨
　　　上記被告人の公判手続において、以下のとおり配慮することを求めます。
　１　冒頭手続、証拠調べ手続、弁論、判決等、公判の全般にわたり、なるべく平易な言葉で被告人にわかりやすい説明をすること。
　２　冒頭陳述、判決など、被告人に交付する資料には、ルビをふること。
　３　尋問に際し、誘導尋問を多用しないなど、被告人が自由な供述ができる状態を確保すること。

第２　申入れの理由
　１　被告人の抱える障害
　　　被告人は、軽度知的障害を抱えており、愛の手帳４級を取得している。
　　　また、幼少時には、学習障害の診断を受けており、広汎性発達障害の疑いも指摘されているところである。
　２　障害に対する配慮の必要性
　　　知的障害や発達障害のある人の場合、コミュニケーションにおいて、比喩表現などの会話を使えなかったり、難解な言葉を理解できなかったり、統一的な思考が難しくなり、自分の思っていることを表現することができないなどの特性がある。そのため、公判においては、本人の障害特性に対する配慮が求められる。
　　　具体的には、法律用語等について難解な表現では理解できない可能性がある。
　　　また、質問においては、親和的でない態度でコミュニケーションを図られると、強い不安を感じ、質問の意味がわからなくても、肯定する反応を示したり（黙従反応）、誘導に乗ったりしてしまい、自由な供述ができない可能性が存在する。
　　　このような障害特性を理解しないまま裁判が進行してしまうと、被告人の裁判を受ける権利（憲法37条）が侵害されるうえ、被告人質問等においては、適正

－１－

な公判供述を獲得できないこととなってしまうおそれがある。当事者主義の観点からしても、このような障害特性への配慮が必要不可欠である。

この点に関し、障害を理由とする差別の解消の推進に関する法律（障害者差別解消法）は、行政機関等について、「その事務又は事業を行うに当たり、障害を理由として障害者でない者と不当な差別的取扱いをすることにより、障害者の権利利益を侵害してはならない」と規定し、また、「その事務又は事業を行うに当たり、障害者から現に社会的障壁の除去を必要としている旨の意思の表明があった場合において、その実施に伴う負担が過重でないときは、障害者の権利利益を侵害することとならないよう、当該障害者の性別、年齢及び障害の状態に応じて、社会的障壁の除去の実施について必要かつ合理的な配慮をしなければならない」と規定している（同法７条）。検察庁においては、この行政機関に該当し、合理的配慮を提供することが義務づけられている。

また、裁判所においては、司法機関は前記規定の対象に含まれていない。しかし、2014年に批准された障害者の権利に関する条約13条は、「締約国は、障害者が全ての法的手続（捜査段階その他予備的な段階を含む。）において直接及び間接の参加者（証人を含む。）として効果的な役割を果たすことを容易にするため、手続上の配慮及び年齢に適した配慮が提供されること等により、障害者が他の者との平等を基礎として司法手続を利用する効果的な機会を有することを確保する」と定めており、行政機関と司法機関とで合理的配慮の要否に差異を設けるべき理由はない。前記憲法上の要請に鑑みても、裁判所においても、障害のある人に対して、十分な配慮をした裁判を実現する必要がある。

3　具体的な配慮の内容

本件においては、前記のような被告人の障害特性に鑑み、被告人が理解できる形で情報を提示したり、被告人が自由な供述ができる状態で被告人質問を行う必要がある。

そこで、具体的な配慮として、申入れの趣旨記載のとおり、

①　冒頭手続、証拠調べ手続、弁論、判決等、公判の全般にわたり、なるべく平易な言葉で被告人にわかりやすい説明をすること

②　冒頭陳述、判決など、被告人に交付する資料には、ルビをふること

③　尋問に際し、誘導尋問を多用しないなど、被告人が自由な供述ができる状態を確保すること

を求める。もちろん、これにとどまらず、公判全体において、被告人の障害特性への配慮が求められており、適宜、その配慮の内容について協議させていただきたい。

以　上

－2－

令和○年（わ）第○○号　○○被告事件
被告人　△△△△

特別弁護人選任許可申立書

○○年○月○日

○○地方裁判所　刑事第○○部　御中

弁護人　□□□□

　上記被告人に対する頭書被告事件について、以下のとおり、特別弁護人の選任許可を申し立てる。

第1　申立ての趣旨

　　　被告人が、下記の者を刑事訴訟法31条2項に定める特別弁護人として選任することについて、許可を求める。

記

A氏（社会福祉士・精神保健福祉士）

第2　申立ての理由

　　　以下のとおり、本件においては専門的知見の必要性が高いことから、特別弁護人を選任する必要がある。

1　被告人との意思疎通の点からの必要性

　　　本件においては、被告人が統合失調症を抱えていることに争いはない。そして、被告人の障害特性により、弁護人と被告人との間の接見におけるコミュニケーションは、非常に困難なものとなっている。

　　　具体的に、被告人の接見時の様子としては、空笑（誰かと話しているわけでもないのに、突然1人で笑うこと）、独語（相手の発言などに関係なく、1人で話をしていること）、エコラリア（いわゆる「オウム返し」のこと）などが著しい状況である。このことは、○○医師作成の精神鑑定書などでも言及されているところである。

　　　このような被告人に対し、弁護人も接見を重ね、円滑なコミュニケーションをとれるように努力しているものの、未だ十分な意思疎通ができているとはいえない状況である。この状態が続けば、今後予定される公判における被告人質問などの準備に支障を来し、当日の公判の円滑な進行を妨げることになるおそ

－1－

れもある。

　よって、被告人との意思疎通の点から、障害特性を理解している専門家に弁護人として関与してもらう必要性が高い。

2　今後の支援構築からの必要性

　本件においては、A氏に、被告人の今後の支援の計画を立てていただくことを予定している。

　支援計画を立てるためには、前提として、被告人の障害特性を十分に理解したうえで、それ以外の心理的・社会的な要因と、事件との関係性を明らかにしなければならない。そのうえで、再度事件を起こすことなく被告人が平穏に過ごすことができるための支援を考えていくことになる。

　このような分析を行うためには、障害そのものや、福祉サービスについての専門的知見が必要不可欠である。また、これによって作成された支援計画を被告人に適切に伝えていくことも必要である。弁護士だけでは、このような被告人に対する必要な支援を考え、また、被告人に十分に伝えていくことには限界がある。

　よって、この点からも、専門家に弁護人として関与してもらう必要性が高い。

3　特別弁護人として選任する必要性

　以上の観点から、弁護人は、社会福祉士であり精神保健福祉士でもあるA氏に、本人と接見し、被告人の認識している事実や被告人の意思について確認していただいたり、障害と事件との関係性を分析したうえで今後の支援を計画していただき、被告人質問の準備などに同席していただくことを予定している。A氏は、障害福祉の専門家であり、多くの障害のある人と接してきた経験を有しており、被告人と円滑なコミュニケーションをとり、適切な支援計画を立てていただくことを期待することができる。

　しかし、被告人の留置されている○○拘置所においては、一般面会は原則15分程度しかできず（仮に事情を説明して申入れを行っても、最大で30分程度しか認められない）、また常に拘置所職員が面会に立ち会うこととなってしまう。被告人の上記のような状態からすれば、たとえ専門家であったとしても、十分な時間を確保したうえでのやりとりを行うことが不可欠であり、30分程度の面会で意思疎通を行うことは非常に困難である。

　また、障害のある人とのコミュニケーションにおいては、本人が安心できる環境を設定することも重要である。しかし、被告人は、拘置所職員に対しての不信感を訴えており、このような者が立ち会う中で被告人との面会を行っても、被告人の本来の意思を聞き出すことは不可能である。

　さらに、被告人質問の準備のため、弁護人の接見にA氏が同席した場合、A氏

　　が弁護人として選任されていないと、一般面会扱いとなり拘置所職員の立会い
　　がなされることとなってしまい、被告人が職員を気にして十分な被告人質問の
　　準備ができなくなってしまう。
　　　そのため、拘置所職員の立会いなく、A氏と被告人との十分な意思疎通の時
　　間を確保するためにも、A氏を特別弁護人として選任する必要性は非常に高い。
　４　よって、A氏を特別弁護人として選任することについて、許可を求める。

以　　上

－3－

医観法書式1

令和○年 (医ろ) 第○○号
対象者　△△△△

上　申　書

○○年○月○日

○○地方裁判所　刑事第○部　御中

付添人　□□□□

　上記対象者に対する頭書事件について、以下のとおり上申いたします。

1　上申の趣旨
　　対象者の父○○および母○○について、対象者の医療観察法審判の傍聴を許可することを求める。

2　上申の理由
　　対象者の父○○および母○○は、対象者の家の近くに居住し、対象者の面倒をみていた者であって、今後も支援を行っていく意思を有している。したがって、対象者の社会復帰において支援を期待でき、対象者の審判結果に対して重大な関係を有しているため、審判の内容を直接見聞きすることが、今後の支援において対象者の問題を認識するうえで必要である。
　　また、上記2名は、従前の対象者の生活状況や通院状況、服薬状況を詳細に把握していることから、審判への在廷を許可することによって、審判において必要に応じて事情聴取を行うことができる。
　　なお、対象者の父は、○○家庭裁判所に対して保護者選任の申立てを行っているが、現時点において保護者選任決定がなされていない。
　　以上から、○○年○月○日の審判において、上記2名の傍聴を認めることが必要であって相当であるから、対象者の医療観察法審判において上記2名の傍聴を許可することを求める次第である。

以　上

医観法書式2

上　申　書

○○年○月○日

○○地方裁判所　刑事部　御中

弁護士　□□□□

1　上申の趣旨

　　当職を、対象者○○にかかる退院許可申立事件(○○地方裁判所令和○年(医ろ)第○○号)の国選付添人に選任していただきたく、上申いたします。

2　上申の理由

　　対象者は、○○年○月○日より、指定入院機関である○○病院に本法に基づく入院をしていますが、対象者は家族との関係が改善されれば退院は可能であると主張し、当職が付添人として関わることを希望しています。当職は、対象者から退院の相談を受け、対象行為となった事件および家族との関係を含めた入院後の経緯を対象者から聞いて、対象者との間に信頼関係ができており、付添人として選任されれば家族と連絡をとり、関係改善に向けた活動を行う予定です。

　　もっとも、対象者は資産も収入もなく、本件入院の原因となった対象行為を機に家族との関係が現在は断絶した状態にあることから、経済的支援も得られず、自ら付添人を依頼することができません。

　　なお、対象者の入院する○○病院と当職の事務所は同じ県内にあることから、対象者との意思疎通に適した場所におります。

　　以上の事情に鑑み、国選付添人の選任を希望いたします。

以　上

退院許可申立書

○○年○月○日

○○地方裁判所　御中

付添人　□□□□

　　　対象者　△△△△
　　　　　　　生年月日

　上記対象者は、○○地方裁判所が○○年○月○日になした対象者に医療を受けさせるために入院をさせる旨の決定によって、○○医療センターに入院しているので、以下のとおり退院許可を申し立てる。

第1　申立ての趣旨
　　対象者に対して退院を許可するとの決定を求める。

第2　申立ての理由
　1　総論
　　　対象者には、以下に述べる理由から、入院による医療を受けさせる必要性が消失しており、入院先の○○医療センターから速やかに退院させるべきである。
　2　対象者の精神障害の状況
　　　……。
　3　指定入院医療機関における治療状況
　　　……。
　4　対象行為と同様の行為を繰り返す可能性がないこと
　　　……。
　5　退院後の対象者の生活環境
　　　……。
　6　対象者に対する支援の状況
　　　……。
　7　結語
　　　以上より、対象者は、○○医療センターにおける入院治療によって、対象行為を行った際の精神障害が改善され、同様の行為を行うことなく社会に復帰することを促進するために入院をさせて心神喪失者等医療観察法による医療を受けさせる必要がなくなった。
　　　したがって、退院を許可すべきである。

－1－

医観法書式3

以　上

添付書類
1　付添人選任届　1通

－2－

医観法書式4

令和○年 (医ろ) 第○○号
事件名　入院継続の確認の申立事件
対象者　△△△△

意 見 書

○○年○月○日

○○地方裁判所　刑事第○部　御中

付添人　弁護士　　□□□□

第1　意見の趣旨
　　　対象者については、退院を許可するとともに入院によらない医療を受けさせる旨の決定を求める。

第2　意見の理由
　1　指定入院医療機関の意見
　　　指定入院医療機関は、○○年○月○日付けで入院継続の申立てを行っているが、……。
　　　今後予定される医療や対象者の病状に対する影響については抽象的な記載にとどまっており、本法による医療の必要性について具体的な説明はなされていないといわざるをえない。
　2　対象者の病状について
　　　他方、当職は、就任後、対象者に2度面接しているが、いずれも精神状態は安定しており、特段入院を要する病状はうかがわれない。対象者によると、半年ほど前から薬物の処方量は一定し、それに伴って幻聴は激減し、イライラすることもなくなったという。
　3　対象者の今後の生活・通院の調整
　　　当職が就任以後に行われたケア会議、社会復帰調整官、○○市の努力により、退院後の住居としては、療育的な対応により対象者を見守ることのできる施設として、○○市のグループホームNPO法人○○ (以下、○○〔〒○○○-○○○○　○○市○○○○○、電話○○○-○○○-○○○○〕) に受け入れてもらう方向での調整ができ、また、通院医療機関として、○○市の○○病院 (以下、○○〔〒○○○-○○○○　○○市○○○○○、電話○○○-○○○-○○○○〕) に受け入れてもらう方向での調整がなされている。
　　　対象者も退院を強く希望し、また、上記グループホーム○○に受け入れても

－1－

医観法書式4

らう方向での調整をしていることを伝えたところ、非常に喜んでおり、退院に
向けた意欲も認められる。

4　まとめ

　　以上のような状況であるから、対象者については、退院を許可するとともに
入院によらない医療を受けさせる旨の決定を求める。

以　上

処遇改善請求書

○○年○月○日

厚生労働大臣　殿

請求者　氏　　　名　△△△△
　　　　住　　　所　不定
　　　　（居　　　所）○○県○○市○○○○○○　○○県立精神医療センター内
　　　　生年月日　○年○月○日（○歳）
代理人　氏　　　名　弁護士　□□□□
　　　　事　務　所　○○県○○市○○○○○○　□□□□法律事務所
　　　　　　　　　　TEL　○○○-○○○-○○○○
　　　　　　　　　　FAX　○○○-○○○-○○○○

第1　請求の趣旨
　　　○○県立精神医療センターの管理者に対して、請求者に対する隔離処遇を解除するよう命ずべきである。

第2　請求の理由
　1　請求者の属性等
　　　請求者は、○○年○月○日、心神喪失等の状態で重大な他害行為を行った者の医療及び観察等に関する法律（以下、「医療観察法」という）33条1項の申立てを受けた審判の結果、妄想型統合失調症に罹患し、対象行為時に心神耗弱だったとされ、同年○月○日、医療観察法42条1項1号の入院決定を受けた。そのため、指定された○○県立精神医療センター（以下、「本件病院」という）を入院医療機関と指定され、同日、請求者は本件病院に移送された。
　　　なお、本件対象行為は、○○年○月○日、○○県○○市内の請求者の居宅において、……暴行を加え、同人に全治約1ヶ月間を要する○○等の傷害を負わせたという傷害行為である。
　2　問題となる処遇の内容およびそれに至った経緯
　　　請求者は、○○年○月○日……。
　　　……という経緯をめぐって、他の入院患者と口論になり、病院職員から引き離されて、その場は収まったものの、興奮していたため、病院職員の言辞に反応して怒号を上げたところ隔離処遇を受けるに至った。
　3　隔離処遇が許容されないこと

－1－

　　指定入院医療機関の管理者は、入院決定を受けて入院している対象者につき、その医療または保護に欠くことのできない限度において、その行動について必要な制限を行うことができるが(医療観察法92条1項)、厚生労働大臣が定めた処遇の基準を遵守しなければならない(医療観察法93条2項)。

　　そして、医療観察法93条1項により厚生労働大臣が定める基準によれば、「入院対象者の症状からみて、入院対象者本人又は周囲の者に危険が及ぶ可能性が著しく高く、隔離以外の方法ではその危険を回避することが著しく困難であると判断される場合に、その危険を最小限に減らし、入院対象者本人の医療又は保護を図ることを目的として行われるもの」であり、「入院対象者の症状からみて、その医療又は保護を図る上でやむを得ずなされるものであって、制裁や懲罰あるいは見せしめのために行われるようなことは厳にあってはならない」とされている(平成17年7月14日厚生労働大臣告示第338号)。

　　本件において問題となっている行為ないし症状は怒号を上げたというものであるが……。

　　……懲罰的というものであり、……。

　　したがって、本件請求者に対する隔離は許容されない。

4　まとめ

　　よって、○○県立精神医療センターの管理者に対して、請求者に対する隔離処遇を解除するよう命ずべきである。

　　　　　　　　　　　　　　　　　　　　　　　　　　以　　上

精福法書式１

委 任 状

○○年○月○日

住　所　○○県○○市○○○○○○○○
委任者　△△△△

　私は、次の弁護士に、○○県知事（精神医療審査会）に対する審査請求に関する下記の各事項を委任します。

住　所　○○県○○市○○○○○○○○
○○弁護士会所属
弁護士　□□□□
電　話　○○○−○○○−○○○○
ＦＡＸ　○○○−○○○−○○○○

記

1　病院からの退院および同病院の処遇改善の請求に関して必要な一切の権限
2　上記病院から私の病状、診療経過等について説明を受け、診療録を閲覧および謄写して受領する権限（そのために委任した弁護士に私の個人情報が開示されることを同意する）
3　私の家族等との利害調整、交渉をする権限
4　復代理人を選任する権限

以　上

精福法書式２

退院請求書[*1]

○○年○月○日

○○県知事　殿[*2]

　　　　請求者　氏　　名　　△△△△
　　　　　　　　住　　所　　○○県○○市○○○○○○
　　　　　　　　生年月日　　○○年○月○日 (○歳)
　　　　代理人　氏　　名　　□□□□
　　　　　　　　事 務 所　　○○県○○市○○○○○○　　□□法律事務所
　　　　　　　　電話　　○○○○-○○-○○○○
　　　　　　　　FAX　　○○○○-○○-○○○○

　　精神保健福祉法38条の４の規定に基づき，下記患者について，
　　　　退院させることを命じる
　との退院請求をする[*3]。

記

患者 (精神病院に入院中の者)	氏名　△△△△ (○○年○月○日生) 住所　○○県○○市○○○○○○
請求者と患者の関係	本人
入院先病院の名称	○○病院 (○○県○○市)
入院年月日	○○年○月○日
入院形態	医療保護入院
請求の理由	別紙意見書のとおり

以　上

[*1] 本書式において、点線で囲んだ部分は法定記載事項 (精福法施行規則22条)。
[*2] 宛先は精神医療審査会ではないので注意。政令指定都市の場合、宛先は当該市長。
[*3] 記載例は医療保護入院の退院請求の場合。措置入院に対する退院請求は「退院させる」との退院請求、処遇改善は、例えば隔離解除の請求は「隔離を解除することを命じる」との処遇改善請求と記載する。

精福法書式３

意 見 書

〇〇年〇月〇日

〇〇県知事　殿

請求者　△△△△

代理人　弁護士　□□□□

第１　意見の趣旨

　　　請求者については、〇〇病院の管理者に対して退院させるように命ずるのが相当である。

第２　意見の理由

　１　経歴[*1]

　　　請求者は、〇〇年〇月〇日に出生し、〇〇高等学校を卒業後、飲食店勤務、生命保険代理店勤務、業務用電気機器販売店勤務等の就業歴がある。

　　　現在は無職で、本件入院（〇〇年〇月〇日）の当時、離職者の職業訓練としてパソコン技能習得を経たうえで求職活動中だった。

　　　精神科病院に何度か入院したことを契機に、〇〇年に障害年金（〇級）を受給するようになり、現在、２ヶ月で約〇万円を受給している。

　　　請求者は、〇〇年〇月〇日に現在の妻と婚姻し、〇〇年および〇〇年にそれぞれ長男および長女が出生している。

　　　請求者は、現在、妻および長女と同居している（長男は婚姻し、〇〇市に居住している）。

　２　病歴等[*2]

　　　請求者は、〇〇年頃から、就職していた会社が倒産したことによる失業が原因となり、不眠、下痢等の症状があったことから精神科通院するようになり、〇〇年に妄想様の思考を抱き始めたことを契機に初回入院となり、以後、今回まで４回の入院歴がある（カルテおよび本人の陳述）。

　　　前回入院の〇〇年〇月〇日退院後は、〇〇病院に通院して服薬を継続してきた。

[*1] 退院後の生活適応に関する事項であり、本人聴取を中心に、可能な限り有用な情報を詳細に把握する。

[*2] 本人の陳述だけでなく、入院届、カルテ等の資料によって、客観的事実を確認するように努める。

－1－

精福法書式3

3　本件入院に至った経緯*3

　　請求者によれば、病状の悪化の際には、不眠に陥り混乱してきてわけがわか
らなくなる（記憶がなくなる）。

　　請求者は、○○年○月○日に発生した水害の映像を見ているうちに、不眠に
陥り混乱し、同月○日、徘徊していたところを警察に保護されて、保健所職員に
連れてこられて○○病院を受診し、今回の医療保護入院となった。約2週間隔
離処遇を受けていたが、現在は隔離は解除されて外出も行っている。また、他患
との間でトラブル等は一切ない。

　　なお、請求者は前回退院直後に病状を悪化させて再入院に至ったが、これは
その入院の際の就業先に復帰したいという請求者の要望で退院を急いだもの
の、結局、職場復帰できなかったことがストレスになり再発したものと思われ
る。しかし、今回は早期に復帰しようとする就業先もなく、かつ前回の失敗も踏
まえて、請求者は無理をしないようにすると述べている（請求者の陳述およびカ
ルテ参照）。

4　面接時の状況*4

　　請求者は、落ち着いて会話をしていて疎通は良好である（通常人と変わらな
い）。また、自己が統合失調症であること、および入院時の症状を病気によるも
のであったことを十分理解している状況である。

　　今回入院になった病状の悪化は薬が途切れたことが原因の一つと自己分析
し、今後は油断しないようにして服薬を継続したいと述べている状況である。

5　請求者の希望等*5

　　退院後は、できるだけ速やかに就職したいということである（入院当時は求職
中）。

6　担当医師等の所見

（1）担当医師

　　担当医師の○○年○月○日当時の意見は、請求者に対する診断は統合失調
症であり、入院してそれほど時間が経っておらず、現時点では退院は時期尚
早とのことだった。

（2）近親者の受入状況

　　妻は1週間に1回程度、請求者に面会しており、病状が快方すれば、従前ど
おりに一緒に生活することに反対していない。

---

*3　本人と病院の認識が異なる場合があるので注意が必要である。

*4　面接等によって、請求にプラスとなる事情を引き出すように努める。

*5　予備的請求（例えば、退院請求に対して予備的に任意入院への形態変更）の有無を確認する。

精福法書式3

7　当職の意見
　(1)　症状の沈静化
　　　　請求者は、統合失調症と思料されるものの、すでに症状は相当程度沈静化
　　　しており、特筆するような病状はなく、今回入院に至った理由についても、自
　　　己の病状を自覚しているところである。
　(2)　通院を継続することが期待できること
　　　　請求者は、通院および服薬を継続すると述べているし、事実、前回退院から
　　　約3年にわたり通院を継続してきた実績がある。また、前述したとおり今回
　　　の病状悪化は怠薬が原因の一つだったと分析しており、今後は服薬を途切れ
　　　させないようにすると述べている。
　　　　したがって、患者については通院および服薬は継続することができる。
　(3)　まとめ
　　　　以上のような請求者の状況からして、少なくとも現時点では、「医療及び保
　　　護のため入院の必要がある者」に該当せず、かつ、同意能力も十分あり「第22
　　　条の3の規定による入院が行われる状態にない」ともいえないため、これ以上
　　　の医療保護入院の継続は不相当である。
　　　　したがって、意見の趣旨記載のとおり、請求者については、○○病院の管理
　　　者に対して退院させるように命ずるべきである。

　　　　　　　　　　　　　　　　　　　　　　　　　　　　　　　　　以　　上

精福法書式4

追加意見書

〇〇年〇月〇日

〇〇県知事　殿

請求者　△△△△
代理人　弁護士　□□□□

　〇〇年〇月〇日の現地意見聴取を踏まえた意見は以下のとおりである、

1　請求者の現状について
　現地意見聴取時の請求者の陳述によれば、請求者には若干の幻聴または妄想があるとも考えられる。
　しかし、その内容は「声のイメージ」と表現されており、それが幻聴または妄想というべきものかは明らかではない。
　また、仮にそれを幻聴または妄想だとしても、荒唐無稽な内容を伴なったり、それによって現実生活が振り回されるような状況ではない。事実、請求者はそのような「声のイメージ」がある中でこれまでも社会生活を営んできたのであり、その程度の幻聴または妄想の存在が入院を継続する理由とはならない。

2　まとめ
　以上のような状況からして、請求者は「医療及び保護のため入院の必要がある者」に該当しないため、これ以上の医療保護入院の継続は許されない。
　したがって、すでに述べたとおり、請求者については、〇〇病院の管理者に対して退院させるように命ずるべきである。

以　上

参考文献

●刑事弁護

訴訟能力研究会編『訴訟能力を争う刑事弁護』(現代人文社、2016年)

水藤昌彦監修／東京TSネット編『更生支援計画をつくる〔第2版〕—罪に問われた障害のある人への支援』(現代人文社、2024年)

日本弁護士連合会刑事弁護センター編『責任能力の手引き』(現代人文社、2015年)

東京弁護士会期成会明るい刑事弁護研究会編『責任能力を争う刑事弁護』(現代人文社、2013年)

内田扶喜子・谷村慎介・原田和明・水藤昌彦『罪を犯した知的障がいのある人の弁護と支援—司法と福祉の協働実践』(現代人文社、2011年)

浜井浩一・村井敏邦編著『発達障害と司法—非行少年の処遇を中心に』(現代人文社、2010年)

大阪弁護士会編『知的障害者刑事弁護マニュアル—障害者の特性を理解した弁護活動のために』(Sプランニング、2006年)

司法研修所編『難解な法律概念と裁判員裁判』(法曹会、2009年)

『刑事弁護ビギナーズ ver.2.1』(現代人文社、2019年)

特集「裁判員裁判における精神鑑定」季刊刑事弁護69号(2012年)

特集「責任能力弁護の新しい流れ」季刊刑事弁護93号(2018年)

●医療観察法

九州弁護士会連合会『医療観察付添人の基礎と実践〔第2版〕』(2023年)

日本弁護士連合会刑事法制委員会『Q&A心神喪失者医療観察法解説〔第2版補訂版〕』(三省堂、2020年)

法曹会編『「心神喪失等の状態で重大な他害行為を行った者の医療及び観察等に関する法律」及び「心神喪失等の状態で重大な他害行為を行った者の医療及び観察等に関する法律による審判の手続等に関する規則」の解説』(法曹会、2013年)

加藤俊治・村山浩昭・田岡直博「医療観察事件」三井誠ほか編『刑事手続の新展開(上)』(成文堂、2017年)191頁

稗田雅洋「心神喪失者医療観察法による審判手続の運用の実情と留意点」『植村立郎判事退官記念論文集—現代刑事法の諸問題　第2巻第2編実践編』(立花書房、2011年)389頁

三好幹夫「心神喪失者医療観察法施行後2年の現状と課題について」判例タイムズ1261号(2008年)25頁

●精神保健福祉

精神保健福祉研究会監修『四訂　精神保健福祉法詳解』(中央法規、2016年)

池原毅和編著『精神保健福祉の法律相談ハンドブック』(新日本法規、2014年)

池原毅和『精神障害法』(三省堂、2011年)

福岡県弁護士会『精神障害者の人権救済—精神保健当番弁護士ハンドブック〔新版〕』(福岡県弁護士会・福岡県弁護士協同組合、2018年)

融道男ほか監訳『ICD-10 精神および行動の障害—臨床記述と診断ガイドライン〔新訂版〕』(医学書院、2005年)

●精神障害者全般

朝田隆監訳『みる　よむ　わかる　精神医学入門』(医学書院、2015年)

石山勲『精神保健・医療・福祉の正しい理解のために—統合失調症の当事者からのメッセージ』(萌文社、2005年)

インターネット情報

●弁護士会情報

精神保健福祉マニュアル　日弁連ウェブサイト＞会員専用ページ＞事件処理＞民事・家事／高齢者・障がい者関係＞高齢者・障害者の権利に関する委員会「精神保健福祉マニュアル」（2014年改訂版）

※　精神障害者に対する法律相談・支援、精神保健福祉法の退院請求手続等に必要な情報・資料。「精神医療審査会運営マニュアル」や主な厚労省通知も含まれている。ただし、2024年5月27日現在では2022年改正は反映されていないので、留意が必要である。

日弁連の法律援助事業の書式　日弁連ウェブサイト＞会員専用ページ＞事件処理＞その他＞法律援助事業関係＞委託援助業務利用における書式

※　精神保健福祉法の退院等請求手続代理、医療観察法の付添人活動、生活保護申請同行等に必要。

●行政情報

厚生労働省法令等データベースサービス　https://www.mhlw.go.jp/hourei/

障害保健福祉関係会議資料（厚生労働省）　http://www.mhlw.go.jp/stf/seisakunitsuite/bunya/hukushi_kaigo/shougaishahukushi/kaigi_shiryou/

※　毎春、主管課長会議において国の方針を自治体に伝えている。

社会保障審議会（障害者部会）（厚生労働省）　https://www.mhlw.go.jp/stf/shingi/shingi-hosho_126730.html

障害保健福祉部が実施する検討会等（厚生労働省）　http://www.mhlw.go.jp/stf/shingi/indexshingiother.html?pid=129091

※　たくさんあるので「精神」などのキーワードで検索するとよい。

障害福祉サービス等（厚生労働省）　http://www.mhlw.go.jp/stf/seisakunitsuite/bunya/hukushi_kaigo/shougaishahukushi/service/index.html

※　障害福祉計画は3年ごとに改正。

「精神科病院に入院する時の告知等に係る書面及び入退院の届出等について」（令和5年11月27日障精発1127第5号）　https://www.mhlw.go.jp/stf/seisakunitsuite/bunya/hukushi_kaigo/shougaishahukushi/gyakutaiboushi/tsuuchi_00007.html

※　精神保健福祉法に基づく入院に関する書面の様式。

医療計画（厚生労働省）　http://www.mhlw.go.jp/stf/seisakunitsuite/bunya/kenkou_iryou/iryou/iryou_keikaku/index.html

※　5年ごとに改正。

障害者施策（内閣府）　http://www8.cao.go.jp/shougai/index.html

※　障害者白書、障害者基本計画（5年ごとに改正）、障害者施策に関する各種調査結果など。

合理的配慮等具体例データ集（内閣府）　https://www8.cao.go.jp/shougai/suishin/jirei/index.html

※　省庁や自治体の取組事例等も掲載されている。

●統計（国内）

精神保健福祉資料（630調査）　https://www.ncnp.go.jp/nimh/seisaku/data/

※　毎年6月30日を基準に精神科病院等においてなされている調査。

衛生行政報告例（e-Stat）　https://www.e-stat.go.jp/statistics/00450027

※　措置入院状況、医療保護入院届出状況、精神医療審査会の審査状況等。

医療施設調査（e-Stat）　https://www.e-stat.go.jp/statistics/00450021

病院報告（e-Stat）　https://www.e-stat.go.jp/statistics/00450023
　　※　入院、退院、外来の患者数、平均在院日数、病床利用率等。
患者調査（e-Stat）　https://www.e-stat.go.jp/statistics/00450022
　　※　入院患者の状況等（3年ごと）。
都道府県保健統計年報
　　※　都道府県によっては、病床数、在院患者数、病床利用率、平均在院日数などを公表している。
　　※　都道府県名と「保健統計年報」等のキーワードでウェブ検索。
医療介護情報局　http://caremap.jp/
　　※　各病院の病床数や平均在院日数など。

●統計（世界）

OECD.Stat（OECD）　http://stats.oecd.org/
　　※　使い方は、総務省統計局の「OECD.Statの使い方」<http://www.stat.go.jp/data/sekai/pdf/oecd.pdf>を参照。
Global Health Observatory data（WHO）　http://apps.who.int/gho/data/node.main.MENTALHEALTH?lang=en
　　※　Mental Health Atlas <https://www.who.int/teams/mental-health-and-substance-use/data-research/mental-health-atlas>に概要がまとめられている。
eurostat（EU）　https://ec.europa.eu/eurostat/web/health/database

●条約

【障害者権利条約】
外務省「障害者の権利に関する条約」　https://www.mofa.go.jp/mofaj/gaiko/jinken/index_shogaisha.html
　　※　直近のものとして、「第1回政府報告に関する障害者権利委員会の総括所見」が掲載されている。
Committee on the Rights of Persons with Disabilities（障害者権利委員会）（Office of the High Commissioner for Human Rights〔国連人権高等弁務官事務所〕）　https://www.ohchr.org/en/treaty-bodies/crpd
　　※　「身体の自由及び安全に対する権利（条約14条）に関するガイドライン」（Guidelines on the right to liberty and security of persons with disabilities / Guidelines on Article 14）のリンクが掲載されている。
障害者権利委員会の一般的意見（Committee on the Rights of Persons with Disabilities General comments）　https://www.ohchr.org/en/treaty-bodies/crpd/general-comments
　　※　直近では、障害者権利条約27条（労働及び雇用）に関する一般的意見が公表されている。
障害者権利委員会「緊急時を含む脱施設化に関するガイドライン（Guidelines on deinstitutionalization, including in emergencies）」　https://www.ohchr.org/en/documents/legal-standards-and-guidelines/crpdc5-guidelines-deinstitutionalization-including
WHO「地域精神保健サービスに関するガイダンス―本人中心の権利に基づいたアプローチを促進する（Guidance on community mental health services: Promoting person-centred and rights-based approaches）」　https://www.who.int/publications/i/item/9789240025707
　　※　条約の考え方に照らして世界各国の地域精神保健サービスの好事例が紹介されている。
【自由権規約】
外務省「国際人権規約」　https://www.mofa.go.jp/mofaj/gaiko/kiyaku/index.html
　　※　直近のものとして、「規約第40条（b）に基づく第7回報告に関する自由権規約委員会の総括所見」が掲載されている。

自由権規約委員会の一般的意見（Human Rights Committee General comments）　https://www.ohchr.org/en/treaty-bodies/ccpr/general-comments
　　※　直近では、規約21条（平和的な集会の権利）に関する一般的意見が公表されている。

日本弁護士連合会「国際人権ライブラリー」　https://www.nichibenren.or.jp/activity/international/library.html
　　※　主要な条約の一般的意見や報告審査等がまとまっている。

●関連団体

（公社）日本精神神経学会　http://www.jspn.or.jp/

（公社）日本精神保健福祉士協会　https://www.jamhsw.or.jp/
　　※　精神保健に関連する行政情報や報道などが随時アップされる。
　　※　報告書・ダウンロードのページ<https://www.jamhsw.or.jp/ugoki/hokokusyo.htm>に各種教材や報告書が多数あり。

（公社）日本精神科病院協会　https://www.nisseikyo.or.jp/about/hojokin/
　　※　補助金事業（研修等）の概要が掲載されている。

（公社）日本精神神経科診療所協会　https://japc.or.jp/document/
　　※　精神保健福祉関連資料室にさまざまな資料が掲載されている。

国立精神・神経医療研究センター精神保健研究所　https://www.ncnp.go.jp/mental-health/index.html
　　※　各研究部にさまざまな資料が掲載されている。

全国精神保健福祉センター長会　https://www.zmhwc.jp/

●その他

医療観察法.NET　http://www.kansatuhou.net/

教えて！医療観察　http://iryoukansatsu.loom.jp/

WAM NET（ワム・ネット）　http://www.wam.go.jp/content/wamnet/pcpub/top/
　　※　独立行政法人福祉医療機構が運営する福祉・保健・医療の総合情報サイト。

厚生労働省障害福祉調査事業等　http://www.mhlw.go.jp/stf/seisakunitsuite/bunya/hukushi_kaigo/shougaishahukushi/cyousajigyou/index.html
　　※　国の補助金による各種調査報告等。

厚生労働科学研究成果データベース　http://mhlw-grants.niph.go.jp/

国立精神・神経医療研究センター「こころの情報サイト」　https://kokoro.ncnp.go.jp/

国立精神・神経医療研究センター研究情報公開　https://www.ncnp.go.jp/hospital/partnership/ethics_result.html

日本精神神経学会「こころの病気について」　https://www.jspn.or.jp/modules/forpublic/index.php?content_id=32
　　※　主な精神疾患について、その道の専門家からの説明がなされている。

Dr.林のこころと脳の相談室　http://kokoro.squares.net/?page_id=9
　　※　精神科Q&Aでは、当事者や家族等からの悩み相談を通してさまざまな生活実態が垣間見える。

ゆき，えにしネット　http://www.yuki-enishi.com/
　　※　医療ジャーナリスト大熊由紀子さんの運営するウェブサイト。

arsvi.com（アーカイブ：精神障害／精神医療）　http://www.arsvi.com/d/m.htm
　　※　故立岩真也教授（社会学者）が開設したウェブサイト。

関連団体等のリンク集（日本障害者協議会）　http://www.jdnet.gr.jp/guide/links.html

日本障害者協議会「障害者権利条約と世界の国々」 https://www.jdnet.gr.jp/report/17_02/170215.html

※ 障害者権利条約に関連する英語文書の仮訳などが掲載されている。直近のものとして、「緊急時を含む脱施設化に関するガイドライン」に関する文書が掲載されている。

全国精神保健福祉会連合会「月間みんなねっと」 https://seishinhoken.jp/magazines

※ 精神障害者の親の体験談などが掲載されている。1年以上前に刊行された月刊誌は会員でなくても無料で閲覧できる。

こどもぴあ https://kodomoftf.amebaownd.com/

※ 「体験談」や「関連書籍、記事、報道」のページに、精神障害者の子の体験談や報道記事が掲載されている。

高知県「精神保健福祉の歴史」 https://www.pref.kochi.lg.jp/soshiki/060303/rekishi.html

【初版】

執筆者（弁護士）：姜文江／山田恵太／菅原直美／辻川圭乃／足立修一／鐘ヶ江聖一／花木淳美／櫻井博太／南川学／田瀬憲夫／福島健太／末長宏章

協力者（肩書は当時）：伊藤哲寛（元北海道立精神保健福祉センター所長）／宮岡等（北里大学医学部精神科主任教授）／石井利樹（ソーシャルワーカー）／山﨑健一（弁護士）／田岡直博（弁護士）

【第2版】

執筆者（弁護士）：姜文江／辻川圭乃／鐘ヶ江聖一／山田恵太／福島健太／水野遼／菅原直美／深谷太一

自由を奪われた精神障害者の
ための弁護士実務【第2版】
刑事・医療観察法から精神保健福祉法まで

2017年12月30日　第1版第1刷発行
2024年6月20日　第2版第1刷発行

編　者…………姜 文江・辻川圭乃
発行人…………成澤壽信
編集人…………西村吉世江
発行所…………株式会社 現代人文社
　　　　　　　東京都新宿区四谷2-10 八ッ橋ビル7階（〒160-0004）
　　　　　　　Tel.03-5379-0307（代）　Fax.03-5379-5388
　　　　　　　henshu@genjin.jp（編集部）　hanbai@genjin.jp（販売部）
　　　　　　　http://www.genjin.jp/
装　幀…………加藤英一郎
ISBN978-4-87798-866-1 C2032